Dent • Börsentrends erkennen

Harry S. Dent

Börsentrends erkennen

Maximale Gewinne in den Wachstumsmärkten

FinanzBuch Verlag München

Die Deutsche Bibliothek – CIP-Einheitsaufnahme
Ein Titeldatensatz für diese Publikation ist bei der Deutschen Bibliothek erhältlich

Aus dem Amerikanischen von Christoph Klar

E-MAIL: DENT@FINANZVERLAG.COM

Gesamtbearbeitung: Michael Volk, München
Druck: Wiener Verlag GmbH, Himberg
Umschlagbild: Christian Weiß

LANDSHUTER ALLEE 61 • 80637 MÜNCHEN
TEL.: 089/65 12 85-0 • FAX: 089/65 20 96

ISBN 3-932114-51-5

Inhaltsverzeichnis

EINLEITUNG

Das Geheimrezept der Vermögensbildung beruht auf dem Verständnis grundlegender Trends und beständiger Investition in den daraus hervorgehenden, dauerhaften Bullenmärkten! Da immer mehr Anleger mittlerweile die Bedeutung dieser wichtigsten technologischen und demografischen Trends seit Erfindung des Buchdrucks erkennen, liegt der Schlüssel zu einer profitablen Anlegerstrategie in folgenden Punkten:

- Ein klares Bewusstsein davon, welche Wirtschaftszweige von diesen vorhersehbaren demografischen und technologischen Schüben profitieren werden.
- Das Erlernen der grundlegenden Prinzipien der Börsenspekulation, wie sie von den besten Investoren angewandt werden, sei es Benjamin Graham, Peter Lynch oder Warren Buffett.
- Die Wahl eines Anlageberaters, der sowohl eine objektive Auswahl treffen als auch Ihre Interessen vertreten kann, und nicht nur Ihre Profite optimiert, sondern auch Ihre Handhabung der Steuer, Kredite, Versicherung und Kapitalverwaltung.

In diesem Buch werde ich Ihnen zeigen, warum die tradierten Anlagestrategien, die entworfen wurden, um größtmögliche Rendite bei kleinstem Risiko zu sichern, fehlerhaft sind, und warum jede vorhersehbare Phase dieser wirtschaftlichen Umwälzung ihre eigenen und sehr unterschiedlichen Anlage- und Portfoliostrategien hervorbringen sollte. Wie können Sie den S&P und andere der immer populärer werdenden Index-Fonds übertreffen? Natürlich mit den besten Werten des S&P selbst! Die Aktien der größten und internationalen Unternehmen werden im nächsten Jahrzehnt immer besser abschneiden, genau wie in den „Wilden 20er Jahren". Bonds und niedrig kapitalisierte Unternehmen werden zurückbleiben. Die geburtenstarken Jahrgänge werden einen kometenhaften Aufstieg in Industriezweigen wie Finanzdienstleistungen, Gesundheitswesen, Möbeln und Heimartikeln, sowie Reisen und Freizeit vorantreiben. Die technologische Revolution wird diese Aktien ebenfalls fördern, besonders bei Firmen, die auf Internet und Software ausgerichtet sind. Im Immobilienmarkt werden Urlaubs- und Erholungsgegenden am einträglichsten sein, wie es die ‚posturbanen' Gebiete außerhalb der Vorstädte während ihres Boom in den 80er Jahren waren. Und im nächsten globalen Einbruch werden Bonds und bestimmte internationale Investitionsmöglichkeiten (besonders in Japan, China und Südkorea) zulegen, sowie die Aktien kleinerer Firmen.

Es gibt keine einzelne Portfoliostrategie, die Ihren Interessen ein ganzes Leben lang gerecht werden kann, genau so wenig, wie es eine einzelne, persönliche Lebensstrategie gibt. Es muss Ihnen möglich sein, in guten wie in schlechten Zeiten zu profitieren, in Zeiten der Deflation ebenso wie in Zeiten der Inflation.

Ich werde Ihnen in diesem Buch spezifische Ratschläge geben, wie Sie sowohl in der nächsten globalen Rezession Ihren Wohlstand mehren können, als auch in dem bevorstehenden großen Aufschwung. Das globale Schreckensbild von Ende 1997 bis Ende 1998 entsprach nicht der Wahrheit! Asien und Lateinamerika werden, wie die meisten Wirtschaftszonen der Welt, eine starke Renaissance erleben, ausgenommen davon bleibt nur Japan. Ich werde die Bevölkerungsstatistiken bezüglich der Altersgruppen der meisten wirtschaftlich bedeutenden Länder der Welt analysieren und Ihnen zeigen, wie Sie aus der globalen Erholung Nutzen ziehen können. In vielen Ländern wird sich der Boom fortsetzen, selbst nachdem die USA und einige andere Nationen im Jahre 2009 ihr Wachstum bremsen. Neue Industriezweige werden auch weiterhin auftauchen, während ältere verschwinden, dasselbe gilt natürlich auch für einzelne Unternehmen. Wir befinden uns nicht mehr in den 50er oder 60er Jahren, einer Flutwelle, die alle Boote anhob. Ich werde Ihnen helfen, in dieser Zeit dramatischer globaler und nationaler Veränderungen klar zu erkennen, wie Sie investieren müssen.

Von allen Seiten bekommen Sie derzeit zu hören, die derzeitige Inflation führe zu einer Steigerung aller Ihrer Kosten, von den Schulgebühren Ihrer Kinder bis zur eigenen Pension. Das entspricht jedoch nicht dem Trend! Die Inflationsrate fällt seit 1980, in den 90er Jahren sogar noch schneller, besonders im Gesundheitswesen. Die Aufwendungen für die Ausbildung Ihrer Kinder wird als nächstes billiger werden. Die einzige Kostensteigerungen werden das Resultat eines steigenden Lebensstandard und der damit verbundenen neuen Betätigungsmöglichkeiten sein, dies sollte von allen begrüßt werden. Tatsächlich werden wir nach 2009 in eine Deflationsphase eintreten, die in den meisten Bereichen die Kosten senken wird, zur selben Zeit werden die geburtenstarken Jahrgänge in den Ruhestand gehen. Das bedeutet, dass ein größerer Anteil unserer Fonds darauf verwendet werden kann, unseren Lebensstandard und unsere Vorsorge für den Ruhestand auf ein Niveau zu heben, dass unseren Träumen näherkommt. Dies sollte der Schwerpunkt Ihrer heutigen Pläne sein: das Schaffen von Wohlstand, nicht das Überleben von Unterversorgung. Die Kassen der sozialen Absicherung werden im nächsten Jahrzehnt weit über die Erwartungen hinaus anschwellen, dann aber wegen des unvermeidlichen Einbruchs nach 2009 wiederum schneller als prognostiziert geleert werden. Wie können Sie sich gegen diese Gegebenheiten schützen? Ich werde Ihnen auch für diese Krise spezielle Anlagestrategien zu geben versuchen.

Die zentrale Botschaft dieses Buches ist es, Ihnen nicht nur zu zeigen, wie Sie in dem großen Wirtschaftswachstum der nächsten Zeit den Wohlstand und Lebensstandard, den Sie begehren, erreichen können, sondern auch, und das ist wahrscheinlich noch wichtiger, wie Sie dasselbe in dem großen Einbruch, der dann folgen wird, tun können. Sie müssen nur noch entscheiden, was Sie *heute* tun wollen, und wo Sie *heute* leben wollen, und dann die einfachen und erprobten Prinzipien dieses Buches dazu verwenden, Ihr Leben in die eigenen Hände zu nehmen.

Dabei sollten Sie nicht auf Ratschläge hören, Sie könnten Ihren Wohlstand mehren, indem Sie im Internet auf eigene Faust Aktien aussuchen. Sie haben besseres zu tun, und es gibt Fachleute, die dafür besser geeignet sind. Erinnern Sie sich noch an all die Menschen, die behaupteten, die Wirtschaftskrise in Asien bedeute eine andauernde Rezession für die USA?

Schenken Sie den Ratgebern kein Vertrauen, die behaupten, man müsse jetzt ein eingeschränktes Leben führen, um später, im Alter, gut versorgt zu sein. Sie können ruhig genug ausgeben, um jetzt ein tolles Leben zu haben, solange Sie auch noch genug übrig lassen, in den unglaublichen Aktienmärkten zu investieren, und somit für ein lebenswertes Leben in der Zukunft vorzusorgen. Hören Sie nicht auf die vergangene Generation und ihren Spruch von unserem Mangel an moralischen Werten. Schaffen Sie lieber neue persönliche, soziale und politische Werte, die Ihnen den Sprung aufwärts ermöglichen, für erhöhten Lebensstandard und Lebensqualität. Und hören Sie schließlich nicht auf die Menschen, die behaupten, Ihre Kinder würden nie in den Genuss Ihres derzeitigen Lebensstandard kommen. Bauen Sie stattdessen mit der Hilfe neuer Technologien eine Umwelt, die in der Kommunikation und Bildung, in Schulen und zu Hause, einen weiteren Schritt nach vorne bedeuten.

Geld ist kein Ende in sich selbst, oder nur dazu da, damit zu protzen, was Sie alles erreicht haben. Es repräsentiert die Fähigkeit, in Ihrem Leben die von Ihnen gewünschte Freiheit zu schaffen, und zur Weiterentwicklung unserer Gesellschaft beizutragen. Ich werde

Ihnen zeigen, wie Sie Wohlstand und finanzielle Freiheit erreichen können. Was Sie dann mit diesem Wohlstand machen, ist Ihre Entscheidung. Die geburtenstarken Jahrgänge werden automatisch eine neue Ethik für die Altersvorsorge erfinden, und auf neue Arten ihren Beitrag zur Gesellschaft leisten. Alles hängt nur von Ihrem Verständnis der fundamentalen Trends und der Geheimnisse richtiger Geldanlage ab, die von den wohlhabenderen Schichten der Bevölkerung schon immer benutzt worden sind. Aber insbesondere bedeutet es nicht, ein langweiliges Leben wie der „Millionär von nebenan" führen zu müssen. Obwohl Sie sich natürlich auch dafür entscheiden können, wenn es Ihren Wünschen entspricht. **Warum sollten Sie Ihr Leben und Ihren Ruhestand nicht stilvoll verbringen, wie auch immer Sie das definieren?**

Teil I

Vermögensaufbau in guten und schlechten Zeiten

Kapitel 1

Schon heute die Anlagen bis an Ihr Lebensende planen

Zur Zeit der Veröffentlichung meines Buches *The Great Boom Ahead*, gegen Ende 1992, glaubten die meisten Experten und Laien einstimmig, der Langzeittrend unserer wirtschaftlichen Zukunft sähe alles andere als rosig aus. *Bancruptcy 1995* wurde dann auch zum Bestseller. Genauso erging es mir, als ich Anfang 1998 *The Roaring 2000's* herausbrachte, denn zur gleichen Zeit waren die Märkte im Begriff, ihre größte Korrektur seit 1990 zu machen, und die „Tigerstaaten" Asiens fielen in eine heftige Rezession. Ich sagte voraus, der Dow werde zwischen August und November 1998 auf ein Niveau zwischen 7200 und 7600 Zählern korrigieren. Ansonsten war ich in diesem Buch sehr optimistisch, und prognostizierte dem Dow für 2008 ein Hoch von bis zu 35.000 Punkten. Die erstaunliche Erholung der Kurse seit Anfang Oktober 1998 hat dann wieder die Macht der fundamentalen Faktoren bestätigt, die unsere Wirtschaft vorantreiben, das heißt die massive Kaufkraft und steigende Produktivität der zahlreichsten Generation in der Weltgeschichte, der Baby-Boomer (geburtenstarken Jahrgänge). In diesem Buch werde ich sehr spezifische Anlegerstrategien darstellen, die diesen größten Boom der Geschichte nutzen, während er im nächsten Jahrzehnt kulminiert, insbesondere von Mitte/Ende 2002 bis 2008 oder 2009. Aber Ihr Leben, und somit Ihre Investitionen, sollten auch nach dem Abklingen dieses Booms noch profitabel sein. Ich werde Ihnen zeigen, wie Sie es sich in den guten Zeiten der Zukunft wohlergehen lassen können, aber auch in den etwas schlechteren Zeiten, und schließlich auch in den schlechtesten Zeiten. Alles hängt von einem richtigen Verständnis der Langzeittrends ab.

Denn eine Tatsache ist offensichtlich: Es gibt zwar eine Menge guter Bücher über Finanzplanung und Anlegerstrategien, aber sie haben alle die Tendenz, sich auf einen engen Kreis von Inhalten zu beschränken. Sie müssen mehr sparen und weniger ausgeben. Sie müssen eine Langzeitstrategie verfolgen und sich mit Ihren Investitionen sehr diszipliniert an ein System halten. Sie müssen Möglichkeiten der Steuerersparnis oder Steuerstundung nutzen. Wir alle kennen das, und manche von uns praktizieren diese langweilige Philosophie sogar, während die meisten Anleger immer noch glauben, bei der Auswahl der richtigen Wertpapiere die Profis übertreffen zu können, sich dann die Kommissionen sparen, indem sie über das Internet traden und versuchen, ihr Timing in den Märkten nach den Kommentaren der besten Experten im Fernsehen auszurichten. Die meisten Studien zeigen tatsächlich, dass die langweiligen Anleger, die sich einen Finanzberater nehmen und einen systematischen Plan verfolgen, bedeutend besser abschneiden. Aber was ist das wahre Geheimnis erfolgreicher Geldanlage?

Das Geheimnis erfolgreicher Geldanlage liegt in dem Verständnis fundamentaler Langzeittrends, ... und darin, die von diesen Trends begünstigten Unternehmen und Investitionen während Zeiten der Unterbewertung zu kaufen, wenn kein Hahn danach kräht. Es gibt immer Möglichkeiten, in einen Boom zu investieren, selbst in schlechten Zeiten. Und nach 2009 werden wir genau solche wirtschaftlich schwierigen Zeiten erleben.

Wie Sie Ihren gesunden Menschenverstand dazu benutzen können, neue Trends zu erkennen, ist ein beliebtes Thema in Ratgebern für Anleger. Aber glauben Sie wirklich, den nächsten Wal-Mart in seinen Anfängen erkennen zu können, wie Peter Lynch es getan hat? Haben Sie Anfang der 80er Jahre, als der Markt in den USA gesättigt schien, das weltweite Potenzial von Coca Cola erkannt wie Warren Buffett? Werden Sie fähig sein, den nächsten vielversprechenden Investmentfonds oder Wirtschaftszweig zu erkennen, während diese noch unpopulär und niedrig bewertet sind? Oder werden Sie den selben Investmentfonds genau zum Höhepunkt seines Zyklus kaufen, zur Zeit seiner höchsten Bewertungen, nur um zuschauen zu müssen, wie er alle Erwartungen enttäuscht, und dann vielleicht kurz vor einem erneuten Aufschwung aussteigen? Werden Sie die nächste 10- oder 20-prozentige Korrektur im Aktienmarkt voraussehen, und wird es Ihnen dann gelingen, genau zur Zeit seines Hochs auszusteigen, und zur Zeit seines Tiefs wieder einzusteigen? Werden Sie in ungefähr zehn Jahren in japanische Märkte einsteigen, wenn diese, nach zwei Jahrzehnten der Rezession, wieder einen Boom erleben? Werden Sie Bonds kaufen, wenn der Dow auf 40.000 steht, nachdem Bonds ihre niedrigsten Erträge seit Jahrzehnten gebracht haben?

Die Kernfrage ist diese: Wie gut verstehen Sie die Langzeittrends, und wie können Sie eine systematische Anlegerstrategie entwickeln, die Sie nicht zum Opfer Ihrer eigenen Emotionen macht? Ihre Emotionen werden Ihnen nämlich immer suggerieren, in Märkte einzusteigen, die bereits boomen, und solche zu vermeiden, die versagt haben! Wie viele unter den eigenständigen Tradern haben es in den letzten fünf oder zehn Jahren tatsächlich geschafft, den S&P 500 zu übertreffen? Vergessen Sie mal einen Moment lang das Vergnügen, das Ihnen das Spekulieren bereitet – oder, wie manche behaupten, das Glücksspiel. Lassen Sie mal für einen Moment den Egotrip hinter sich, mit Ihrem Computer die Profis schlagen zu wollen. Den Ladies von Beardstown gelang es anscheinend, bis man ihre Daten einer Prüfung unterzog! Es stellte sich heraus, dass sie gerade mal 9 % gemacht hatten, und nicht 23 %, wie behauptet wurde, und das zu einer Zeit, in der der S&P 500 18 % zulegte.

Sind Sie bereit, den Rest Ihres Lebens aufs Spiel zu setzen, und in diesem außerordentlichen Boom 4 bis 10 % schlechter abzuschneiden als die Märkte (wie Studien immer wieder belegen)? Können Sie sich vorstellen, wie sich das auf Ihren Nettoverdienst und Ihre Altersvorsorge in 20 oder 40 Jahren auswirkt, von Ihrem Lebensstandard gar nicht zu sprechen? Die Differenz zwischen den durchschnittlichen 10 % jährlich (der Verdienst der meisten Anleger) zusammengenommen, und der durchschnittlichen Wachstumsrate des S&P seit 1982 von 17 % ergibt in den nächsten zehn Jahren alleine schon 96,79 %. Ich werde Ihnen zeigen, wie Sie bis zu 20 oder 24 % in der nächsten Dekade verdienen können, ohne dabei ein erheblich größeres Risiko einzugehen als mit einem Indexfonds. Wie können Sie den S&P 500 schlagen? Indem Sie in seinen besten Sektoren investieren, Sektoren, die einander diversifizieren, und dadurch das Risiko der Investition vermindern. Dabei können Sie nicht nur solche Sektoren aussuchen, die sich in der Vergangenheit bewährt haben, denn das wäre bewiesenermaßen der beste Weg, schlechter als die Märkte abzuschneiden. Stattdessen müssen Sie ausgehend von den Langzeittrends verstehen, welche Sektoren in der Zukunft boomen werden.

Was werden Sie aber tun, wenn die Aktienmärkte in den Vereinigten Staaten wieder in eine mehrjährige Rezession eintreten, wie es schon von 1929 bis 1942 der Fall war, und von 1968 bis 1980? Wenn Sie schon in dem derzeitigen großen Boom mit Ihren Profiten hinter der Wachstumsrate zurückgeblieben sind, wie werden Sie dann die nächste größere Rezession bewältigen? Werden Ihre Gefühle Ihnen dann etwa nicht einflüstern, der Aktienmarkt sei Ihre beste Chance, nachdem er 26 oder 27 Jahre lang gestiegen ist? Wenn man nämlich nach den Erfahrungen der Vergangenheit urteilt, ist das genau der Zeitpunkt, an dem er einbrechen wird.

Die Wahrheit sieht folgendermaßen aus: Das Leben sollte interessant sein; die Finanzplanung und Investition hingegen langweilig. Sie sollten sich lieber auf Dinge konzentrieren, die Ihnen Spaß machen, und in denen

Sie sich auskennen, und es einem objektiven Anlageberater überlassen, ein sicheres System der Vermögensbildung für Sie auszusuchen, damit Sie Ihre Lebensziele finanzieren können. Natürlich können Sie ein solches System auch selbst zusammenstellen, solange Sie über die dafür nötige Disziplin verfügen. Vorausgesetzt, Sie verstehen die fundamentalen Trends, die unsere Wirtschaft bewegen.

In diesem größten Boom der Geschichte sollte es Ihnen ein Leichtes sein, ein vergnügliches Leben zu führen und ausreichend für Ihre Zukunft Sorge zu tragen. Meiner Meinung nach ist der ‚Millionaire Next Door' nicht notwendigerweise das Modell, nach dem Sie sich bei Ihren Strategien für die Zukunft orientieren sollten. Dieses Buch war genau deshalb interessant, weil es zeigte, wie man erfolgreich sein kann und sich dann trotzdem nicht daran freut. Der darin beschriebene typische Millionär wurde reich, da er viel sparte und ein sehr eintöniges Leben führte, indem er sich ständig einschränkte und alles selber erledigte. Der historische Aufschwung in unser aller Lebensstandard kam aber eher dadurch zustande, dass man sich auf bestimmte Tätigkeiten spezialisierte, und andere Tätigkeiten denen überließ, die sich auf diese spezialisiert hatten und darin besser waren. Es sollte Ihnen möglich sein, nicht nur stilvoll in den Ruhestand zu treten, sondern auch noch vermehrt Ihren wahren Interessen im Leben zu folgen, nachdem Ihre Kinder das Nest verlassen haben.

Der Schlüssel zur Realisierung Ihrer Träume liegt in Ihrem Verständnis der fundamentalen Trends in der Wirtschaft. Nur wenn Sie über dieses Verständnis verfügen, können Sie Ihr Leben mit Sicherheit planen und einen vertrauenswürdigen Anlageberater finden, der für Sie einen systematischen Finanzplan zusammenstellt, mit dem Sie sich wohl fühlen können. Einen Finanzplan nämlich, den Sie nicht aufgeben müssen, nur weil die Märkte ein paar Monate lang 20% verloren haben, wie es Ende 1998 geschah. Der größte Fehler während solcher Korrekturen ist es, zu verkaufen;

statt dessen sollten Sie Ihre Positionen vergrößern. Aber dazu fehlt Ihnen das Vertrauen in Ihre eigene Urteilskraft, selbst wenn ein guter Anlageberater Ihnen dazu rät, es sei denn, Sie verstehen die grundlegendsten Trends und wissen daher, dass die Märkte langfristig nur steigen können.

Es reicht nicht aus, den Langzeitstatistiken zu vertrauen, die ja immer wieder beweisen, dass Aktien und ähnliche Anlagen historisch gesehen beständig die besten Profite gebracht haben. Wenn Sie 1929 ein Blue-Chip-Portfolio gekauft hätten, wo wären Sie dann jetzt? Bis 1939 hätten Sie Verluste von annähernd 90% gemacht, und erst 1953 wieder den Null-auf-Null-Punkt erreicht. Wenn Sie mit einem solchen Portfolio in den 30er oder 40er Jahren in den Ruhestand gegangen wären, hätte das ein sorgenvolles Alter bedeutet. Dasselbe hätte, in geringerem Ausmaß, 1968 passieren können. Ein Blue-Chip-Portfolio aus dieser Zeit hätte bis 1982 fast 70 % (inflationsbereinigt) an Wert verloren, Und der Null-auf-Null-Punkt wäre erst 1993 erreicht worden.

Der Sinn dieses Buches ist es, einen frischen Blick auf wirtschaftliche Trends zu werfen. Ich werde Ihnen alle wichtigen Trends zeigen, die Ihre Geldanlagen in den nächsten Jahrzehnten beeinflussen werden. Nur weil unsere Wirtschaftswissenschaftler unsere Wirtschaft nicht verstehen, heißt das noch lange nicht, dass Sie es auch nicht können. Unsere Wirtschaft wird von den vorhersehbaren Gewohnheiten von 'Menschen wie Du und Ich' geschaffen. Darum ist es Ihnen auch ohne weiteres möglich, zu verstehen, wie Sie in guten (das nächste Jahrzehnt) und in schlechten Zeiten (das darauf folgende Jahrzehnt) Ihr Vermögen aufbauen können. In diesem Buch werde ich mich aber auch eingehend mit den kleinen Details befassen, von den vorhersehbaren Veränderungen in den Lebenshaltungskosten, über die spezifischen Wirtschaftszweige, in die Sie investieren sollten, bis hin zu den vertrackten Einzelheiten der Vermögensplanung. Und, vielleicht am allerwichtigsten, wie Sie den Anlageberater finden können, der für Sie der Richtige ist, der Sie auch wirklich repräsentiert, und nicht nur wie ein Vertreter für Investment-Produkte handelt.

Zu Anfang werde ich Ihnen aber einen neuen, zusammengefassten Einblick in die, letzendlich simplen, generationsabhängigen Trends geben, die alle wichtigen Langzeittrends in Wirtschaft und Geldanlage beeinflussen.

Generationswellen

Das wichtigste Werkzeug zur Voraussage zukünftiger Wirtschaftsentwicklungen und der Aktienbewegungen ist die Kurve der Kaufkraft (siehe Abbildung1-1). In der durchschnittlichen amerikanischen Familie (wie in den meisten anderen Industrienationen) wird derzeit im Alter von 46,5 Jahren der Höhepunkt der Kaufkraft erreicht. Diese Zahl basiert auf den (sehr zuverlässigen) Ergebnissen des amerikanischen Arbeitsministeriums und dessen jährlichem Überblick über die Kaufkraft der Konsumenten. Ich verschiebe einfach die Geburtenrate, unter Berücksichtigung der Immigrationsrate, um 46,5 Jahre, also an den Höhepunkt der individuellen Kauf-

1-1.Kurve der Kaufkraft
Geburten verschoben nach Gipfel der Kaufkraft der Familie

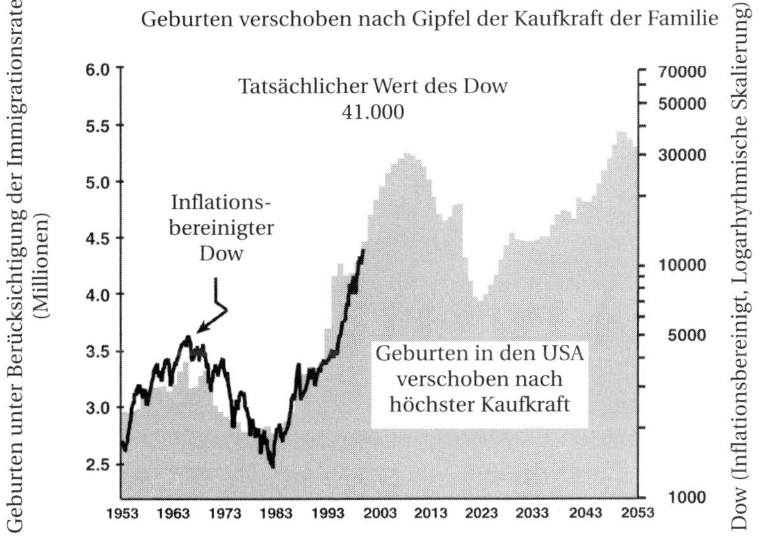

kraft. Dieser einfache Indikator kann Ihnen genau zeigen, wann Wirtschaft und Aktienmärkte einen Boom erfahren werden, oder eine Rezession, und das 50 Jahre im Voraus.

Die interessanteste Erkenntnis, die wir aus dieser Kurve ziehen können, ist folgende: Die massive Generation der geburtenstarken Jahrgänge wird die Produktivität und Kaufkraft bis Ende 2008 oder Mitte 2009 immer höher treiben. Das heißt, der momentane, beispiellose Boom wird sich noch über ein ganzes Jahrzehnt fortsetzen. Dann wird es zu einer wirtschaftlichen Kehrtwendung kommen, die Ihr Leben und Ihre Anlegerstrategie verändern wird. Sie müssen schon heute für den Boom **und** den Einbruch planen! Natürlich wird dieser Zyklus auch seine Auswirkungen auf die Aussichten Ihrer Kinder in Ausbildung und Beruf haben.

Und an welchen Punkt projiziert diese Kurve den Aktienmarkt? Ungefähr auf 40.000 Zähler im Dow im Jahre 2008!

Das hört sich vielleicht unglaublich an, ist aber gar nicht so unwahrscheinlich. Tatsächlich wäre es nur die Fortsetzung der durchschnittlichen jährlichen Wachstumsrate im Dow und S&P 500, seit der Boom Ende 1982 seinen Anfang nahm. Abbildung 1-2 zeigt den Wachstums-Kanal des Dow auf einer Grafik der Werteverhältnisse, also als konstante Wachstumsrate, nicht als die eher vertraute, nummerische Kurve. Auch hier sehen wir einen Wert von ungefähr 40.000 Punkten im Jahr 2008, das ist sogar noch höher als meine früher aufgestellte Prognose von 35.000 Zählern. Wenn dieser Boom seinen Höhepunkt ein Jahr früher erreichen sollte, wäre der Gipfel des Kanals bei 35.000. Und es ist sehr wahrscheinlich, dass dieser Trendkanal an seinem Kulminationspunkt noch von dem dann stattfindenden Bullenmarkt übertroffen würde.

Wie Sie sehen können, hat der Markt sich seit 1994 vom unteren Rand dieses Kanals immer weiter in Richtung des oberen Randes bewegt, erst am oberen Rand würde er ein ähnliches Niveau der Überbewertung erreichen wie Ende 1987. Dasselbe geschah auch in dem letzten Bullenmarkt in den 27 Jahren von 1942 bis 1968, während dessen Verlauf die Bewertungen sich zwischen der Mitte der 50er Jahre und der Mitte der 60er Jahre auf ein immer höheres Niveau verlagerten. Darum sind die Gewinne im Aktienmarkt auch seit 1995 außerordentlich hoch gewesen, beinahe 30 % im Jahr als Durchschnittswert. Ende 1999 oder Mitte 2000 wird dieser Boom der Bewertungen wahrscheinlich seinen Zenit erreichen, um sich dann mit durchschnittlicheren Zuwachsraten von 16 % bis 18 % begnügen zu müssen, bis die Situation sich um 2007 bis 2008 wiederum ändert. Eine Zuwachsrate dieser Größenordnung wird Ihr Vermögen immer noch alle 4 $^1/_2$ Jahre verdoppeln! In Kapitel 2 werde ich Ihnen zeigen, wie Sie ein Portfolio zusammenstellen können, das mit einer realistischen Gewinnerwartung von 20 % bis 24 % rechnen kann, ohne dabei ein merklich größeres Risiko einzugehen, als mit einem Indexfonds im S&P.

Ich habe zwei verschiedene Gründe für diesen Optimismus, der größer ist als in meiner Prognose von 1998. Der erste Grund ist die Stärke der Erholung seit der Korrektur Ende 1998, welche die durchschnittliche Wachstumsrate weiter nach oben schnellen lässt.

1-2. Dow-Kanal
Als konstante, prozentuale Wachstumsrate 1982-2008

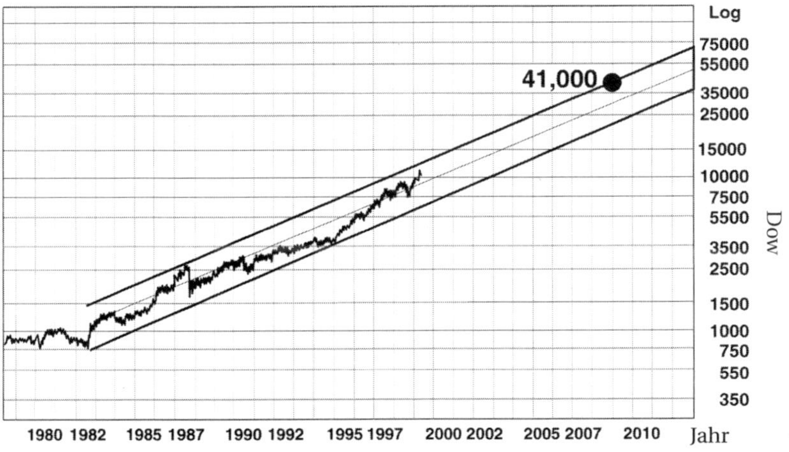

1-3. Langfristiger Dow-Kanal
Als konstante, prozentuale Wachstumsrate
1901-2050

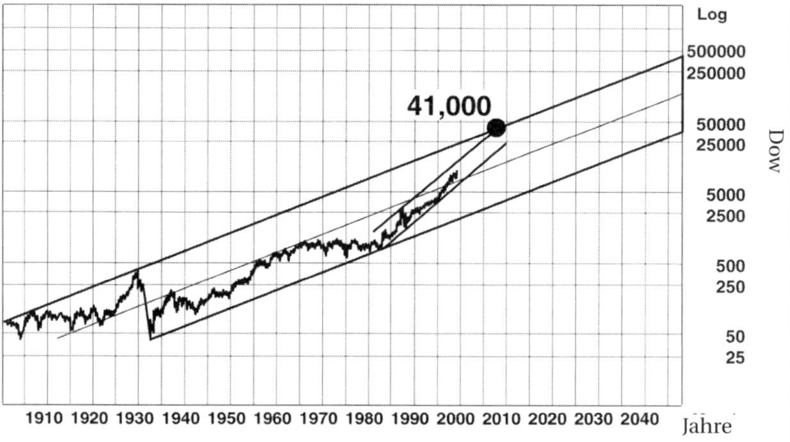

Der wichtigere Grund ist aber die fast deckungsgleiche Übereinstimmung zwischen der Prognose von 41.000 Punkten in 2008 mit der Projektion eines weiter zurückreichenden Kanals, der von 1901 ausgeht (siehe Abbildung 1-3). Dieser Kanal projiziert einen Wert im Dow von 250.000 nach 2040, wenn die Kaufkraft der nächsten Generation ihren Höhepunkt erreicht. In der Abwärtskurve des Generationenzyklus zwischen 2020 und 2023 könnte der Dow allerdings bis auf ein Tief von 7.000 bis 10.000 sinken.

Generationsbedingte Zyklen verursachen alle wichtigen wirtschaftlichen Trends

Das ist die allgemeine Erkenntnis: Jeder größere Wirtschaftstrend – vom Einkommen zur Kaufkraft, über Sparen und Kredite, bis zu Inflation und Innovation, von Produktivität zu unternehmerischen Umwälzungen, oder von unseren lebenslangen Konsumgewohnheiten in der produzierenden oder Dienstleistungsindustrie – sie alle werden geformt von dem vorhersehbaren Heranwachsen und

1-4. Geburtenrate (Immigrationsbereinigt)

Altern neuer Generationen von Konsumenten und Arbeitnehmern. Neue Generationen kommen in Wellen von ungefähr 40 Jahren Abstand, wie wir in Abbildung 1-4 klar erkennen können. Diese generationsbedingten Trends sind außerordentlich gut dokumentiert (noch bevor es jährliche Statistiken der Geburtenrate gab) in zwei Büchern von William Strauss und Neil Howe: *Generations* (1989) und *The Fourth Turning* (1997). Im Moment soll es uns genügen, die Größe der Generation der geburtenstarken Jahrgänge, unter Berücksichtigung der Geburtenrate unter allen legalen Einwanderern, mit der Bob-Hope-Generation davor zu vergleichen. Alle Veränderungen in den Gewohnheiten der Generation der Baby-Boomer verstärkt jeden Trend in unserer Wirtschaft auf vorhersehbare Weise. Darum können Sie alle wichtigen wirtschaftlichen Trends Jahrzehnte im Voraus erkennen, und Ihre Lebensplanung und Anlegerstrategie danach ausrichten.

Der erste Chart, Abbildung 1-5, fasst die wichtigsten Wendepunkte und Veränderungen des Konsumverhaltens im Leben des durchschnittlichen Verbrauchers zusammen, diese bewegen unsere Wirtschaft, während immer neue Generationen dieselben vorhersagbaren Zyklen in immer höheren Zahlen durchlaufen. Kleinkinder benötigen vorhersehbare Produkte wie Babynahrung oder Windeln. Wir alle kommen in den Kindergarten und die Grundschule, dann in weiterführende Schulen und Universitäten. Und da wollen wir jetzt auch unseren Anfang machen: Da immer mehr Menschen das Alter von 18 Jahren erreichen, brauchen wir auch immer mehr Universitäten.

Erst nachdem diese Schüler zu Arbeitnehmern werden, normalerweise nach der Hochschule oder Universität, werden aus den neuen Generationen produzierende Arbeitnehmer und Konsumenten, die in immer größerem Ausmaße Geld verdienen, dieses dann wieder ausgeben, und somit den wirtschaftlichen Boom voranbringen.

Mit ihren ersten Jobs beziehen diese Menschen die ersten Wohnungen, die Nachfrage nach Wohnungen erreicht dann in dem Moment ihren Höhepunkt, an dem die meisten Menschen heiraten, heutzutage ist das etwa im Alter von 25 1/2 bis 26 Jahren. Da sie jetzt verheiratet sind und einen Haushalt aufbauen möchten, brauchen sie plötzlich mehr Geschäfte und Einkaufszentren. Die Anzahl der Neueröffnungen von Einkaufszentren erreichte ihren Höhepunkt 1986, genau 25 Jahre nach dem Höhepunkt des Zyklus der geburtenstarken Jahrgänge 1961. Gegen Ende ihrer 20er Jahre kommen dann eigene Kinder (im Durchschnitt im Alter von 27 1/2 bis 28 Jahren), dann werden die ersten Eigentumswohnungen gekauft (ungefähr im Alter von 33 Jahren), daraufhin erreicht ihre Verschuldung den höchsten Stand im Vergleich zu ihrem Einkommen im Alter von 34 Jahren, da sie für diese Erstbezüge Möbel brauchen. Diese Entwicklung verursachte den beispiellosen Anstieg in den Preisen für Eigentumswohnungen in den späten 80er Jahren und das höchste Ausmaß an Verschuldung kurz darauf. Der finanzielle Druck, den der Kauf einer Wohnung und die zusätzliche Belastung der Versorgung der Kinder bereitet, führt dazu, dass die Menschen jetzt sehr preisbewusst werden und vorzugsweise in preiswerteren Einkaufszentren preiswertere Produkte kaufen (wie zum Beispiel bei Wal-Mart in den 80er und 90er Jahren im Falle der Baby-Boomer).

1-5. Hauptsächliche Ausgaben und Anlagen der Verbraucher

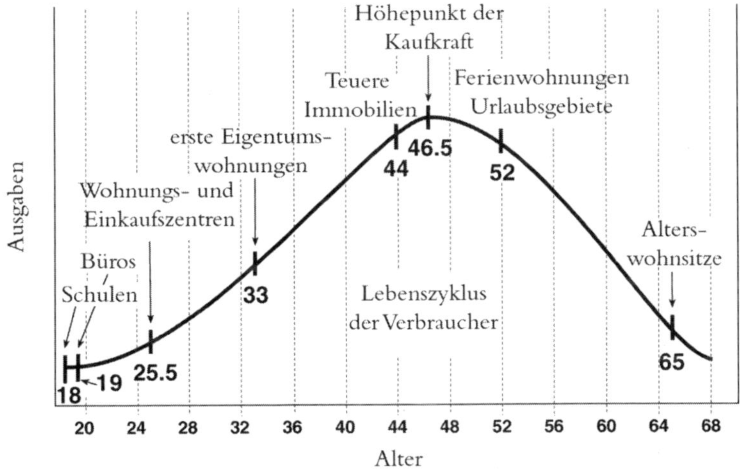

Viele hangeln sich dann hoch, um im Alter von 44 Jahren bessere Wohnungen oder Häuser zu kaufen, bis zum Alter von $46^1/_2$ bis 47 Jahren werden diese dann voll ausgestattet, jetzt verlassen die Kinder das Elternhaus. Plötzlich besteht weniger Bedarf nach größeren Häusern oder Kleidung, und die durchschnittliche Familie gibt nach dem Alter von 47 Jahren deutlich weniger aus.

Von ihren Kindern verlassene Eltern verwenden ihr Einkommen dann zunehmend für Urlaubswohnungen, Reisen, und Freizeit, bis zum Alter von ungefähr 52 Jahren. Danach, im Alter von 65, geht man natürlich in den Ruhestand, was die Preise von Alterswohnsitzen in die Höhe treibt, in den 7. und 8. Jahrzehnten des Lebens wird daraufhin immer mehr Geld für die Gesundheit ausgegeben. In *The Great Boom Ahead* und *The Roaring 2000's* habe ich noch viel mehr Einzelheiten des normalen Lebens beschrieben, von Kartoffelchips und Zyklen in der Lebensmittelindustrie, Tierärzten, von Motorrädern und Autos, sowie den gesamten Kreislauf in Immobilien und Eigenheimen.

Sie sehen selbst, wie diese vorhersehbaren Zyklen des generationsbedingten Verbraucherverhaltens unsere Wirtschaft beeinflussen, von den kleinsten Unternehmen bis zu den größten Firmen. Das sind die fundamentalen Trends, die den wirtschaftlichen Trends und den Trends in den Anlegerstrategien zugrunde liegen: ganz einfach neue Wellen von Generationen von Konsumenten und Arbeitnehmern. Abbildung 1-4 zeigt die massive Größe der Generation der Baby-Boomer im Vergleich mit der Generation Bob Hopes, die sich durch die Einwanderungswelle von 1978 bis 1991 vergrößert hat. Ich habe die legalen Einwanderer in den Index der Geburtenrate einbezogen, indem ich je nach Alter der Immigranten zum Zeitpunkt der Einwanderung bereinigt habe. Das bedeutet natürlich, dass die illegalen Einwanderer nicht berücksichtigt werden konnten, und das ist eine große Anzahl von Menschen. Die Generation der geburtenstarken Jahrgänge ist ungefähr fünfmal so groß wie die vorhergehende Generationswelle. Es ist diese massive Generation, die in der Vergangenheit und Gegenwart alle wirtschaftlichen Trends aufgebläht hat, vom Zuwachs an Schulen in den 60er und 70er Jahren und dem Boom im Wohnungsmarkt und der explosionsartigen Zunahme der Verschuldung in den 70er und 80er Jahren bis zum wirtschaftlichen Boom von 1982 bis 2008. Als nächstes kommt dann der Boom in Kapitalanlagen und Investition am Anfang des nächsten Jahrtausends. Die massiven Rücklagen der Baby-Boomer, zusammen mit deren Höhepunkt in Kaufkraft und Produktivität, sind im Begriff, den Aktienmarkt innerhalb des nächsten Jahrzehnts auf ungeahnte Höhen zu heben.

Zusammenfassung: Als Baby-Boomer oder einfacher Anleger ist es Ihre beste Strategie, auf die vorhersehbaren Trends dieser zahlenstarken Generation in Verbraucher- und Anlegerverhalten zu setzen; kombiniert werden diese den Aktienmarkt bis 2007 oder 2008 weiterhin anheben. Die Wirtschaftszweige, die davon am meisten profitieren werden, sind folgende: Technologie, Finanzdienstleistungen, das Gesundheitswesen, sowie Reise- und Freizeitprodukte, die letzteren werden ihren Boom haben, sobald die geburtenstarken Jahrgänge 40 bis 50 Jahre alt werden. Ein noch größerer

Bevölkerungszuwachs in der dritten Welt wird einen internationalen Boom verursachen, der durch die Rezession in diesen Ländern in 1997 und 1998 sogar noch größer aussehen wird. Japan ist die einzige wichtige Industrienation, die auch weiterhin von einem Geburtenrückgang nach dem II. Weltkrieg beeinflusst sein wird.

Chart 1-6 fasst noch einmal die wichtigsten generationsbedingten Trends und ihren Einfluss auf die Wirtschaft und somit auch auf die Anlegerstrategie zusammen. Der durchschnittliche Eintritt in die Arbeitswelt ist im Moment ungefähr im Alter von 19 Jahren, da jedoch immer mehr Menschen Hochschulen besuchen, wird sich dieser Zeitpunkt nach oben verlagern. Bis zu diesem Alter stellen junge Menschen eine Quelle wachsender Ausgaben seitens der Eltern und des Staates dar, die für die Versorgung und Ausbildung aufkommen müssen. Die Unternehmen müssen zur Zeit des Eintrittes in die Arbeitswelt dann wiederum größere Summen aufbringen, um die Neulinge anzulernen und in Büro- oder Fabrikbauten

1-6. Die wichtigsten wirtschaftlichen Trends

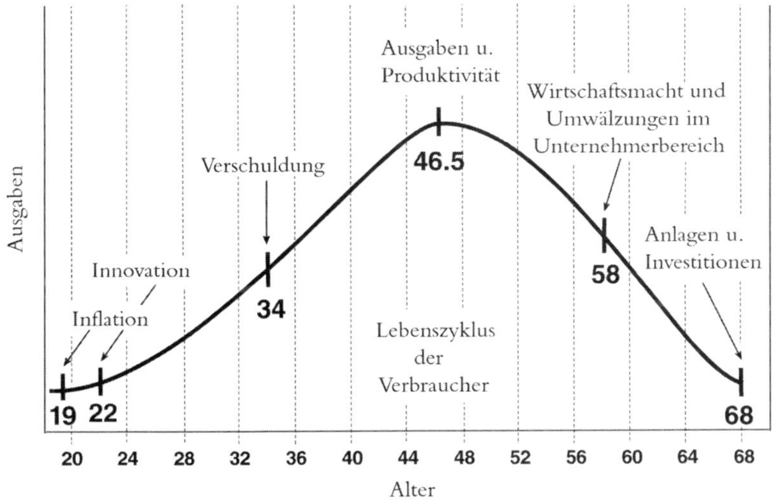

investieren, von den Investitionen des Staates und anderer wirtschaftlicher Körper gar nicht zu sprechen, welche die neuen Technologien und Erfindungen neuer Firmen finanzieren, die von dieser heranwachsenden Generation geschaffen wurden. Das ist die Ursache der Inflation. Wir alle sind uns der Unkosten der Versorgung und Ausbildung junger Menschen bewusst. Aber Menschen mit guter Ausbildung dominieren technologische und soziale Erneuerungen, sobald sie im Alter von 22 Jahren ihren Hochschulabschluss machen. Dadurch bilden sie den Ursprung zyklischer Erneuerungen in unserer Wirtschaft.

Die höchste Inflationsrate in der Geschichte der USA ereignete sich 1980, genau 19 Jahre nach dem Höhepunkt des Baby-Booms. Die Erträge aus Risikokapital und technologischen Innovationen erreichten ihren Höhepunkt 1983, genau 22 Jahre nach dem Höhepunkt des Baby-Booms. In jedem Generationszyklus muss man die ersten 19 bis 22 Jahre als eine Phase hoher Ausgaben, Investitionskosten, und Innovationsrate ansehen, gleichzeitig kommt es zu niedriger Produktivität und Einkommen, sowie niedrigeren Ausgaben seitens der Verbraucher. Die nächste Phase bringt dann eine Periode großen wirtschaftlichen Booms. Einkommen steigen, die Produktivität steigt, und der Konsum nimmt zu. Die von der heranwachsenden Generation geschaffenen neuen Technologien zahlen sich jetzt aus, wie auch die Investitionen in diesen Technologien und die Ausgaben für Bildung und Ausbildung. Zunächst sehen wir dann eine Phase des wirtschaftlichen Booms und fallender Inflationsraten, diese hält ungefähr 26 oder 27 Jahre lang an bis die neue Generation ein Alter von 46½ oder 47½ Jahren erreicht.

In der Mitte dieser Jahre hohen Einkommens und hohen Konsums sehen wir dann ebenfalls einen Höhepunkt in der Verschuldung, wenn nämlich im Alter von 34 Jahren Eigentumswohnungen und die dazu gehörigen Möbel gekauft werden. Darum kam es Ende der 80er bis Mitte der 90er Jahre auch zu beispielloser Verschuldung. Im Moment hat sich diese Kurve abgeflacht, und die Verschuldung nimmt sogar ab. Erst dann sehen wir die wirklichen wirtschaftlichen Umwälzungen, da die neue Generation den Höhepunkt ihrer wirtschaftlichen Macht erreicht, von ungefähr 40 bis 60 Jahren, mit dem Zenit im Alter von 58. Dann kontrollieren sie die meisten Unternehmen und Institutionen, inklusive der Regierung. Zum selben Zeitpunkt verfügen sie auch über größere Rücklagen und wachsendes Kapital für Geldanlagen, und können tiefgreifende Veränderungen ermöglichen (Sparkonten erfahren zwischen dem Alter von Ende 30 bis zum Alter von 67 oder 68 Jahren einen dramatischen Zuwachs). Jetzt kommt es zu wichtigen Umwälzungen in den Bereichen Arbeit und Management, die technologischen und sozialen Innovationen, die diese Generation in ihrer Jugend begonnen haben, zahlen sich jetzt aus. Neue Technologien und Produkte werden allgemein erschwinglich. Erst jetzt ereignen sich die Umwälzungen in den Bereichen Arbeit und Management, die unseren Lebensstandard am stärksten anheben.

Wirtschaftliche und technologische Umwälzungen ereignen sich alle 80 Jahre

In meinen vorangegangenen Büchern habe ich noch einen anderen Aspekt dieser Entwicklungen beschrieben. Jede zweite Generation (wie auch die Studie von Strauss und Howe belegt) ist innovativ und veränderungsorientiert. In dieser Generation sehen wir radikal neue Technologien und soziale Trends, die dann eine völlig neue Wirtschaft erschaffen. Die folgenden Generationen sind dann eher konform, bürgerlich und kollektiv orientiert, wie zum Beispiel die Generation, der auch Bob Hope angehörte. Die Generation Henry Fords brachte uns den Elektromotor, das Telefon, Autos, Film, Flugzeuge, und noch viele andere Neuerungen, während sie von Mitte der 70er Jahre des 19. Jahrhunderts bis in das frühe 20. Jahrhundert ihre Jugend und höchsten Erfindungsreichtum durchlebte. Die Innovationen der nächsten Generation sind dagegen eher mager, und bauen den Fortschritt im Detail aus, während die neuen Industrien Produkte herstellen, die jetzt für die Masse der Verbraucher erschwinglich werden und den Markt sättigen.

Die Innovationen der Bob-Hope-Generation beinhalten die Servolenkung und bessere Bremsen, automatische Transmission, Autobahnen für die vielen Autos und natürlich den Düsenmotor für Flugzeuge. Die Wirtschaft erreicht, zusammen mit dem Zyklus der Kaufkraft dieser konformistischeren Generation, einen hohen Grad an Sättigung, wie es auch mit der Generation Bob Hopes im Boom der 60er und 70er Jahre geschah. Dann kommt die nächste, abenteuerlustigere Generation und erfindet die nächsten Erneuerungen, die eine neue Wirtschaft schaffen, genau wie es die geburtenstarken Jahrgänge von den späten 50ern bis in die frühen 80er hinein taten. Ihre Kaufkraft treibt die neuen Produkte, Technologien und Industrien in die Wirtschaft, und während der Jahre ihrer größten Macht stellen sie radikal neuartige Vorgehensweisen in Bezug auf Arbeit und Management vor, wie zum Beispiel die revolutionäre Fließbandmethode zwischen 1914 und 1945 oder die Netzwerk-Revolution von 1994 bis 2025, die sich erst jetzt, während des exponentiellen Wachstums des Internet, bemerkbar macht.

Also alle 80 Jahre, oder in jeder 2. Generation, sehen wir eine wirtschaftliche Umwälzung, die ihren Anfang nimmt, solange die innovativen Generationen noch jung sind. Diese Umwälzungen werden dann im Mainstream unserer Wirtschaft assimiliert, während diese innovative Generation ihren Höhepunkt an Kaufkraft und Produktivität erreicht, und auch die Jahre ihrer größten wirtschaftlichen Macht. Für die letzte innovative Generation, diejenige Henry Fords, geschah dies während der 'Wilden 20er Jahre'. Der massive Baby-Boom wird in dieser Phase vermehrter Kaufkraft und Produktivität, gekoppelt mit den damit einhergehenden Veränderungen in Arbeit und Management, in den '2000ern' eintreten, also von ungefähr 2002 bis 2008 oder 2009. Dabei wird es zu vielen vorhersehbaren Veränderungen kommen, von denen Sie in Ihren Kapitalanlagen profitieren können.

Gegenüber der Netzwerk-Revolution im Management wird die Industrielle Revolution wie ein Kinderspiel sein. In Abbildung 1-7 sehen wir, wie wir uns in einem 80-Jahre-Zyklus von einer Wirtschaft, die standardisierte Produkte und Dienstleistungen einer

1-7. Die neue persönlichkeitsorientierte Wirtschaft

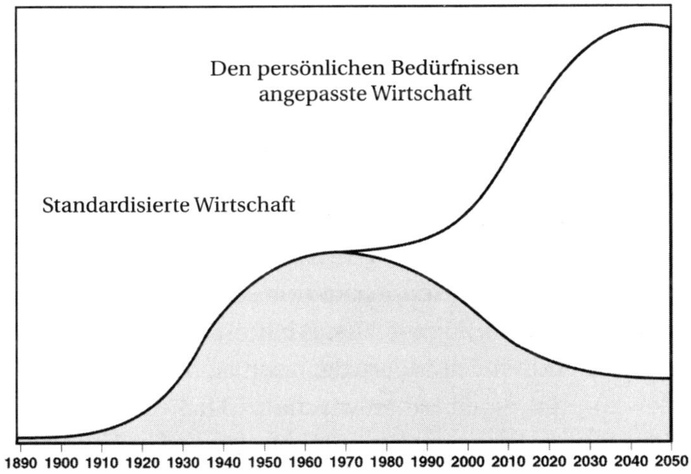

immer größeren Masse von Konsumenten verfügbar machte, auf eine Wirtschaft zubewegen, die dasselbe für Produkte und Dienstleistungen tut, die viel mehr auf die ganz persönlichen Wünsche und Bedürfnisse der Verbraucher abgestimmt sind. Endlich werden wir als Verbraucher die Art von persönlich ausgerichteten Leistungen bekommen, die uns von Unternehmen in den letzten Jahrzehnten nur versprochen werden konnten. Wir befinden uns an der Schwelle eines neuen Wirtschaftswunders, und tatsächlich hat dieses bereits in der Mitte der 90er Jahre seinen Anfang genommen.

In dieser Abbildung sehen wir eine grob vereinfachte Darstellung der wirtschaftlichen und finanzbedingten Zyklen, die vorhersehbar alle 80 Jahre wirtschaftliche Umwälzungen verursachen, und, innerhalb dieser Zyklen, den kleineren Generationszyklus von 40 Jahren. Zuerst möchte ich Sie aber daran erinnern, dass wir uns in der Mitte eines noch größeren, 500 Jahre währenden Zyklus befinden. Denn ungefähr alle 500 Jahre vermehrt sich die Weltbevölkerung schlagartig und vervierfacht sich (mindestens) innerhalb eines Jahrhunderts. Diese massiven Generationswellen neuer Menschen bringen noch größere Zyklen der Innovation mit sich, wie zum Beispiel die Erfindung der Druckerpresse und die Entdeckung Amerikas, denen nach 1500 eine wissenschaftliche Revolution folgte. Seit Erfindung der Druckerpresse, der letzten Revolution in der Informationstechnologie, befinden wir uns in einem ständig anschwellenden Zyklus der Massenproduktion. Mit der jetzigen globalen Bevölkerungsexplosion und der Computerrevolution befinden wir uns am Anfang eines erneuten 80-Jahre-Zyklus, und einer Revolution, die sich noch ungefähr weitere 500 Jahre fortsetzen wird, mit einer Massenproduktion, die auf die individuellen Bedürfnisse der Verbraucher ausgerichtet sein wird. Diese Umwälzung wird größere Veränderungen mit sich bringen, als wir uns vorstellen können. Noch haben wir die wirkliche Revolution in der Informationstechnologie nicht gesehen. Wir befinden uns gerade in deren Anfangsstadium, wie es Ende des 15. und Anfang des 16. Jahrhunderts mit dem Buchdruck, und in den 'wilden 20ern' mit Autos, Telefonen und Elektromotoren der Fall war.

Der Zwei-Generationen-Zyklus, der neue Wirtschaftsformen hervorbringt, spaltet sich wiederum in einen wiederholten vierstufigen Zyklus auf, wie in Abbildung 1-8 zu sehen ist. Jede dieser vier Stufen bevorzugt bestimmte Anlagemöglichkeiten und -kategorien, und ist an anderen weniger interessiert. Diese Tatsache ist vielleicht die interessanteste Erkenntnis, die ich Ihnen in diesem Buch zu bieten habe.

Es gibt vier klar getrennte Stadien und sechs Phasen unterschiedlicher Investition innerhalb des wirtschaftlichen Zyklus, jede davon erfordert eine andere langfristige Anlagestrategie. Wenn Sie diesen Zyklus verstehen, können Sie in guten und in schlechten Zeiten Ihren Wohlstand mehren.

Dass der derzeitige Bullenmarkt sich noch bis ins Jahr 2008 fortsetzen wird, ist eine gute Nachricht. Aber in Wirklichkeit werden wir nach 2009 in eine Phase der Deflation und des wirtschaftlichen

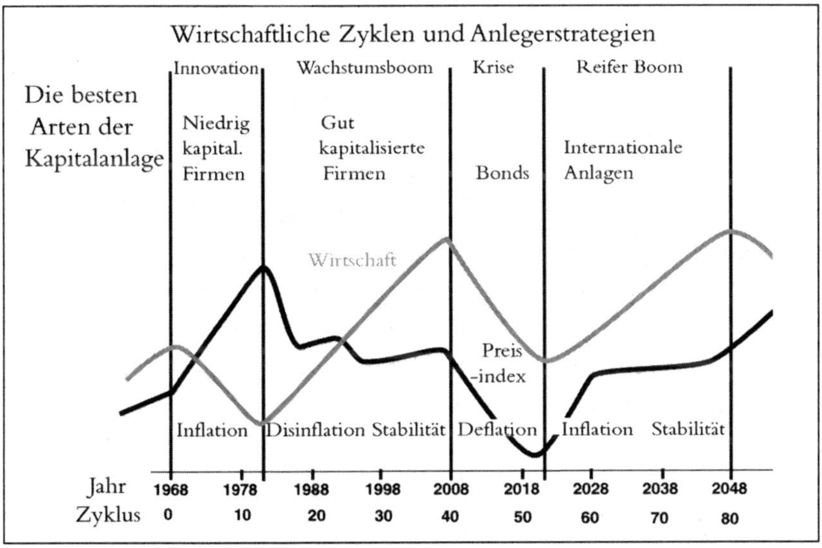

Abschwungs eintreten, die sich bis ungefähr 2022 oder 2023 hinziehen wird. Die geburtenstarken Jahrgänge werden genau zur selben Zeit in das Alter kurz vor dem Ruhestand eintreten – also zu einem Zeitpunkt in das wichtigste Alter für die Akkumulation von Kapitalanlagen kommen, an dem die meisten Aktienmärkte einbrechen werden! Das bedeutet, Ihre Altersvorsorge könnte von dieser Rezession viel mehr gefährdet werden, als durch Ihr vorheriges Versäumnis, Rücklagen zu schaffen, oder durch den Bankrott der Renten- und Sozialversicherungskassen. Außerdem könnte Ihre Karriere, und somit Ihr Einkommen, schon ab 2009 in Gefahr sein.

Ich möchte jetzt diesen 80-jährigen Wirtschaftszyklus in größerem Detail betrachten, und jede seiner Stufen zusammenfassen, mit besonderer Betonung auf den zwei Phasen, die uns als Nächstes erwarten.

Stufe I: Inflation und Innovation

Die erste Stufe beginnt mit dem Eintritt der neuen, jungen, individualistischen Generation in die Arbeitswelt, wir befinden uns in einer längerfristigen Rezession, die sich aus der sinkenden Kaufkraft der vorhergehenden, konformistischeren Generation ergibt. Das jüngste Beispiel für diese Situation wäre von Ende 1968 bis Ende 1982. Die Generation Bob Hopes hatte den Gipfel ihrer Kaufkraft überschritten, was eine Welle der Rezessionen hervorrief, zuerst in 1970, dann 1974-75, 1980, zuletzt 1982. Die Inflation stieg auf das höchste anhaltende Niveau der amerikanischen Geschichte. Wir sahen dann, wie eine monumentale Revolution in der Mikroelektronik ihren Anfang nahm, von dem ersten Computer mit Silikonchips von Intel in 1971, über den ersten PC von Apple 1977 bis zur Gründung von Microsoft 1983. Risikokapital und Neugründungen von Firmen erreichten zwischen 1979 und 1983 ihren Höhepunkt. In dieser Phase fing eine neue Wirtschaftsform an, was immer ein inflationärer Prozess ist, da riesige Investitionen benötigt werden, um auf neue Infrastrukturen umzurüsten, oder neue Technologien, neue Firmen, und den Eintritt einer neuen Generation in das Berufsleben zu finanzieren.

Im vorhergehenden 80-jährigen Wirtschaftszyklus, der uns Autos, elektrische Geräte und Telefone brachte, fiel diese inflationäre Phase auf die Jahre von 1898 bis 1916. Da die Immigration den größten Anteil an dem Bevölkerungszuwachs dieser Henry-Ford-Generation stellte, war dieser Zyklus etwas verkürzt. Einwanderer kommen im Durchschnitt im Alter von 30 Jahren nach Amerika. Sie treiben Innovationen und die Expansion der Infrastruktur mit einer kürzeren Vorbereitungszeit an (ungefähr zwei Jahre Verzögerung) und sind zur Zeit ihres Einstiegs in das Berufsleben im Durchschnitt elf Jahre älter als ihre amerikanischen Kollegen zur Zeit deren Einstiegs. Von 1898 bis zu dem Höhepunkt 1914, dem Beginn des I. Weltkrieges; stieg die Einwanderungsrate auf ein historisches Hoch. Wegen der enormen Kosten der Kriegsbeteiligung Amerikas stieg die Inflationsrate über den normalerweise um 1916 zu erwartenden Höhepunkt (basierend auf der zweijährigen Verzögerung im Wachstum der Anzahl der Arbeitnehmer) bis in das Jahr 1920 weiterhin an. Dann fiel die Inflationsrate zwischen 1920 und 1921 drastisch, da der Krieg und die damit zusammenhängenden Kosten ein Ende nahmen, was zu der Rezession vor Beginn der ‘wilden 20er Jahre’ führte. Ebenso sahen wir einen Höhepunkt in der Anzahl an Neugründungen im heutigen Fortune's 500 und unter den Markennamen des späteren Massenkonsum zwischen 1900 und 1907, etwas weniger als 80 Jahre vor einem ähnlichen Höhepunkt zwischen 1979 und 1983 in dem derzeitigen Zyklus.

Die besten Kapitalanlagen in Stufe I sind:

- Immobilien, besonders gewerbliche Aktien kleinerer Firmen
- Aktien aus manchen ausgesuchten, internationalen Gebieten
- Schatzwechsel (T-bills) und Schuldenpapiere
- Gold

Es kommt zu einem Boom in Immobilien, da die neue Generation in den Kreislauf des Immobilienmarktes eintritt. Das fängt bei neuen Büros und gewerblichen Räumlichkeiten an (mit Höhepunkt im Alter von 19, zu Beginn des Lebens als Arbeitnehmer), dann kommen Wohnungen und Mietwohnungen in Mehrfamilienhäusern (mit Höhepunkt im Alter von 26, zur Zeit der meisten Heiraten), und dann kommen die Eigentumswohnungen für Erstbesitzer (Höhepunkt im Alter von 33 Jahren). Offensichtlich sind im ersten Teil dieses Zyklus gewerblich nutzbare Gebäude als Investition am vielversprechendsten. Später werden Wohnungen dann interessanter, noch später dann die preiswerteren Eigentumswohnungen für Erstbesitzer. Wegen der Inflation kommt es zu einem allgemeinen Boom im Immobilienmarkt. Durch die Hypotheken bieten Immobilien einem Anleger generell guten Schutz gegen die Inflation, das macht sie zur besten allgemeinen Kapitalanlage in turbulenten Zeiten der Inflation und Innovation, wie sie für Stufe I charakteristisch sind.

Niedrig kapitalisierte Firmen behaupten sich in einem wegen zunehmender Rezession und Inflation konjunkturschwachen Aktienmarkt ebenfalls gut. Warum gerade niedrig kapitalisierte Firmen? Weil eine neue Generation neue Technologien, Produkte und soziale Trends schafft. Kleinere Firmen verfügen über die Wendigkeit, solche Marktnischen auszufüllen, dagegen sind größere Firmen schwerfällig und weniger anpassungsfähig. Außerdem verlieren die großen Unternehmen zunehmend ihre Kunden aus der letzten Generation, die ihren Konsum einschränken, um mehr zu sparen. Und das führt uns an den nächsten kritischen Punkt:

> **Kleine Firmen übertreffen Großunternehmen in Zeiten der Rezession und Innovation. In Zeiten des Booms, während Marktnischen in den Mainstream einfließen, behaupten die großen Firmen sich besser, aber der Unterschied ist nicht so ausgeprägt.**

Viele Finanzberater empfehlen, man solle seine Kapitalanlagen gleichmäßig auf die Aktien kleiner und großer Firmen streuen. In Wirklichkeit haben beide ihre Vorteile zu jeweils verschiedenen Zeiten, und es wäre schlecht, unsere Portfolios immer auf diese Weise zu diversifizieren. In schlechteren Zeiten sollte man sich auf kleinere Firmen konzentrieren, in Zeiten des Booms eher in Großunternehmen einsteigen. Abbildung 1-9 zeigt uns diese Tatsache sehr deutlich. Die Phase der Innovationen, die von den geburtenstarken Jahrgängen geschaffen wurden, ging von 1958 bis 1983, also 22 Jahre nach dem Geburtenzyklus. Akkumuliert übertrafen die niedrig kapitalisierten Firmen in diesem Zeitraum die gut kapitalisierten Unternehmen beinahe 6:1. Trotzdem wäre es ratsamer gewesen, erst nach dem schlimmen Crash von 1974 in niedrig kapitalisierte Unternehmen einzusteigen, da sie in dieser kurzen Periode weitaus mehr in Mitleidenschaft gezogen wurden als die Großunternehmen. Der größte Teil ihres gesamten Vorsprungs von 1958 bis 1983, zusammengenommen 4:1, ereignete sich von 1974 bis 1983. Eine wichtige Faustregel: Es ist besser, in kleinere Firmen am Beginn einer längeren wirtschaftlichen Rezession erst einzusteigen, nachdem es im Aktienmarkt zu einem Crash von mindestens 50% seines höchsten Hochs gekommen ist, noch besser wären 70%

1-9. Niedrig kapitalisierte Firmen sind in Zeiten der Inflation besser

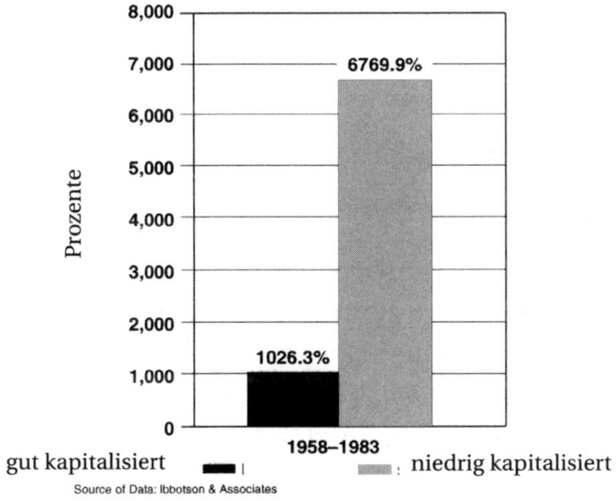

(diese Daten stützen sich auf inflationsbereinigte Indikatoren). In dem Teil dieses Kapitels, der sich mit deflationären Phasen beschäftigt, werde ich zeigen, dass niedrig kapitalisierte Werte sich auch in der Deflation besser behaupten.

In den 70er Jahren sahen wir den stärksten Boom in Japan, während viele Länder der dritten Welt erfolgreich in die Industrialisierung eintraten. Vorsichtige und wählerische internationale Investition kann dem Anleger in solchen Zyklen gute Resultate bescheren. Der Zyklus der Geburtenrate in Japan, und somit auch der Generationen, unterscheidet sich stark von denselben Zyklen in anderen Industrienationen, daher kam es in den 70er Jahren in Japan zu einem Boom, während die USA und Europa eine Rezession durchmachten. In meinem nächsten Kapitel, das sich mit internationalen Trends beschäftigt, werde ich die Wirtschafts- und Geburtenzyklen Japans genauer unter die Lupe nehmen. Obwohl es einige Möglichkeiten gab, mit den Aktien der neueren Industrienationen Geld zu verdienen, war die Volatilität der Aktienmärkte dieser Länder, besonders 1974, zu hoch für die meisten Investoren. Darum lege ich große Betonung auf das Wort „Auswahl" wenn ich internationale Kapitalanlagen empfehle. Aufgrund der vom allgemeinen Zyklus abweichenden generationsbedingten Trends war Japan zur selben Zeit ein Land mit starkem Wachstum und niedriger Inflationsrate. Das wäre in den 70er Jahren ein sehr guter Markt für Anleger gewesen.

Aktien, die man besser vermieden hätte, waren offensichtlich Großunternehmen, aber auch lang- und mittelfristige Bonds. Steigende Inflationsraten führen bei längerfristigen Bonds zu Verlusten, da neue Bonds mit höheren, attraktiveren Zinssätzen herausgegeben werden, solange die Inflationsrate steigt. Äußerst kurzfristige Anlagen auf Schuldenbasis, wie T-Bills (Schatzwechsel) oder Schuldenpapiere, erlauben es den Anlegern hingegen, ständig auf bessere kurzfristige Zinssätze umzusteigen. Hierauf sollten sich konservativere Anleger, die ein Einkommen benötigen, konzentrieren. Gold als Sicherheit gegen die Inflation behauptet sich in solchen Perioden ebenfalls gut, obwohl dies in zukünftigen Phasen der Inflation vielleicht nicht mehr der Fall sein wird, da Gold im Zeitalter der Informationstechnologie zunehmend seine Rolle als Geldwert verliert.

Stufe 2: Wachstum und Boom

Während die individualistischere Generation ihre Kaufkraft verstärkt, beginnt die Wirtschaft einen erneuten Boom. Gleichzeitig fällt die Inflationsrate, da die neuen Technologien dieser Generation für erhöhte Produktivität sorgen. Die Kurve der Kaufkraft in Abbildung 1 zeigt, wie der massive Baby-Boom unseren derzeitigen wirtschaftlichen Boom seit Ende 1982 in Gang gebracht hat. Die neue Generation kauft in zunehmendem Maße die neuen Produkte und Technologien, während ihre Kaufkraft immer weiter anwächst. Diese Bewegung führt sie von den luxuriöseren Marktnischen immer weiter in den Mainstream, da die erhöhte Produktivität neuer Technologien diese Produkte immer erschwinglicher werden lässt. Es kommt zu einem Wettrennen der Firmen um die Dominanz dieser neuen Massenmärkte, von Computern bis zu besonderen Sorten von Kaffee. Dadurch schneiden größere Firmen zuneh-

1-10. Großunternehmen sind in Zeiten des Booms besser

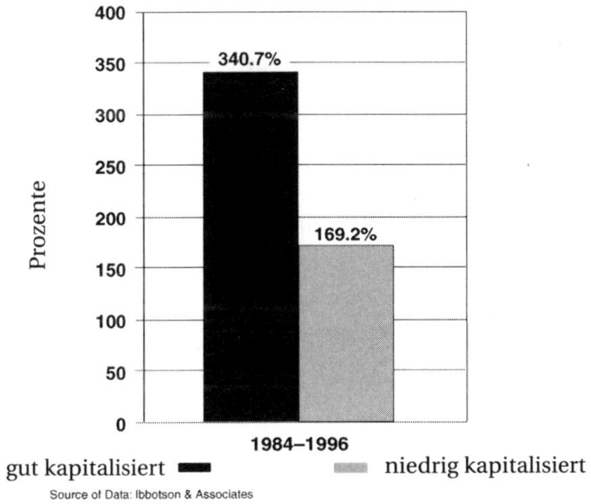

mend besser ab als kleinere, wie wir in Abbildung 1-10 sehen können. Trotzdem übertreffen diese großen Firmen die kleinen Firmen in weit geringerem Ausmaß, als es umgekehrt in Stufe I der Fall war, der Abstand tendiert eher zu einem Verhältnis von 2:1 in kumulierten Profiten seit 1984. Dieser Abstand sollte sich im nächsten Jahrzehnt vergrößern.

Die Aktien der Großunternehmen führten in dem Wachstumsboom der 'wilden 20er Jahre' einen vernichtenden Feldzug gegen die Aktien der kleineren Firmen. Es gibt leider nur Daten aus den letzten vier Jahren dieser Periode, von Ibbotson und Associates, aber in diesen vier Jahren legten die größeren Unternehmen durchschnittlich 19,8 % zu, die niedrig kapitalisierten Unternehmen mussten dagegen durchschnittliche Einbußen von 4,5 % hinnehmen. Alles deutet darauf hin, dass die Dominanz der größeren über die kleineren Firmen mit zunehmendem Wettbewerb zum Höhepunkt des Booms hin eher zunimmt.

Die Periode des Wachstumsbooms von 26 bis 27 Jahren Dauer spaltet sich aber tatsächlich in zwei getrennte Phasen, zuerst mit fallender Inflation, dann mit verhältnismäßig abgeflachter Inflationsrate. Das bedeutet zwei verschiedene Portfoliostrategien für den Anleger.

Phase I: Fallende Inflationsrate

Die Inflationsrate nimmt während dieser Phase drastisch ab, dies führt zu den besten Ergebnissen bei langfristigen Bonds und festverzinslichen Papieren. Zwischen 1981 und 1998 fiel die Inflationsrate von ungefähr 14 % auf beinahe Null. Der durchschnittliche Ertrag von 30-Jahre-Bonds der U.S. Treasury betrug 139. Das ist zwar nicht ganz so gut wie der S&P 500, aber wenn man bedenkt, dass die laufenden Zinsen und der Nennwert garantiert sind, war es dennoch eine gute Zeit für Anleger, die ein gesichertes Einkommen benötigen und größere Risiken scheuen. Zusätzlich hatten die Bonds im Falle eines Verkaufs durch fallende Inflationsraten und Zinssätze an Wert gewonnen.

Während dieser Phase bleibt der Immobilienzyklus in Eigentumswohnungen für Erstbesitzer stabil, also der Teil dieses Zyklus mit den größten Ausgaben. Deshalb kommt es jetzt zum stärksten Boom im Immobilienmarkt unter den Preisen für Privatwohnungen, besonders am Anfang, wie es in dem Boomzyklus zwischen Ende 1982 und Anfang 1990 der Fall war. Im Alter von ungefähr 33 Jahren kauft die neue Generation vermehrt erste Eigentumswohnungen, das verursacht ein dauerhaftes Hoch in diesem Sektor des Immobilienmarktes, wie von 1990 bis 1994 zu beobachten war, genau 33 Jahre nach den Jahren mit der höchsten Geburtenrate unter den Baby-Boomern, 1957 bis 1961. Dann nimmt die Nachfrage nach Eigentumswohnungen allmählich ab und bleibt hinter der allgemeinen Konjunktur zurück. Die Nachfrage nach gewerblich nutzbaren Immobilien hat schon mit einer 19-jährigen Verzögerung nachgelassen, da die meisten Menschen der neuen Generation in diesem Alter in das Berufsleben eingetreten sind, kurz bevor der wirkliche allgemeine Boom beginnt. Die erste Phase des Wachstumsbooms der Baby-Boomer ereignete sich von Ende 1982 bis Anfang 1998.

Die besten Kapitalanlagen in der Phase I des Wachstumsbooms sind:

- Eigentumswohnungen
- Gut kapitalisierte Firmen
- Langfristige Bonds

Phase II: Niedrige oder flache Inflationsrate

Das ist die Phase, in die wir 1998 eingetreten sind. Da die neuen Technologien für einen starken Zuwachs in der Produktivität sorgen, und die neue Generation gleichzeitig in das Alter höchster Produktivität kommt (Mitte 40), fällt die Inflation in ein Tief oder sogar auf beinahe Null, wie in den 'wilden 20ern' zu beobachten war. Das bedeutet, Bonds bieten plötzlich nur sehr niedrige Zinssätze, mit geringer Chance eines Wertzuwachses, da die Inflationsrate fällt. Tatsächlich sind Bonds in dieser Phase die schlechteste Möglichkeit der Geldanlage. In den späteren Phasen des Booms wird der Wettbewerb um Dominanz der Märkte immer stärker, die Aktien der großen Unternehmen schneiden dabei zunehmend besser ab. Niedrig kapitalisierte Unternehmen könnten nach 1998 trotzdem noch interessant sein, da die Welle der Innovationen des Echos des Baby-Booms jetzt Auswirkungen zeigt. Im Immobilienmarkt kommt es zu einem starken Anstieg in der Nachfrage nach Wohnungen und Häusern einer gehobenen Preisklasse, sowie zunehmend nach Ferienhäusern und Immobilien in Urlaubsgegenden. Die internationalen Regionen, die hinter diesem Boom zurückgeblieben sind, müssen sich den wirtschaftlichen Realitäten der führenden Nationen (wie die USA in dieser Wirtschaftsrevolution) anpassen. Darum können internationale Aktien aus Ländern, die aufgrund des Heranwachsens und Alterns der neuen Generationen einen starken Zuwachs der Kaufkraft erfahren, gute Möglichkeiten für profitable Kapitalanlagen bieten.

Die besten Geldanlagen in
Phase II des Wachstumsbooms sind:

- Die Aktien großer Unternehmen
- Internationale Aktien
- Immobilien in Urlaubsgegenden und generell teurere Immobilien

Stufe 3: Deflation und Krise

Diese nächste Stufe ist für die meisten Arbeitnehmer und Anleger schlimm, aber für wendige Anleger bietet sie gute Möglichkeiten. Es sind Zeiten der Depression, mit fallenden Preisen, Deflation, und hoher Arbeitslosigkeit. In dieser, nicht besonders innovativen Periode werden nur wenige neue Technologien oder Industrien geschaffen. Es ist eine Zeit, in der die Wirtschaft sich der verbleibenden Firmen, die das Wettrennen um die Dominanz der Märkte verloren haben, entledigt. Das bedeutet, Fabriken und Lagerhallen werden geschlossen und viele Arbeitnehmer verlieren ihren Job. Die wenigen Marktführer der jeweiligen Wirtschaftszweige absorbieren nicht nur den Marktanteil der Verlierer, sondern auch deren Produktionstätten und einen Teil der Arbeitnehmer. Im letzten Wirtschaftszyklus ereignete sich Stufe 3 zwischen 1930 und 1942. Der Aktienmarkt hatte schlechte Konjunktur, die zwischen 1929 und 1932 zur drastischen Rezession wurde. Zwischen 1930 und 1933 fielen dann die Preise auf ebenso drastische Weise. Fast 90 % des Aktienwertes ging verloren, und Immobilienpreise waren im Keller. 1942, als der nächste Bullenmarkt begann, waren die Aktien immer noch 70 % weniger wert.

Zeiten der Deflation sind natürlich gut für langfristige Bonds. Im Finanzmarkt kam es zu einem Ansturm auf Qualität, hinweg von den Aktien, fallende Preise bedeuteten aber auch für Bonds weniger Rendite. Zwischen Ende 1929 und 1942 fiel der Zinssatz 30-jähriger Bonds der US Treasury von 3,5 auf 2 %. Das heißt, der Wert vorher gekaufter Bonds stieg, da die Zinssätze fielen. Noch wichtiger aber war, dass Verzinsung und Nennwert in diesen schlechten

Zeiten instabiler Wirtschaft garantiert waren. Und Geld wurde immer mehr wert, da die Preise in allen Sektoren fielen, von Nahrungsmitteln bis Immobilien. Anleger mussten sich der Deflation fügen. Von 1930 bis 1942 beliefen sich die Erträge aus langfristigen Staatsanleihen durchschnittlich auf 3,5 %, bei Unternehmensanleihen auf 6,19 %. Diese 3,5 bis 6,1 % waren in realer Kaufkraft aber eher zwischen 6 und 9 % wert. Das ist zwar nicht so gut wie Aktienprofite in Boomzeiten, aber verglichen mit den anderen Anlagemöglichkeiten, die alle Verluste brachten, war es fantastisch. In Zeiten der Deflation bringen Bonds generell das beste Risiko/Gewinn-Verhältnis.

Es wird Sie kaum überraschen zu hören, dass auch die Aktien niedrig kapitalisierter Unternehmen in dieser Stufe verhältnismäßig gut abschnitten, aber wiederum nur nach dem Crash. Abbildung 1-11 zeigt, wie die Aktien kleinerer Firmen in den 14 Jahren von 1932 bis 1946 in kumulierten Erträgen beinahe 6 mal besser abschnitten als die Aktien größerer Unternehmen. Für eine so kurze Zeitspanne ist das wahrhaft erstaunlich!

Es gilt dieselbe Logik wie zu Zeiten der Inflation. Eine neue Generation tritt in die Wirtschaft ein, erneuert diese, und kauft dabei neue Technologien und Produkte. Kleinere Firmen können auf neue Märkte besser eingehen. Die Arten der Innovation haben sich aber verändert. Es handelt sich eher um marginale, zusätzliche Innovationen, die den Wachstumsindustrien helfen, die in der letzten Stufe am erfolgreichsten waren. Dennoch werden kleine Firmen benötigt, um diese Innovationen erstmalig hervorzubringen.

Es gibt in dieser Stufe noch einen wichtigen Trend, der beachtet werden muss. Die technologischen Umwälzungen führt zu einer Massenwanderung der Bevölkerung in Regionen, die höhere Lebensqualität und niedrigere Lebenshaltungskosten versprechen. Die massive Verlagerung von den Innenstädten in die Vororte von den 30er bis in die 60er Jahre wurde von der immer größeren Verbreitung von Autos, Telefonen und privater Elektrizitätsversorgung gefördert. Die immer größer werdende Verbreitung des Internet von 1994 bis 2008 wird eine ähnliche Verlagerung in rurale

1-11. Niedrig kapitalisierte Unternehmen sind in Zeiten der Deflation besser

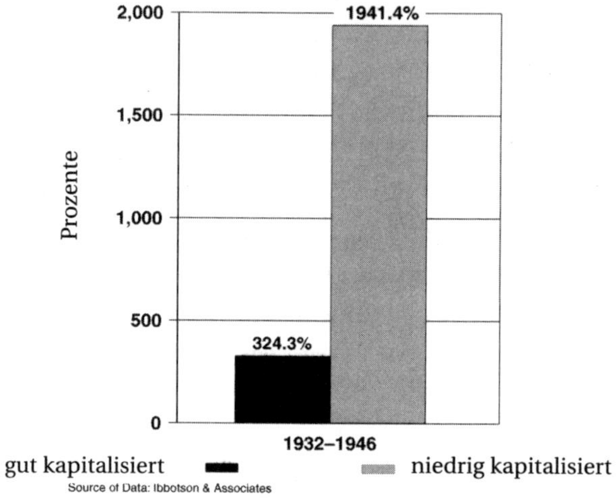

Gebiete, noch jenseits der Vorstädte größerer Ballungsgebiete, verursachen, sowie in attraktive Klein- und Kurstädte.

Darum sind Immobilien in diesen Wachstumszonen in Zeiten der Depression eine gute Investition, aber, genau wie Aktien kleinerer Firmen, erst nach dem Crash in Aktien- und Immobilienmarkt.

Die besten Geldanlagen in Stufe 3 sind:

- Langfristige Staatsanleihen und Unternehmensanleihen hoher Qualität
- Die Aktien niedrig kapitalisierter Unternehmen (nur nach dem Crash)
- Immobilien außerhalb der urbanen Zentren sowie gewerbliche Immobilien (besonders nach dem Crash)

Stufe 4: Der Reife-Boom

Sobald die nächste, konformistische Generation ihren Zyklus der Kaufkraft beginnt, sehen wir einen Boom, in dem die Industrien der letzten technischen Revolution vollends in den Mainstream übergehen. Im letzten 80-Jahre-Zyklus der Generation Bob Hopes wäre das der Zeitraum von 1942 bis 1968. Während dieses Booms werden die Aktien sowohl der kleinen wie der Großunternehmen interessant, das Gleiche gilt für internationale Aktien und nicht gewerbliche Immobilien. In der ersten Hälfte dieses Booms sind größere Unternehmen im Vorteil, in der zweiten Hälfte hingegen die Aktien der niedriger kapitalisierten, da mittlerweile die nächste, innovativere Generation anfängt, das Gesamtgeschehen radikal zu erneuern, um die nächsten Umwälzungen in der Wirtschaft, und den nächsten 80-Jahre-Zyklus, hervorzubringen. Der nächste Reife-Boom wird gegen 2023 beginnen, und bis 2050 fortdauern. Das ist zu weit in der Zukunft, um sich jetzt schon damit zu befassen. Ich möchte hier nur noch sagen, dass der Reife-Boom auch in zwei Hälften aufgeteilt werden kann, die jeweils verschiedene Anlagestrategien erfordern.

Die besten Geldanlagen in Stufe 4 sind:

- Die Aktien größerer Unternehmen (erste und zweite Hälfte)
- Die Aktien kleinerer Unternehmen (zweite Hälfte)
- Wohnhäuser (erste Hälfte)
- Gewerbliche Immobilien (zweite Hälfte)
- Internationale Aktien (zweite Hälfte)

Diese Stufe hat eine Tendenz zur Inflation, das macht Bonds weniger vielversprechend. Und wiederum tendieren in der zweiten Hälfte des Booms die internationalen Aktien dazu, der Praxis der führenden Nationen (wie den USA) zu folgen, und bieten somit interessante Anlagemöglichkeiten.

Portfoliostrategien für die nächste Dekade

Da wir die zweite Phase des Wachstumsbooms beginnen, sollten Sie sich als Anleger auf Aktien gut kapitalisierter Unternehmen konzentrieren, auf internationale Aktien, und außerstädtische, nicht gewerbliche, und teurere Immobilien. Die nächste Generation wird ebenfalls einen Preisanstieg in Mietwohnungen und Mehrfamilienhäusern verursachen. Von 1995 bis 1998 schnitten viele unterkapitalisierte Aktien sehr schlecht ab, besonders vor der Korrektur von 1998. Darum ist es gut möglich, dass diese Aktien gegen 2000 stärker auftreten, als normalerweise erwartet werden könnte. Aber die Aktien der großen Unternehmen werden in der ersten Dekade der Wilden 2000er dominant bleiben. In Kapitel 2 werde ich erklären, wie Sie ein Portfolio zusammenstellen können, das sich aus Investmentfonds und Aktien der großen Unternehmen zusammensetzt, und, bei geringem Risiko, den S&P 500 übertreffen wird, da es ein Investment in den Sektoren repräsentiert, die von der Baby-Boom-Generation in dem betreffenden Zeitraum gefördert werden.

In Teil II werde ich mich der interessantesten Arena für Anleger des nächsten Jahrzehnts zuwenden. Denn während viele Aktien der Großunternehmen in den USA gutes Wachstum zeigten, haben die internationalen Märkte die schlimmsten Einbrüche seit Mitte der 70er Jahre erlebt. Es ist deshalb von großem Wert genau zu verstehen, welche Nationen in der kommenden Dekade über ein Steigerungspotenzial verfügen, und welche dieses Potenzial vermissen lassen. Japan ist eines der Länder, die mit Sicherheit schlechte Erwartungen haben, wohingegen seine Nachbarn, also Hong Kong, Taiwan, Südkorea und Singapur, im nächsten Jahrzehnt auf kräftiges wirtschaftliches Wachstum zählen können. Meine Analyse der globalen demografischen Daten in Bezug auf das Alter der Generationen und auf technologische Trends wird Ihnen helfen, nicht nur im nächsten Jahrzehnt ein geschickter Anleger zu sein, sondern auch noch darüber hinaus. Im 3. Kapitel werde ich mich mit den demografischen und technologischen Aussichten der Industrienationen weltweit befassen, und dabei dieselben Indikatoren benutzen, wie ich es auch in diesem Kapitel für die USA getan habe.

Man sollte nicht vergessen, dass der größte Bevölkerungszuwachs dieses Jahrhunderts in den Entwicklungsländern stattgefunden hat. Im 4. Kapitel werde ich die Wachstumsaussichten in den anschwellenden Bevölkerungen der Entwicklungsländer der dritten Welt analysieren. Die massiven globalen Wachstumstrends des nächsten Jahrzehnts werden hauptsächlich den großen Unternehmen zugute kommen, die eine bewährte Inlandsbasis mit bekannten Markennamen für eine effektive Expansion in das Ausland nutzen können. Das ist ein weiterer Grund, warum Sie im nächsten Jahrzehnt in die größten Marktführer der alten und neueren Industrien investieren sollten, und nicht in die niedrig kapitalisierten Kleinunternehmen.

In Teil III werde ich mich mit dem Aspekt Ihrer Lebensplanung beschäftigen, den man Lebensstil nennen könnte, von dem Wohnort Ihrer Wahl bis zu den voraussichtlichen Lebenshaltungskosten der Zukunft. Im letzten Teil dieses Buches werde ich Ihnen zeigen, wie Sie einen kompetenten Anlageberater finden können, der Sie auch wirklich repräsentiert.

Zuerst werden wir jetzt aber sehen, wie Sie das perfekte Portfolio für die 'Wilden 2000er' zusammenstellen können.

Kapitel 2

Die ultimative Portfolio-Strategie für die Wilden 2000er

Die effektivste Neuerung für Anleger, die von der Informationsrevolution hervorgebracht wurde, ist das Prinzip der Portfoliostrukturierung. Wenn Investmentfonds und andere Fertigprodukte für Anleger, zum Beispiel Index- oder Investmentfonds, sozusagen den PC der Investitionsrevolution repräsentieren, dann ist die Portfoliostrukturierung vielleicht mit der Software des Betriebssystems zu vergleichen (wie z. B. Windows). Um dieses Prinzip sehr vereinfacht zu erklären, könnte man sagen, dass Sie Ihre Profite steigern, und Ihr Risiko vermindern, indem Sie Ihr Kapital auf eine wissenschaftliche Art und Weise über verschiedene Arten der Anlagemöglichkeiten streuen, die in verschiedenen, asynchronen Mustern steigen und fallen. Aktien und Bonds haben zum Beispiel die Tendenz, zu verschiedenen Zeiten, und aus verschiedenen Gründen, zu steigen und zu fallen. Eine Wirtschaftsflaute kann Ihr Einkommen am Aktienmarkt negativ beeinflussen, aber gleichzeitig die Inflationsrate senken, was sich wiederum gut auf Bonds auswirkt. Das Gegenteil ist der Fall bei einer Konjunkturbelebung.

Auch die Aktien kleinerer und größerer Unternehmen verhalten sich in verschiedenen Phasen des Wirtschaftskreislaufs unterschiedlich. Und verschiedene Länder können natürlich auch aufgrund ihrer unterschiedlichen Zyklen zu verschiedenen Zeiten boomen oder eine Rezession erleben.

Die akademische Forschung der Industrie, die dieses effektive Prinzip hervorbrachte, hat anhand statistischer Daten von 1926 (dem ersten Jahr, für welches solche Daten verfügbar sind) bis heute nachgewiesen, dass das beste Risiko/Gewinn-Verhältnis dann erzielt wird, wenn die vier grundlegendsten, asynchronen Kategorien der Kapitalanlage miteinander kombiniert werden. Bei diesen vier Kategorien handelt es sich um die Aktien der großen Firmen, die Aktien niedrig kapitalisierter Firmen, internationale Aktien und festverzinsliche Papiere (Bonds und ähnliche Wertpapiere). Die bahnbrechende Forschung, aus der diese Erkenntnis stammt, wurde in den 50er Jahren von Harry Mankewitz begonnen, und von vielen anderen fortgeführt, in den letzten Jahrzehnten insbesondere von Roger Ibbotson. Obwohl dies vielleicht die großartigste Theorie im Umfeld der Finanzmärkte ist, hat sie dennoch einen grundlegenden Makel.

Der große Fehler moderner Investitionstheorien

Wie Ihnen die meisten meiner Kollegen in der Finanzwelt bestätigen werden, ist das eben beschriebene Prinzip zwar eine großartige Theorie, in der Praxis aber nicht unbedingt erfolgreich. Als Strategie wird zwar häufig Risiko und Volatilität gemindert, aber verglichen mit dem S&P 500 bleiben die Gewinne zurück, besonders in den letzten 20 Jahren. Ich werde Ihnen hier beweisen, dass die Theorie zwar völlig richtig ist, der große Fehler aber darin liegt, wie die verschiedenen Arten der Geldanlage des wirklichen Portfolios gestreut werden. Dabei sollten Sie sich daran erinnern, dass die historische Forschung, die das Risiko und die Gewinnwahrscheinlichkeit eines auf die vier oben genannten Klassen von Kapitalanlagen diversifizierten Portfolios dokumentiert, auf die durchschnittlichen Werte der letzten 70 Jahre zurückgreift. Aber wie viele Anleger haben schon einen Zeithorizont von 70 Jahren zum Investieren?

Die meisten Menschen beginnen erst im Alter von 35 bis 40 Jahren ernsthaft zu sparen, schaffen dann ihre größten Rücklagen im Alter von 45 bis 55, und akkumulieren ihren höchsten Nettowert im Alter von 67 oder 68. Das bedeutet, dass der typische Zeithorizont eher bei 15 bis 30 Jahren anzusiedeln ist. Jüngere Anleger haben offensichtlich einen längeren Zeithorizont, Menschen, die sich dem Ruhestand nähern, einen kürzeren. Aber selbst innerhalb dieser verschiedenen Zeithorizonte haben wir unterschiedliche Ansprüche an unser Einkommen, von der Ausbildung bis zur Pensionierung, die unsere Zeithorizonte verkürzen können. Der wichtigste Unterschied ist aber vielleicht in unseren menschlichen Schwächen zu suchen, und unseren, natürlich vollkommen unterschiedlichen, emotionalen Reaktionen auf wirtschaftliche Veränderungen, die einen starken Einfluss auf unseren jeweiligen Zeithorizont ausüben. Darum ist der erste große Fehler der Forscher, die diese Theorie formuliert haben, dass sie nicht an unsere realen Erwartungen und unseren Zeithorizont angepasst ist.

Ein noch größerer Irrtum entspringt der Tatsache, dass unsere Wirtschaft innerhalb des in Kapitel I beschriebenen Generationenzyklus, oder 80-Jahre-Zyklus, mehrere mittel- und längerfristige Zyklen durchmacht. Seit 1926, dem Beginn der statistischen Daten dieser Forscher, gab es viele drastische Veränderungen in Wirtschaft und Finanzwelt:

- Die wilden 20er; Jahre des extremen Booms, mit flachen, niedrigen Inflationsraten und sehr hoher industrieller Produktivität aufgrund der Erfindung des Fließbandes.
- Die furchtbaren 30er, oder große Depression, die schlimmste Rezession in unserer Geschichte, mit einer Arbeitslosigkeit von bis zu 25 % und einer extremen Deflation der Verbraucherpreise.

- Die 40er Jahre, inklusive des II. Weltkrieges, in denen es Wachstum gab, aber auch steigende Inflation.
- Die 50er und 60er Jahre, ein Wirtschaftsboom mit niedriger Inflation.
- Die 70er, eine Periode der Rezession mit drastisch steigender Inflation, die den höchsten Stand in der modernen Geschichtsschreibung erreichte.
- Die 80er Jahre, ein Boom mit drastisch fallender Inflationsrate.
- Die 90er Jahre, in denen der Boom sich fortsetzte, mit geringfügig fallender Inflationsrate und sprunghaft wachsender Produktivität auf dem Informationssektor.
- Und, als nächstes, die 'Wilden 2000er', wie ich Sie vorhersehe, wie die wilden 20er, aber stärker, mit flacher Inflationsrate und sehr starker Produktivität und Wachstum.

Ich möchte Ihnen jetzt eine einfache Frage stellen. Glauben Sie wirklich, eine einzige Investitionsstrategie hätte jeder dieser sehr unterschiedlichen wirtschaftlichen Perioden der letzten 70 bis 80 Jahre gerecht werden können? Jedesmal, wenn der Zyklus sich ändert, wurden aus den Stars unter den Kapitalanlagen die Verlierer der neuen Phase. Und jede dieser Perioden dauerte ein ganzes Jahrzehnt, und nicht nur ein paar Jahre. In den wilden 20ern waren es zum Beispiel die Aktien der großen Unternehmen, die am meisten Profite brachten, während Bonds und kleinere Firmen vor sich hin darbten. In den 30ern schnitten die großen Firmen am schlechtesten ab, Bonds waren die beste Geldanlage, und kleine Firmen hatten nach dem Crash starken Aufwind. In den 70ern kam es zu einem Massaker unter den großen Firmen, die in den 60ern am profitabelsten waren, dasselbe galt für Bonds, aufgrund wachsender Inflation. Die kleinen Firmen waren die Helden, sowie Immobilien und manche internationale Märkte, wie Japan, und viele Entwicklungsländer.

Und jetzt, in den 80ern und 90ern, übertrumpfen die Großunternehmen die kleinen Firmen und internationalen Aktien zusehends, während Bonds sich generell gut behaupten. Investoren, die sich an die tradierten Methoden der Portfoliostrukturierung hielten, und in große Firmen, kleine Firmen, internationale Märkte und Bonds diversifiziert haben, schnitten seit 1983 beständig schlechter ab als der S&P 500, mit höherem Risiko und höherer Volatilität, nicht geringerer. Wie ich schon in Kapitel I vorhergesagt habe, sollten die Aktien großer Unternehmen auch im kommenden Jahrzehnt in Führung bleiben, während internationale Aktien ein starkes Comeback feiern. Die Aktien der kleineren Firmen haben etwas schlechtere Konjunktur, Bonds hingegen sind das Schlusslicht, wegen der niedrigen, flachen Inflationskurve.

In Kapitel I habe ich auch die vier wirtschaftlichen Stufen des 80-Jahre-Zyklus beschrieben, deren Boom-Perioden sich in jeweils zwei Phasen unterteilen. Das ergibt sechs unterschiedliche wirtschaftliche Klimazonen innerhalb einer durchschnittlichen Lebensspanne. Sie sollten sich die Zeit nehmen, sich mit diesen verschiedenen Phasen eingehend zu beschäftigen, und mit den verschiedenen Anlagekategorien, die in jeder dieser Phasen stärker oder schwächer sind. In jeder dieser zehn bis 16 Jahre andauernden Phasen ist es typisch, dass zwei der vier grundlegenden Investmentkategorien eines strukturierten Portfolios eine schlechte Investition darstellen, manchmal auf dramatische Weise. Darum bringt die traditionelle Methode der diversifizierten Portfolios logischerweise geringere Profite als systematische Investition in den beiden besten Sektoren. Natürlich wäre es Unsinn, in diesen gänzlich verschiedenen Zyklen auf einer einzigen Strategie zu beharren. Und da die fundamentalen wirtschaftlichen Trends, sowie die Trends in Innovation und Inflation, so vorhersagbar sind, brauchen wir das auch nicht zu tun!

Das war die Zusammenfassung des großen Fehlers in der Theorie der Portfoliostrukturierung. Sie errechnet den Durchschnitt einer Zeitspanne, die unsere aktiven Jahre als Anleger weit überschreitet. Darum kommt es dann für die Anleger zu weniger optimalen Ergebnissen. Obwohl sie die Risiken und Volatilität, die den Profit begleiten, vermindert, rechnet sich diese Verminderung nicht gegen den Verlust möglicher Profite auf. Die zehn bis 16 Jahre anhaltenden Zyklen in unserer Wirtschaft geben uns nicht nur die Möglichkeit, von spezifischen Anlegerstrategien zu profitieren, sondern passen sich auch besser in den Zeitrahmen normaler sterblicher Menschen ein, selbst wenn deren Ruhestand noch in weiter Ferne liegt.

Optimale Positionen für Geldanlagen in den wilden 2000ern

Seit Ende 1982 befinden wir uns in der Phase des Wachstumsbooms des 80-Jahre-Zyklus. Diese Phase folgt der Stufe von Inflation und Innovation. Daher sehen wir im Moment fallende Inflationsraten. Aber das vorherrschende Merkmal der derzeitigen Phase ist die wachsende Kaufkraft der individualistischen Generation, die nicht nur die Konjunktur anheizt, sondern auch den Eintritt neuer Industrien in den Mainstream voranbringt, und die damit verbundene hohe Produktivität verursacht. Innovative Industrien der letzten Periode werden zunehmend von den Massenmärkten vereinnahmt, und die größeren Firmen dominieren somit selbst neuartige Industrien. Darum erleben die Aktien großer Unternehmen eine zunehmend starke Konjunkturbelebung, wie ich schon in Abbildung 1-10 in Kapitel 1 gezeigt habe. Seien Sie jedoch daran erinnert, dass jede Boomphase in zwei Teile aufgeteilt ist.

Die erste Phase des Wachstumsbooms hat fallende Inflationsraten, aber geringeren Produktivitätszuwachs. Diese Phase ereignete sich von 1982 bis 1998, also 16 Jahre lang, eine typische Zeitspanne. In dieser ersten Phase sind längerfristige Bonds und die Aktien der großen Firmen die besten Investitionskategorien. Bonds sind gute Anlagen, da die Zinssätze fallen, und somit höher verzinste Papiere wertvoller machen. Internationale Aktien und kleinere Firmen haben schwächere Konjunktur, wie es in dieser ersten Phase zu erwarten ist.

Aber in der zweiten Phase sehen wir eine niedrige, flache Inflationskurve, somit werden Bonds zur schlechtesten Investitionskategorie. Die Aktien der kleinen Firmen haben weiterhin schlechte Aussichten, aber der internationale Sektor sollte nach dem riesigen Crash von 1997 und 1998 starken Aufwind haben. Diese Krise schuf nicht nur attraktive Bewertungen ausländischer Aktien, sondern sollte die meisten Wirtschaften der Welt auch dazu veranlassen, eine Politik der freien Märkte zu verfolgen, wie es von den USA schon lange vorgemacht und von der Informationsrevolution begünstigt wird. Die grundlegenden demografischen Trends sind in vielen Gegenden der Welt noch ausgeprägter als in den USA, wie ich Ihnen in größerem Detail in Teil II zeigen werde.

Die zweite Phase nahm Ende 1994 ihren Anfang, im selben Moment, in dem die Profite, besonders der großen Firmen, drastisch stiegen, während das Internet erstmalig begann, Mainstream zu werden. Mit unserem Eintritt in das nächste Jahrzehnt erwarte ich, dass die großen Firmen und internationalen Aktien den Anlegern weiterhin die besten Möglichkeiten bieten. Die Frage ist nur, wie kann ich in verschiedene Sektoren der Märkte diversifizieren, wenn ich nur zwei zur Auswahl habe? Oder noch schlimmer, nur einen, wenn Sie nämlich die gelegentlichen Turbulenzen in internationalen Märkten vermeiden wollen.

Die Antwort liegt in dem Verständnis eines anderen simplen Prinzips. Die vier allgemeinen Investitionskategorien in der traditionellen Theorie der Portfoliostrukturierung sind nicht die einzigen Sektoren der Finanzmärkte, die unterschiedlichen und asynchronen Muster folgen, und sich daher zur Diversifikation eignen. Es gibt mehrere wichtige Sektoren in den Finanzmärkten unserer sowie der globalen Wirtschaft, die verschiedene Muster der Kursbewegungen entwickeln, sowie verschiedene Ebenen des Risikos, sozusagen für jeden Anleger und dessen Bedürfnisse etwas.

Innerhalb der internationalen Märkte gibt es erhebliche Unterschiede zwischen den verschiedenen Hauptgebieten wie Europa, Asien, und Lateinamerika. Da sind die großen Differenzen zwischen den reiferen Ländern mit stabiler Entwicklung und den jüngeren, politisch turbulenteren Entwicklungsländern. Die internationale Krise von 1997 und 1998 nahm ihren Ursprung in diesen Ländern, nicht in den etablierten Industrienationen. Für die konservativeren Anleger, die ihr Geld nicht auf politische Trends im Ausland setzen wollen, gibt es immer noch die Möglichkeit, mit geringem Risiko in die großen multinationalen Unternehmen mit Hauptsitz in den USA zu investieren, deren hauptsächliches Wachstum im Ausland stattfindet und die unglaublich diversifiziert sind, mit bewährten Produkten und einem vertrauteren Stil des Managements. Viele dieser Unternehmen managen sogar Währungsrisiken für Anleger.

Im Inland reichen die Auswahlmöglichkeiten von den konservativeren, bekannten Produkten, wie Haushaltsgeräte und Grundnahrungsmittel, bis zu den Aktien in den neuen und wachstumsintensiven Technologien. Es gibt viele Sektoren, aus denen Sie je nach Risikoprofil auswählen können und die sich gut mit anderen Wirtschaftszweigen diversifizieren lassen; sie alle liegen in dem Sektor der Großunternehmen, denen meine Forschung für die nächste Dekade eine glänzende Konjunktur bescheinigt.

Eine sichere Strategie, den S&P 500 zu übertreffen

Ich habe viel Zeit damit verbracht, die Risiken und Gewinnchancen der verschiedenen Sektoren unserer Wirtschaft zu analysieren. Tatsächlich ist das momentan der Brennpunkt all meiner Nachforschungen im Bereich der Investition, da ich zunehmend erkenne, dass die Auswahl der besten Sektoren den Schlüssel zu guten Profiten im nächsten Jahrzehnt liefert. Es hat sich mittlerweile herumgesprochen, dass die Aktien großer Unternehmen am vielversprechendsten sind, und dass der S&P 500, der Dow und der Nasdaq 100 dies am besten verkörpern. Ich rate Ihnen aber nicht, im nächsten Jahrzehnt nur einen Indexfonds am S&P 500 zu kaufen, obwohl das eine gute Strategie wäre, besonders wenn Sie dann die Disziplin aufbringen würden, diesen auch zu halten (was die meisten Anleger nicht schaffen).

Wie können Sie den S&P übertreffen? Mit den besten Sektoren des S&P selbst! Sie können sich gewinnträchtige Sektoren aussuchen, die von den fundamentalen Trends profitieren, und diese dann für optimale Diversifizierung miteinander kombinieren. Diese Strategie würde es Ihnen ermöglichen, die ursprünglichen Versprechen der Portfoliostrukturierung in dieser realen Periode niedriger Inflationsraten und marktbeherrschender Großunternehmen einzulösen.

> **Sie können Ihre Risiken minimieren und/oder Ihre Profite steigern, indem Sie die Aktien mehrerer Großunternehmen mit hohem Wachstum kombinieren, die von vorhersehbaren technologischen und demografischen Trends begünstigt werden, und eine Neigung dazu zeigen, die jeweiligen Risiken zu diversifizieren.**

Bevor ich dazu übergehe, Ihnen meinen Vorschlag für ein ultimatives Portfolio im Wachstum der kommenden Dekade zu unterbreiten, möchte ich noch einmal die Strategie erklären, mit der ich diese Hochleistungssektoren auswähle:

1. Ich ziehe diejenigen Sektoren vor, die schon seit 1990 überdurchschnittlich gute Profite bringen. Ich habe die Periode von 1990 bis 1998 als Prüfstein meiner Bewertung aus zwei Gründen gewählt. Der erste Grund ist die Tatsache, dass diese Jahre hauptsächlich von ähnlichen Trends bestimmt wurden, wie ich sie auch für das nächste Jahrzehnt als marktbestimmend ansehe: gesundes Wirtschaftswachstum, niedrige Inflationsrate, und ein starker Anstieg in der Produktivität. Die Jahre von 1994 bis 1998 reflektierten diese Eigenschaften der Stufe II (Wachstumsboom) besonders stark. Ich erwarte in der nächsten Dekade niedrigere, stabilere Inflationsraten und noch höhere Produktivität bis 2008. Andererseits fand ich es wichtig, bis 1990 zurückzugehen, um genügend Daten zu sammeln und die vier tiefgreifenden Korrekturen (Ende 1990, Anfang 1994,

Ende 1997, und Mitte bis Ende 1998) mit einzubeziehen, um Volatilität und Risiko angemessen beurteilen zu können.

2. Am Wichtigsten war mir dabei, solche Sektoren zu identifizieren, die aufgrund vorhersehbarer demografischer und technologischer Trends im nächsten Jahrzehnt hohe Erwartungen erfüllen können. Es ist immer einfach, Sektoren zu identifizieren, die in der Vergangenheit überdurchschnittlich gute Profite brachten. Aber diese Sektoren enttäuschen in der Zukunft oft die in sie gesetzten Erwartungen. Auf der Annahme, dass starke Sektoren auch stark bleiben werden, beruht einer der größten Fehler in der Kapitalanlage. Ich wollte Sektoren finden, von denen Sie als Anleger die vernunftbegründete Erwartung hegen können, dass sie auch in der nächsten Dekade stark bleiben werden.
3. Die Sektoren meiner Wahl mussten auch die Fähigkeit besitzen, sich gut innerhalb eines Portfolios zu diversifizieren, so dass sie die Risiken und die Volatilität der anderen Sektoren ausgleichen können. Das bedeutet, sie müssen in eigenen, asynchronen Mustern steigen und fallen, oder mussten klar zeigen, dass sie einen antizyklischen Faktor besitzen, der in Investment-Kreisen „low correlation“ genannt wird.
4. Schließlich müssen diese Sektoren groß genug sein, um den Investoren durch spezielle Investmentfonds, Indexfonds oder kleinere Pakete führender Aktien großer Firmen zugänglich zu sein.

Die Inlandssektoren, die diese Kriterien am besten befriedigten, lagen in den Gebieten Technologie, Finanzdienstleistungen, Gesundheitswesen, große multinationale Unternehmen (wie sie für den Dow typisch sind), und Aktien aus Asien (außer Japan). In diesem Zusammenhang möchte ich Sie noch einmal darauf hinweisen, dass der Sektor der großen multinationalen Marktführer in dem internationalen Wachstumstrend, den ich für das nächste Jahrzehnt prognostiziere, eine interessante Möglichkeit für den Anleger darbieten.

Technologie

Es sollte uns allen eigentlich geläufig sein, dass Aktien der Hi-Tech-Firmen im ersten Jahrzehnt des Jahres 2000 Hochleistungen bringen werden. Solange Internet und Computer in einer beschleunigten S-Kurve in den Mainstream kommen, etwa wie Autos in den wilden 20ern, hat dieser Wirtschaftszweig seine besten Jahre noch vor sich, obwohl er sich schon im letzten Jahrzehnt überdurchschnittlich guter Konjunktur erfreute. Das beste Risiko/Gewinn-Verhältnis fand ich unter den Hi-Tech-Unternehmen bei den Softwareproduzenten. Wenn man das rasante Wachstum des Internet bedenkt, dann sollten innerhalb dieser Dekade Software-, Systemintegrations- und Internetaktien die führenden Gebiete innerhalb des Hi-Tech-Sektors sein.

Finanzdienstleistungen

Der Finanzdienstleistungssektor ist nicht nur eine wissensintensive Industrie mit hohem Mehrwert, sondern sollte auch großen Nutzen aus kommenden technischen Neuerungen ziehen. Darüber hinaus ist es wahrscheinlich der Wirtschaftszweig, der am meisten von den demografischen Trends des nächsten Jahrzehnts profitieren wird. Die massive Generation des Baby-Booms wird in diesem Zeitraum nämlich erstmalig ernsthaft beginnen, in ihren Investitions- und Anlagezyklus einzutreten. Der durchschnittliche Haushalt im Alter von Mitte bis Ende 30 beginnt, Rücklagen zu schaffen, und behält diese Gewohnheit dann bis in ein Alter von 65 bis 70 Jahren bei. Der Sparzyklus folgt dem Kaufzyklus (19-47 Jahre) also nach ungefähr 16 bis 20 Jahren. Der Kaufzyklus der Baby-Boomer begann Ende 1982, der Sparzyklus läuft jetzt gerade an und sollte drastisch zunehmen, besonders nach 2002.

In dem durchschnittlichen Lebenslauf gibt es nur etwa zwölf Jahre, in denen wir sowohl viel ausgeben als auch viel sparen, sie laufen vom Alter von 35 bis in das Alter von 47 Jahren. Die Baby-Boom-Generation, die größte unserer Geschichte, wird dieses Alter zwischen den Jahren 1998 und 2008/9 erreichen. Das bedeutet nicht nur für die Wirtschaft goldene Zeiten, sondern auch für

Finanzdienste, besonders in den Bereichen Anlage und Investment. Ich halte Finanzdienste für den besten Sektor im Inland, gleich nach Hi-Tech. In der kommenden Dekade könnten sie dem Hi-Tech-Sektor sogar den Rang ablaufen. Investment-Management und Maklerfirmen sehen dabei am vielversprechendsten aus. Einfache Banken und Kreditinstitute sind etwas schwächer, wie auch Versicherungen. Trotzdem wird es auch unter den Banken und Versicherungsgesellschaften viele gute Möglichkeiten geben, solange diese sich erfolgreich in die Bereiche Investment und Steuer/Immobilienplanung einbringen.

Gesundheitswesen
Das Gesundheitswesen ist der einzige größere Wirtschaftszweig in den USA, der während unserer gesamten Lebensspanne Wachstum erfährt. Die Baby-Boomer haben in diesem Sektor bereits für sehr gute Konjunktur gesorgt, und dieser Trend wird sich auch noch über lange Zeit hinweg fortsetzen, weit über das kommende Jahrzehnt hinaus. Wie bei den Finanzdienstleistungen handelt es sich hier um einen Wirtschaftszweig, der sehr informations- und wissensintensiv ist und aus den Neuerungen in der Informationstechnologie einen größeren Nutzen ziehen wird als die meisten anderen Industrien. Der wichtigste Faktor ist aber die Tatsache, dass wir einen immer größeren Anteil des Bruttoinlandsproduktes auf das Gesundheitswesen verwenden.

Wieso ist das so? Weil es immer mehr Möglichkeiten gibt, unsere Lebensqualität zu verbessern und unsere Lebensspanne zu verlängern. Und für viele Menschen ist das interessanter als andere Formen des Konsums. Ich glaube jedenfalls, dieser Trend wird anhalten, Sie vielleicht nicht? Erstmalig ist die biotechnologische Revolution gerade im Begriff, neue, praktisch anwendbare, Gesundheitsprodukte anzubieten. Obwohl dieser Sektor bisher und wahrscheinlich auch in der Zukunft nicht die Profitabilität aufzuweisen hat, die in den Sektoren Technologie und Finanzdienstleistungen die Norm sind, hat er ein beständigeres Wachstum und weniger Volatilität, dies macht ihn zu einem wunderbaren Instrument der Diversifizierung in Ihrem Portfolio. Die Produktion pharmazeutischer Produkte, die Biotechnologie und die Versorgung aushäusiger Patienten sollten die Bereiche mit dem größten Wachstum sein. Die Biotechnologie befindet sich noch in den Kinderschuhen, das bedeutet, die Aktien kleinerer Firmen werden noch über längere Zeit die Aktien der großen Firmen überflügeln.

Große, multinationale Firmen

Der Dow war im letzten Jahrzehnt etwas stärker als der S&P 500, weil er noch mehr auf den Großunternehmen und internationalen Trends basiert. Obwohl der Wirtschaftssektor der multinationalen Großunternehmen seit 1990 eine etwas schwächere Konjunktur hatte als die obengenannten Marktsegmente, verfügt er konsistent über das beste Risiko/Gewinn-Verhältnis. Die Großunternehmen dominieren die internationalen Märkte mit hohem Wachstum durch Produkte, die im Inland schon ihre Reife erreicht haben. Sie sind gewöhnlicherweise global diversifiziert und managen etwaige Währungsrisiken für ihre Anleger. Daher bringen sie hohe Margen und hohes Wachstum bei geringer Volatilität, wie Warren Buffett schon vor längerer Zeit vorgerechnet hat. In diesem Sektor sehen wir ähnliche Vorzüge wie im Gesundheitswesen: verhältnismäßig geringes Risiko und wenig Volatilität, aber internationales Wachstum und Diversifizierung.

Asien und andere internationale Sektoren

Der direkte Weg zu internationalen Investments sind Anlagen in lokalen oder regionalen Fonds. Natürlich sind Fonds, die sich auf Industrienationen, z. B. die meisten europäischen Länder, konzentrieren, risikoärmer als solche, die ihren Brennpunkt auf jüngere Industrienationen wie Südkorea oder Hong Kong richten. Diese sind wiederum risikoärmer als die Fonds in Entwicklungsländern, z. B. Indonesien, Brasilien oder Südafrika. Es gibt also eine große Vielfalt von Möglichkeiten für Investoren, mit unterschiedlicher Risikotoleranz und Profitwahrscheinlichkeit. Da die internationalen Märkte historisch größeres Risiko und höhere Volatilität als der Dow oder S&P 500 aufweisen, ist es meine bevorzugte Strategie, dort nur nach einer größeren Korrektur zu investieren. Dadurch kauft man nicht nur preiswerter, sondern minimiert auch das Risiko dieser volatilen Märkte.

Zwischen 1990 und 1998 gab es die besten Profite, und damit den größten Bonus in einem diversifizierten Portfolio, in Asien, mit der Ausnahme von Japan. Ende 1997 bis Ende 1998 musste Asien dann aber auch den größten Einbruch erfahren, was für Langzeitanleger eine sehr gute Gelegenheit bedeutet. Asien hat die ausgeprägtesten demografischen Trends, sowie intensives Bevölkerungswachstum in den urbanen Gebieten, diese Faktoren machen es zum stärksten internationalen Sektor im kommenden Jahrzehnt. In den Jahren nach 2009 wird Asien eine der wenigen größeren internationalen Regionen mit verhältnismäßig stabiler Konjunktur sein.

Das ultimative Wachstumsportfolio für die Wilden 2000er

Ich werde Ihnen in diesem Abschnitt meine Vorstellung eines optimalen, wachstumsstarken Portfolio für das nächste Jahrzehnt unterbreiten, mit vielen Alternativen, die es entweder konservativer oder aggressiver gestalten. Durch eine optimale Kombination der oben erwähnten Sektoren hätten Sie von 1990 bis 1998 den S&P 500 mit durchschnittlich bis zu 5 % jährlich übertreffen können, mit einem nur geringfügig höherem Niveau an Volatilität und Risiko.

In Abbildung 2-1 können Sie den Vorsprung dieses Wachstumsportfolios innerhalb der neun Jahre vom 1. Januar 1990 bis 31. März 1998 gegenüber dem S&P 500 verfolgen. Eine Anlagesumme von $10.000 wäre so auf $84.000 gewachsen, mit dem S&P 500 nur auf $43.000. Das ist ein kumulativer Profitunterschied von 95%, mehr als eine Verachtfachung in nur neun Jahren.

Dieses Portfolio machte im Durchschnitt 23,9% Profit im Jahr, Der S&P 500 dagegen nur 18,9%. Erstaunlich ist, dass das Niveau an

2-1. Aggressives Portfolio
Januar 1990 bis März 1999

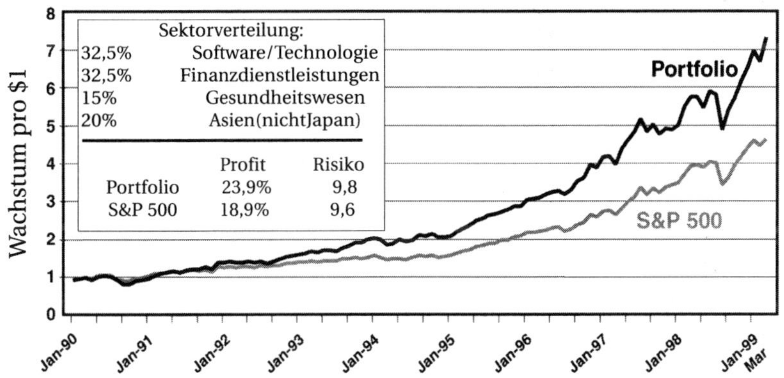

Risiko und Volatilität, gemessen nach der Standardabweichung der Analysten, nur 9,9 betrug, kaum höher als im S&P mit 9,6. Jeder gute Anlageberater wird Ihnen sagen, dass es an ein Wunder grenzt, wenn Sie es schaffen, Ihre Profite jährlich um 5% zu steigern, oder sogar nur 2%, mit einem Zuwachs an Volatilität von 0,2. Als Anleger kann man sich natürlich nie sicher sein, dass diese Profite und Volatilität sich auch in Zukunft unverändert fortsetzen werden. Meine Untersuchungen zeigen aber ziemlich starke Indikatoren für Hochleistungen in diesen Sektoren, während der nächsten acht bis zehn Jahre. Außerdem haben Experten nachgewiesen, dass die Volatilität eines Fonds oder Sektors beständiger ist als die Rendite. Es ist also unwahrscheinlich, dass Sie ein merklich größeres Risiko eingehen, wenn Sie im nächsten Jahrzehnt ein solches Portfolio halten.

Das Portfolio, mit dem Sie von 1990 bis 1998 hohe Profite bei bescheidenem Risiko machen konnten, setzt sich wie folgt zusammen:

- 32,5% Finanzdienstleistung, Maklerbüros und Investitionsmanagement
- 32,5% Computer-Software und -Systeme
- 15% Gesundheitswesen, Pharmaindustrie
- 20% Asien, außer Japan

Es bleibt noch anzumerken, dass ich den S&P 500 anstelle mancher der profitableren Fonds als Vergleich verwendet habe, da viele Fonds innerhalb der letzten neun Jahre wenig Kontinuität zeigten, und ich den Effekt der Sektoren isolieren wollte. Die besten Fonds innerhalb dieser Sektoren hätten natürlich noch höhere Profite bringen können. Die Stärke der diesen Sektoren zugrundeliegenden Trends haben mich davon überzeugt, dass dieses Portfolio auch für diese Dekade die beste Anlagestrategie ist, gute Profite bei geringem Risiko zu erzielen. Wegen der dramatischen Korrektur in Asien finden viele Anleger diesen Sektor vielleicht fragwürdig, aber ich habe die Korrektur in meinen Berechnungen berücksichtigt.

In Kapitel 3 werde ich beweisen, warum viele der höher entwickelten Regionen Asiens, z. B. Hong Kong, Südkorea, Singapur und Taiwan, im nächsten Jahrzehnt starke demografische Trends aufweisen, und sich problemlos von dem extremen Crash von 1997/98 erholen werden.

Aggressive Anleger könnten sogar in Erwägung ziehen, den Anteil asiatischer Aktien (außer Japan) in den nächsten zehn Jahren zu erhöhen, da die dortige Korrektur sehr günstige Bewertungen geschaffen hat. Nur in Japan wird das Wachstum im nächsten Jahrzehnt langsamer sein, oder sogar negativ, wie ich ebenfalls in Kapitel 3 zeigen werde.

Alternative Portfolios: Internationaler Sektor

Wir können Risiko und Profit dieser Anlagestrategie auf viele Weisen verändern und trotzdem weiterhin die grundlegenden Trends des nächsten Jahrzehnts als Hebel benutzen. Zuerst könnten wir in unserem aggressiven Portfolio den asiatischen Sektor durch europäische Großunternehmen ersetzen. Abbildung 2-2 zeigt das Resultat, wenn man Finanzdienstleistungen, Gesundheitswesen und Technologie unverändert lässt, aber im internationalen Sektor den asiatischen Anteil durch Aktien europäischer Großunternehmen ersetzt, dabei halte ich den EAFE für den repräsentativsten Index

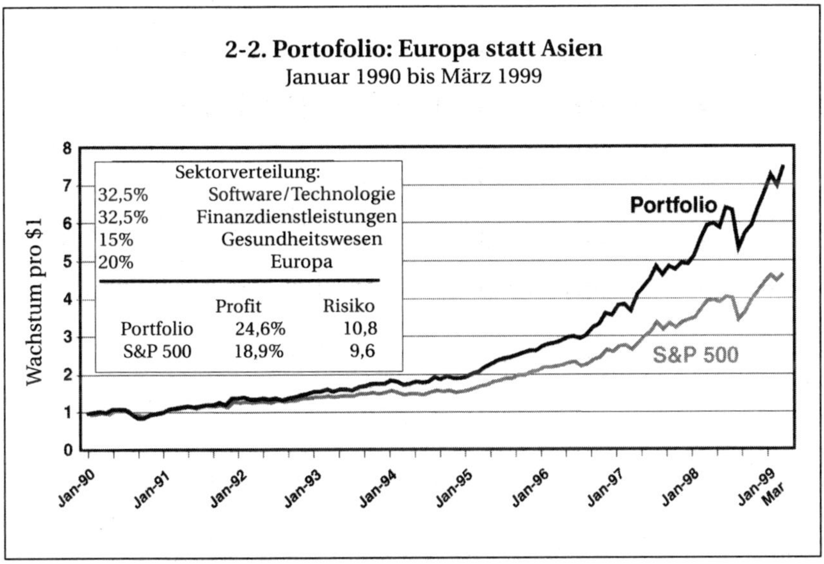

des europäischen Sektors. Der Profit belief sich auf 24,6%, bei einer Standardabweichung (oder Risiko) von 10,8%. Dieses Portfolio bringt nicht bedeutend mehr Profit als das vorige, trotz des Crash in Asien, aber hat einen deutlich höheren Risikofaktor, da zwischen dem europäischen und dem amerikanischen Markt ein höherer Synchronismus herrscht. Aufgrund der demografischen Trends und der Europäischen Union erwarte ich eine Konjunkturbelebung im Europa der nächsten zehn Jahre. Eine größere Gewichtung auf europäische Aktien könnte sich in der Zukunft also bezahlt machen. Sie könnten den internationalen Anteil Ihres Portfolio also auf asiatische und europäische Aktien verteilen, oder einen globalen Fonds mit Schwerpunkt in diesen Ländern kaufen.

Eine andere Vorgehensweise, den internationalen Teil Ihres Portfolios noch mehr zu verändern, wäre, alle direkten internationalen Aktien zu eliminieren, und stattdessen die stabileren multinationalen Aktien am Dow in den USA zu kaufen, wie in Abbildung 2-3 dargestellt ist.

Bei 26,1% sind die Profite hier sogar noch größer, aber auch die Standardabweichung, mit 11,1. Als Anleger müssen Sie sich hier nicht dem Risiko der Unternehmen außerhalb der USA stellen,

2-3. Aggressives Portfolio mit Multinationalen
Januar 1990 bis März 1999

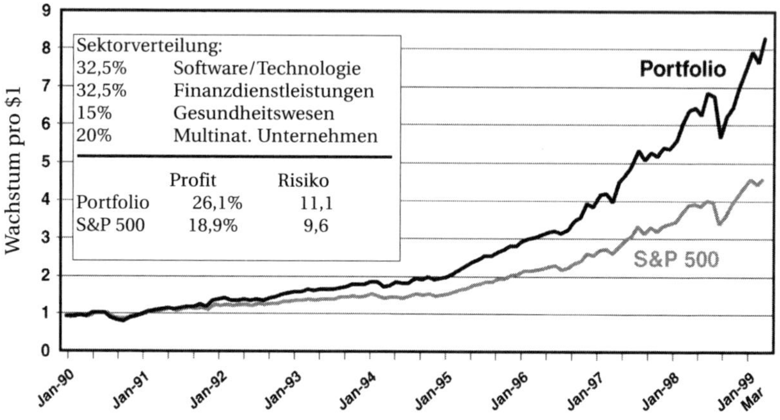

können aber trotzdem internationale Wachstumstrends ausnutzen, besonders in den Entwicklungsländern.

Wachstumsportfolios mit geringerem Risiko

Um Ihr Kapital in einem konservativeren Wachstumsportfolio mit erhöhtem Profit anzulegen, könnten Sie Aktien mit hoher Rendite addieren, wie ich es in Abbildung 2-4 getan habe. Die Standardabweichung für ein so gestaltetes Portfolio ist in den Jahren 1990-1998 auf ähnlichem Niveau wie im letzten Portfolio, aber die Profite sind etwas niedriger.

Um das Risiko Ihres Portfolio zu minimieren, und gleichzeitig höhere Rentabilität zu garantieren, schlage ich vor, den Anteil an multinationalen Aktien zu vergrößern, und zusätzlich Wandelobligationen (konvertible Bonds) und festverzinsliche Wertpapiere zu kaufen. Ich habe Wandelobligationen ausgesucht, die sich zu einem Festpreis in Aktien umwandeln lassen, da Sie dann immer noch den positiven Effekt des Wertezuwachses der Aktien mitnehmen können. Ich nahm erstklassige Anleihen, da sie den Anlegern die höchsten kurzfristigen Profite brachten und von fallenden Zinssätzen nicht so stark in Mitleidenschaft gezogen wurden.

2-4. Aggressives Portfolio mit einkommensstarken Aktien
Januar 1990 bis März 1999

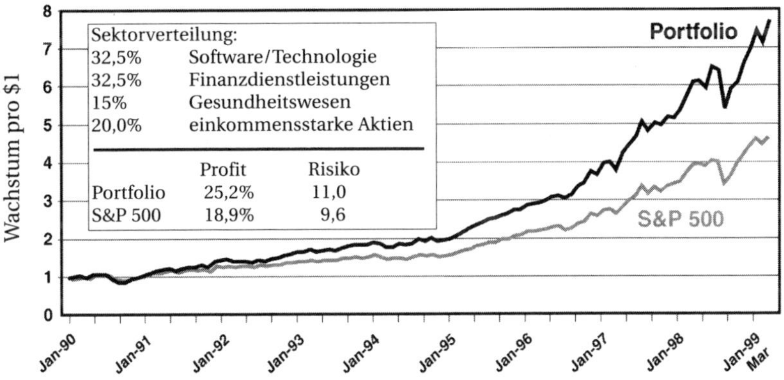

Abbildung 2-5 zeigt ein Portfolio, welches Profite von 22,3% gebracht hätte, und den S&P 500 um 3,5% per annum übertroffen hätte, zu fast dem selben Risiko (9,6 vs 9,7). Dieses Portfolio hat den Anteil an multinationalen Aktien des Dow auf 30% erhöht, und einen Anteil von 10% an erstklassigen, festverzinslichen Anleihen.

Wenn wir 10% Wandelobligationen addieren, und den Anteil an erstklassigen Anleihen auf 30% erhöhen, erhalten wir ein sehr attraktives Portfolio mit geringem Risikoniveau. Die Profite sind mit 18,7% denen des S&P 500 ungefähr gleich, aber Risiko und Volatilität sind auf 7,0 Standardabweichung gesunken, gegenüber den 9.6 im S&P 500. Dieses Portfolio hat eine 40%-Orientierung in Zinsen, aber hält im Profit seit 1990 Schritt mit dem S&P 500!

Für das beste konservative Portfolio brachte ich den Anteil erstklassiger Anleihen auf 35%, und die Wandelobligationen auf 20%. Aktien aus dem Dow, mit hohen Profiten bei niedrigem Risiko, sind mit 25% vertreten, und dann noch jeweils 10% Technologie und Finanzdienstleistungen, um Diversifizierung, und somit Profitwahrscheinlichkeit, zu steigern.

Dieses Portfolio hat ein sehr geringes Risiko bei 5.9, bringt aber bemerkenswerte 15,9% Profit, nur 3 Prozentpunkte unter dem S&P

2-5. Wachstumsportofolio
Januar 1990 bis März 1999

500. Da der Zuwachs des S&P in Zukunft eher bei 17% eingestuft wird, könnte dieses Portfolio, bei sehr geringem Risiko, 13% bis 14% bringen, und einen Profit in der Richtung von 55%.

Vergangene Erfolge sind natürlich keine Garantie für die Zukunft. Die Profite aller dieser Portfolios werden im nächsten Jahr-

2-6. Wachstums- und Einkommensportofolio
Januar 1990 bis März 1999

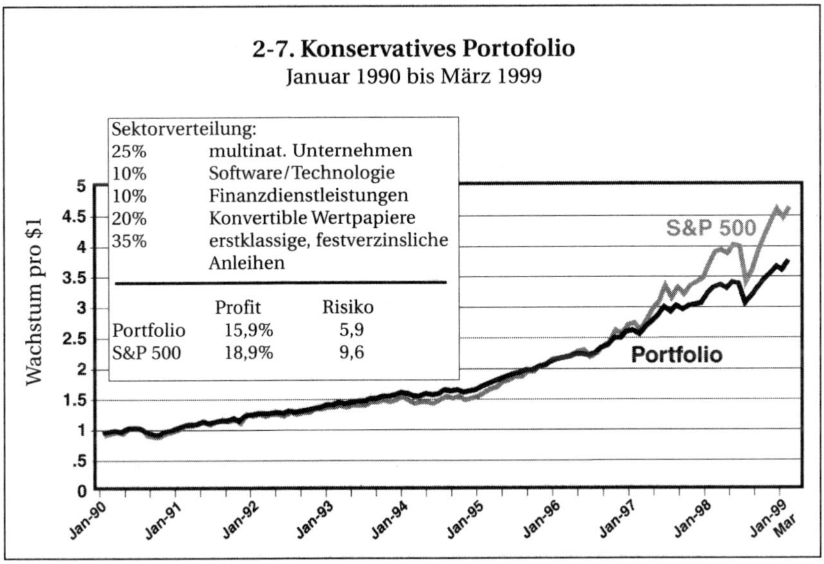

zehnt höchstwahrscheinlich niedriger ausfallen als in den letzten zehn Jahren. Der Bewertungsboom, der von 1994 bis 1999 den Zuwachs in den Aktien der größten Unternehmen gestreckt hat, wird nämlich ein Ende finden, und für Bonds sehe ich ebenfalls etwas niedrigere Erträge voraus. Das Niveau an Risiko und Volatilität wird jedoch den Vorraussagen nahe kommen, da sich bewiesen hat, dass ehemalige Volatilität in der Voraussage des Risikos eine größere Aussagekraft besitzt, als das bei Profiterwartungen der Fall ist.

Diese Portfolios sollen für Sie und/oder Ihren Anlageberater nur einen Ausgangspunkt für eigene Erwägungen darstellen, wie Sie Ihre Kapitalanlagen verteilen können, um den im nächsten Jahrzehnt kommenden größten Boom der Geschichte zu nutzen. Es gibt noch viele andere Möglichkeiten, ein Portfolio zusammenzustellen, von sehr aggressiv bis sehr konservativ. Für ein sehr aggressives Portfolio könnten Sie sich in Ihren Anlagen nur auf die einträglichsten Sektoren konzentrieren, wie in Abbildung 2-8: 50% Technologie, 40% Finanzdienstleistungen, und 10% Asien. Dieses Portfolio hätte den S&P 500 im jährlichen Durchschnitt um 9,2% übertroffen, das damit verbundene Risiko ist nur 1,8 Punkte Standardabweichung höher, bei 11,4.

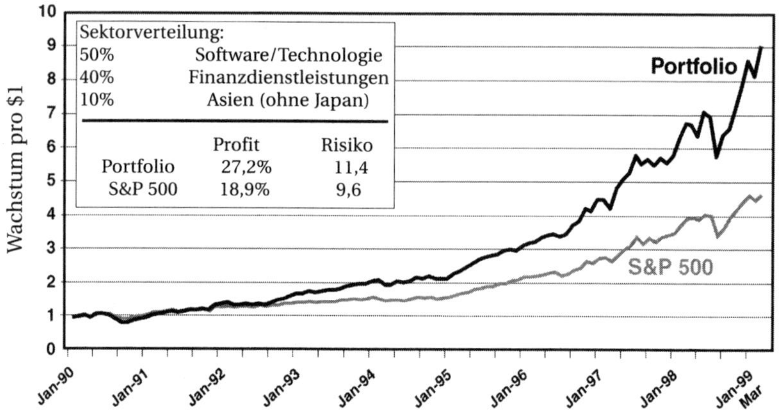

2-8. Sehr aggressives Portofolio
Januar 1990 bis März 1999

Um noch konservativer anzulegen, könnten Sie einen noch größeren Anteil Ihres Portfolios auf festverzinsliche Papiere verlagern, mit nur 20% Aktien und 80% festverzinslichen Papieren, wie in Abbildung 2-9. Selbst bei einem sehr niedrigen Risiko von 2,8 Punkten der Standardabweichung könnten Sie hiermit ein durchaus vernünftiges Profitniveau von 12,5% erreichen, indem Sie nur 10% in Technologie und 10% in Finanzdienstleistungen investieren.

Am Wichtigsten ist es jetzt zuerst, sich hinzusetzen, und Ihren Bedarf an Rücklagen und Einkommen genau zu erwägen, sowie Ihre Toleranzgrenze in Risiko und Volatilität. Selbst in konservativen Portfolios kann ein Schwerpunkt der Investition in die stärksten Großunternehmen helfen, Ihre Chancen auf Erfolg in der unglaublichen Dekade, an deren Schwelle wir uns befinden, zu vergrößern.

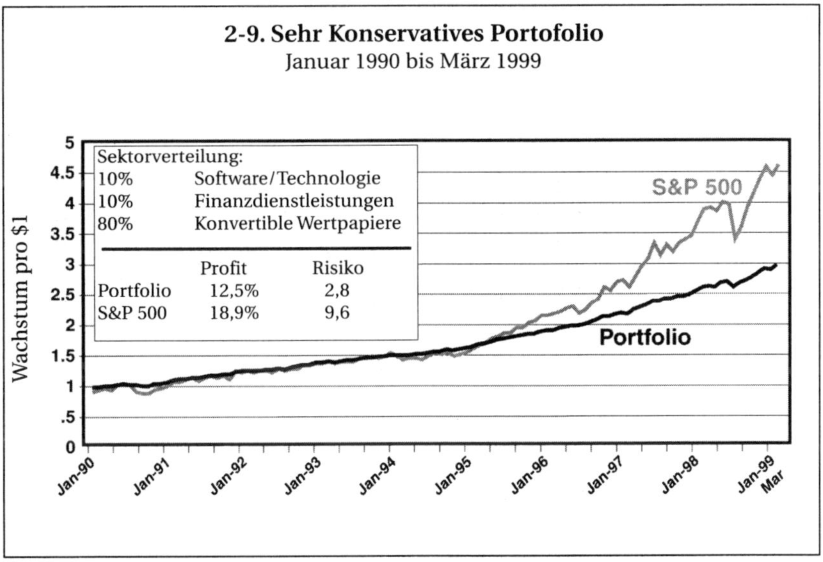

Wie Sie Ihr Portfolio ausbalancieren können, um Korrekturen zu nutzen

Es ist für die meisten Anleger in einem grundlegenden Bullenmarkt wie dem gegenwärtigen die beste Strategie, Ihre Positionen zu halten. Dabei ist es natürlich ein verführerischer Gedanke, nach einem steilen Anstieg die Profite zu realisieren, um dann, nach der nächsten Korrektur, wieder einzusteigen. Oder vielleicht das großartige Timing-Modell eines neuen Experten auszuprobieren. Es müsste schon ein neuer Experte sein, da es bisher keiner geschafft hat, ein Modell zu liefern, das konsistent ist und längerfristig Erfolge bringt. In allen Studien, die ich konsultiert habe, steht, dass Anleger um so mehr verlieren, je mehr Trades sie machen. Da gibt es natürlich Ausnahmen, von denen Sie eine sein könnten, wenn Ihre persönliche Erfahrung dies beweist. Aber haben Sie es wirklich geschafft, den S&P 500 fünf Jahre lang, oder noch länger, zu schlagen? Wenn nicht, dann empfehle ich Ihnen eine systematischere Vorgehensweise.

Zwischen der Fähigkeit, kurzfristige Prognosen zu erstellen und langfristige Voraussagen zu machen, besteht ein großer Unterschied. Als Anleger sollten wir in fundamentale Trends investieren, die über lange Zeiträume im Voraus vorhergesehen werden können, und nicht in eine turbulente kurzfristige Dynamik, die sehr schwer vorauszusagen ist. Lanzeittrends sind „deterministischer", da sie auf den grundlegenden Prinzipien von Ursache und Wirkung beruhen. Der Mensch erhöht seine Ausgaben, sobald er ein statistisches Alter von 46,5 Jahren erreicht, also können wir eine Prognose darüber wagen, wie lange eine neue Generation von Konsumenten ihre Kaufkraft steigern wird. Als Trend ist das beinahe unausweichlich und kann für ziemlich sichere Aussagen über das Wachstum der Wirtschaft und des Aktienmarktes herangezogen werden, auch schon Jahrzehnte im Voraus. Das ist der große Vorteil deterministischer Prognosen, wie ich sie schon in Kapitel 1 erklärt habe.

In den kürzeren Zeiträumen kommt das ganze Arsenal komplexer Veränderungen in unserer Wirtschaft zum Tragen, und das kann sehr verwirrend sein. Jeder einzelne Wirtschaftsbericht, jede Ankündigung eines wirtschaftlichen Gradmessers seitens der Regierung, und jede zufallsbedingte politische Krise im In- oder Ausland können Bewegungen im Aktienmarkt hervorrufen. Diese vielen Zufallsfaktoren übersteigen das Fassungsvermögen eines einzelnen Analysten. Darum ist die Kurzzeitprognose eher mit Wahrscheinlichkeiten beschäftigt als die Langzeitprognose, die sich der Grundlagenforschung bedient. In einer zufallsbedingten Situation unterliegt unser Urteil dem normalen Wahrscheinlichkeitsfaktor, wie bei der Vorraussage, ob eine Münze auf Kopf oder Zahl fallen wird. Und das ist 50:50. Das ist absolut vergleichbar mit der Wahrscheinlichkeitsquote unserer Voraussagen über die heutigen Aktienbewegungen. Wenn Sie dann die Emotionen Furcht und Gier in die Gleichung einbringen, erhalten Sie ein noch schlechteres Größenverhältnis. Wir tendieren dazu, zu kaufen, wenn wir eigentlich verkaufen sollten und umgekehrt. Ein kompetenter Analyst erreicht vielleicht eine Trefferquote von 60%, mehr aber auch nicht. Aber wie kann man einen solchen Analysten finden? Außerdem sind Erfolgsmethoden vergänglich, und ebenso instabil wie der Aktienmarkt.

Die meisten von uns sind schlechte Kurzzeitanalysten, und auch hier gilt die allgemeine Regel von der Vergänglichkeit der Erfolgsmethoden angesichts der immer wieder neuen Kapriolen des Marktes. Vielleicht verfügen wir auch nicht über die 60 oder mehr Stunden in der Woche, die selbst talentierte Menschen benötigen, um eine brauchbare Kurzzeitprognose zu liefern. Wahrscheinlichkeitsrechnungen und kurzzeitige Trades sind am ehesten mit dem Glücksspiel vergleichbar. Und das sollten wir in unserer Freizeit machen, solange unser Geld reicht. Unsere wirtschaftliche Zukunft und Altersvorsorge sollten jedenfalls nicht auf diese Weise aufs Spiel gesetzt werden.

Das soll jetzt nicht heißen, es sei unmöglich, Korrekturen im Aktien- oder Investitionsmarkt zu nutzen. Wir können die Korrekturen zwar nicht mit Sicherheit vorhersehen, wenn sie aber geschehen, merken wir es schon. Korrekturen treffen die verschiedenen Marktsegmente mit verschiedener Härte. Das kann für einen gewitzten Anleger günstige Bewertungen schaffen. Der beste Weg, größtmöglichen Nutzen aus einer Korrektur zu ziehen, ist es also nicht, auszusteigen, wenn Sie eine Korrektur erwarten, sondern eher der, Ihr Portfolio neu auszubalancieren, und zwar in Richtung derjenigen Ihrer aufgrund fundamentaler Langzeittrends ausgesuchten Sektoren, die während einer etwaigen Korrektur am meisten gelitten haben.

Nehmen wir das aggressive Portfolio aus Abbildung 1-2 als Beispiel: ursprünglich halten Sie 32,5% Technologie, 32,5% Finanzdienstleistungen, 15% Gesundheitswesen, und 20% Asien (außer Japan). Ende 1997 hatten die asiatischen Märkte über 60% verloren! Es hätte dann einen Sinn ergeben, neu verfügbares Geld in den asiatischen Sektor zu investieren, oder sogar einen Teil der stärkeren Sektoren zu verkaufen, um mehr asiatische Aktien kaufen zu können. Denn Asien war natürlich der Sektor dieses Portfolios, der nach der weltweiten Korrektur Ende 1998 die stärkste Konjunkturbelebung hatte. In der Korrektur von Mitte Juli bis Anfang Oktober

1998 verlor der Technologie-Sektor 30%, gegenüber einem S&P 500, der nur 20% verlor. Es wäre sinnvoll gewesen, in diesem Moment verstärkt auf Technologie-Aktien umzusteigen, mit neuem Geld, oder durch eine Verlagerung des angelegten Kapitals. Erwartungsgemäß waren Technologie-Aktien das Marktsegment in den USA, welches in der steilen Erholung 1998/99 am stärksten zulegte. Anfang 1999 hatte Lateinamerika, ausgelöst durch die Krise in Brasilien, international die stärksten Korrekturen. Das wäre zu der Zeit der beste Markt für Ihre Geldanlage gewesen.

Die beste Methode, eine Korrektur zu nutzen, ist also eine Verlagerung Ihres Kapitals von den konservativeren auf die aggressiveren Marktsegmente, die am meisten von der Korrektur in Mitleidenschaft gezogen wurden. Wenn Sie, wiederum aufgrund fundamentaler Langzeittrends, Positionen in verschiedenen Marktsegmenten halten, gibt Ihnen eine kurzfristige Krise die Gelegenheit, zu günstigeren Kursen einzusteigen, und somit Ihre Erfolgsaussichten langfristig zu steigern. Es wäre allerdings ein Fehler, jedesmal, wenn Sie oder ein großartiger Analyst eine Korrektur erwarten, alle Ihre Positionen zu verlagern. In einem Bullenmarkt wie diesem erhöht das nur die Wahrscheinlichkeit, dass Sie den nächsten Anstieg verpassen, anstatt eine kleinere Korrektur zu vermeiden.

Korrekturen in Bullenmärkten wie 1942 bis 1968, oder 1982 bis 2008 sind nur von kurzer Dauer. Seit 1982 hat keine Korrektur (von den größten bis zu den kleinsten) länger als sechs Monate gedauert. Bei den meisten war alles schon nach ein paar Wochen vorbei, höchstens nach ein paar Monaten. Und mit Ausnahme von 1987, als es etwas über $1\frac{1}{2}$ Jahre dauerte, ereigneten sich neue Hochs innerhalb eines Jahres, meistens aber innerhalb weniger Monate.

Ich habe eine Frage an Sie: Selbst wenn Sie von der Wahrscheinlichkeit dieser Korrektur überzeugt gewesen wären, zu welchem Zeitpunkt wären Sie dann aus- und wieder eingestiegen? Während des Jahres 1998 stand der Dow irgendwo zwischen 8000 und 9300. Wären Sie genau an seinem Hoch ausgestiegen, als viele Analysten dem Dow 10.000 entgegenfieberten? Wären Sie zur Zeit des tiefsten Tiefs eingestiegen, bei einem Dow von 7400 am Morgen des 1. September? Viele führende Analysten erwarteten dieses Tief bei einem Niveau von 4500 bis 6900. Hewitt Associates, die sich mit Anlegerverhalten beschäftigen, dokumentierten an diesem Tag einen starken Anstieg in der Zahl von Anlegern, die von Aktien auf Bonds umstiegen – eine sehr schlechte Entscheidung, die auf natürlichen menschlichen Gefühlsregungen basiert.

Im Falle, dass Sie die Korrektur vorhersahen, wäre es viel wahrscheinlicher gewesen, dass Sie, aufgrund Ihrer Gefühle um die 8200 ausgestiegen wären, da die meisten bekannten Analysten zu diesem Zeitpunkt die Alarmglocken schellen ließen, um dann ungefähr zum selben Kurs wieder einzusteigen, als es offensichtlich wurde, dass der Markt gedreht hatte, und einen starken Anstieg begann. Hoch und Tief kamen und gingen so schnell, dass es für den Durchschnittsanleger äußerst schwer gewesen wäre, auch nur irgendwo in der Nähe dieser Hochs oder Tiefs zu reagieren. Das dies jedoch möglich sei, ist eine der größten Irrglauben über Marktkorrekturen und Timing. Selbst wenn Sie eine Korrektur richtig vorausgesehen haben – was wenigen Menschen gelingt – kann es passieren, dass Sie nur geringe, oder sogar überhaupt keine Profite machen, da es Ihnen nicht gelingt, das genaue Tief oder das genaue Hoch vorherzusagen.

Darum empfehle ich Ihnen, in diesem Bullenmarkt zu bleiben. Bleiben Sie bei dem von Ihnen zusammengestellten Portfolio, oder, und das ist vielleicht am besten, bei Ihrem Anlageberater und nutzen Sie Korrekturen, indem Sie die Balance in Richtung der aggressiveren Marktsegmente verlagern, oder solcher Sektoren, die das höchste Potenzial zeigen, das sie am meisten korrigiert haben. Es kann aber auch nützlich sein, Ihr Portfolio von Zeit zu Zeit neu zu balancieren, ohne dass es eine Korrektur gegeben hätte.

Von Zeit zu Zeit neu balancieren

Es gibt ein nützliches Prinzip, nach dem Sie Ihr Portfolio von Zeit zu Zeit neu balancieren und das Risiko/Gewinn-Verhältnis verbessern können. Alle ein bis zwei Jahre können Sie, unabhängig von Korrekturen, Ihr Portfolio erneut ausbalancieren, um das ursprüngliche Größenverhältnis der verschiedenen Segmente wieder herzustellen. Im aggressiven Portfolio in Abbildung 2-1 wäre das: 32,5% Technologie, 32,5% Finanzdienstleistungen, 15% Gesundheitswesen und 20 % Asien. Durch die Marktbewegungen kommt es zu einer Verschiebung dieser Größenverhältnisse, da manche Sektoren stärker sind als andere, wie zum Beispiel Technologie 1999.

Diese stärkeren Sektoren erreichen dann einen größeren prozentualen Anteil an Ihrem Portfolio, als ursprünglich geplant war. Um dann wieder auszubalancieren, verkaufen Sie einfach automatisch einen Anteil der stärksten Sektoren, und kaufen einen Anteil der schwächeren Sektoren, damit das ursprüngliche Verhältnis wieder hergestellt ist. Diese Vorgehensweise funktioniert aus denselben Gründen, aus denen Diversifizierung und Portfoliostrukturierung überhaupt funktionieren. Da die verschiedenen Sektoren zu verschiedenen Zeiten stärker oder schwächer sind, werden die Sektoren, die in der Vergangenheit stärker waren, in der Zukunft schwächer sein als andere. Eine Ausbalancierung von Zeit zu Zeit erlaubt es Ihnen, dieses Prinzip zu nutzen.

Wie Sie Investmentfonds, Indexfonds und Fondsgesellschaften besser beurteilen können

In letzter Zeit gibt es immer mehr Ratingdienste für Investmentfonds, die den Anleger repräsentieren und nicht die Fonds selbst. Das ist eine großartige Innovation. Unter den prominentesten sind Morningstar, Lipper und CD Weisenberger. Die meisten Börsen- und Finanzzeitschriften führen ebenfalls unabhängige Fondsbewertungen durch, die sich mit dem Risiko/Gewinnverhältnis auseinandersetzen, nicht nur generell, sondern auch im Hinblick auf die Marktsegmente, in denen der Fonds investiert. Diese Ratingdienste repräsentieren zwar einen großen Fortschritt in der Finanzindustrie, machen aber meiner Meinung nach immer wieder Fehler in ihrer Fondsbewertung und in ihrer Beurteilung des Nutzens derselben für den Anleger.

Zuerst möchte ich mich aber auf die guten Seiten konzentrieren, die diese Dienste zu bieten haben. Sie sind objektiv, und vertreten den Anleger, nicht den Fonds. Sie benutzen für ihre Bewertungen quantifizierbare Standardsysteme. Sie messen nicht nur die Rentabilität, sondern auch das Risiko, sozusagen den Preis, den Sie als Anleger für diese Rentabilität zahlen müssen. Sie bewerten die Gebühren und vergleichen sie mit dem Nettogewinn. Sie dokumentieren, wie lange Fondsmanager bei dem Fonds bleiben und die Umschichtungsrate oder Intensität des Fonds. Oft messen sie auch die Steuereffizienz. Und sie veröffentlichen allgemeine Bewertungen über Perioden von ein Jahr, drei Jahren, fünf Jahren, und häufig sogar zehn Jahren, oder die gesamte Laufzeit des Fonds. Das sind alles sehr nützliche Indikatoren. Aber Ratingdienste, genau wie Wirtschaftsexperten, können oft den Wald vor lauter Bäumen nicht sehen. Und den Anlegern kann es dann passieren, dass sie mit Fonds handeln, als wären es Aktien, und dafür sind Fonds einfach nicht geschaffen.

Der erste Nachteil dieser Ratingdienste ist, dass sie so genannte „Load"-Fonds negativ bewerten. Das sind Fonds, die von vornherein eine Beratungsgebühr verlangen, die dann nicht an den Fonds selbst geht, sondern an den Berater, der Ihnen den Fonds empfohlen hat. „No-Load"-Fonds entgehen dieser negativen Bewertung, und zeigen den Anlegern deshalb oftmals eine etwas bessere Bewertung im Nettoverdienst. Ein guter Anlageberater gibt Ihnen aber auch Hilfestellungen, die Ihren Profit steigern oder die Last der Analyse und Berechnungen von Ihren Schultern nehmen können, was Ihnen Zeit und Geld spart. Das ist von hohem Nutzwert und sollte nicht von den Nettoverdiensten abgezogen werden. Es sollte jedem Anleger überlassen bleiben, ob er/sie eigene Analysen durchführen will, oder diese für einen fairen Preis an einen Experten delegiert.

Ein weiterer wesentlicher Fehler der Bewertungssysteme ist die Tendenz, diejenigen Fonds oder Marktsegmente positiv zu bewerten, die in der Vergangenheit gute Leistungen gezeigt haben und deshalb eigentlich eine natürliche, weil zyklische, Phase der schlechteren Konjunktur erwarten könnten. Die meisten Anleger kaufen Fonds, wenn diese zum Beispiel in der Bewertung von vier Sternen auf fünf Sterne heraufgestuft worden sind. Der Grund der besseren Bewertung liegt dann höchstwahrscheinlich in der außerordentlich guten Leistung, die das Marktsegment gezeigt hat, in das der Fonds investiert. Das erhöht aber tatsächlich die Wahrscheinlichkeit, dass dieses Marktsegment, und somit der Fonds, demnächst in eine ein- oder zweijährige Phase der schlechteren Konjunktur eintritt. Wenn das dann passiert, denkt der Anleger, er habe eine schlechte Entscheidung gefällt, und verkauft den Fonds wieder. Sie können selbst sehen, wie diese Strategie dazu führen könnte, gerade in die besten Fonds zu dem Zeitpunkt einzusteigen, an dem sie eine schlechte Phase beginnen. Und das ist keine gute Anlagestrategie.

Es ergibt oft mehr Sinn, in einen Fonds mit einer langen Geschichte positiver Bewertungen dann einzusteigen, wenn er gerade in der Bewertung von fünf Sternen auf vier Sterne zurückgestuft wurde. Ein solcher Fonds hat wahrscheinlich eine zyklische Krise in seinen Marktsegmenten hinter sich, und somit eine bessere Chance, Höchstleistungen zu zeigen. Es gibt da aber einen kleinen Haken. Sie müssen sich persönlich davon überzeugen, dass der Fonds in Sektoren investiert, die eine hohe Wahrscheinlichkeit aufweisen, Höchstleistungen zu liefern, oder langfristig gute Konjunkturerwartungen haben. Viele Bonds und Aktien unterkapitalisierter Firmen könnten diese Erwartungen in der kommenden Dekade nicht aufweisen. Deshalb wäre es keine gute Taktik, diese zu kaufen, nachdem ihre Bewertung zurückgestuft wurde.

Wie Sie feststellen können, dass ein Fonds zu groß für weitere Gewinne ist

Die meisten Anleger bevorzugen Fonds, die auf eine längere Geschichte des Erfolgs zurückblicken können und daher sehr groß werden, da sie schon diese ganze Zeit über Investoren angezogen haben. Manche dieser Fonds bleiben auch weiterhin rentabel, aber viele auch nicht. Oder, wie es ein sehr erfolgreicher Fondsmanager einmal gesagt hat: „Ich fing meine Karriere an, indem ich die Fonds kaufte, die ich attraktiv fand. Als die Fonds größer wurden, kaufte ich zunehmend Aktien, die ich attraktiv fand. Und dann, als ich sehr erfolgreich wurde, musste ich Aktien kaufen, die ich nicht unattraktiv fand." Je größer das Kapital ist, das Sie anlegen wollen, desto schwieriger wird es, in Aktien einzusteigen, die Ihnen gefallen, ohne dabei den Markt zu bewegen und den Kurs, zu dem Sie selbst kaufen, zu erhöhen. Auf dieselbe Art wird es dann schwieriger, aus solchen Positionen auszusteigen, ohne weniger dafür zu bekommen, als Ihnen lieb wäre.

Andererseits kann ein größerer Fonds generell kosteneffektiver sein, in Personalkosten, Analyse, oder Transaktionsgebühren, einfach nur aufgrund seiner Größe. Berechnungen zeigen, dass dies bei Hochleistungsfonds der Fall ist, sobald sie eine Größe von ungefähr $ 100 Millionen bis $ 500 Millionen erreichen. Die Vorgeschichte solcher Fonds ist aber oft zu kurz, als dass sie bei uns als Anleger großes Vertrauen wecken könnte. Wie kommen wir aus dieser Zwickmühle, Größe gegen Vorgeschichte, heraus?

Ich habe einen Indikator gefunden, der uns helfen kann. Er basiert auf einem der besten Maßstäbe für das Gewinn/Risiko-Verhältnis, dem Sharpe-Verhältnis. Dieser Indikator versucht, das Verhältnis auszudrücken, das zwischen den höheren Profiten, die ein Fondsmanager oberhalb des Durchschnitts erreicht, und den höheren Risiken, denen er sich dabei über dem Durchschnitt aussetzt, besteht. Sie können es sich auch folgendermaßen vorstellen: erhöhte Rendite gegen erhöhtes Risiko. Die meisten Bewertungsdienste verwenden das Sharpe-Verhältnis, um die relativen Leistungen von Fondsmanagern und Anlageberatern zu beurteilen. Aber dabei wird üblicherweise nur das jeweils gegenwärtige Jahr berücksichtigt, oder eine bestimmte Periode in der Vergangenheit. Am besten ist es aber, das Sharpe-Verhältnis als Zeitkonstante auszudrücken.

Wenn ein Fonds im Wert zunimmt und dabei auch sein Sharpe-Verhältnis verbessert, oder dieses zumindest gleich bleibt, dann ist das ein Zeichen dafür, dass der Fonds- oder Investmentmanager mit der Zeit immer besser darin wird, das Risiko/Gewinn-Verhältnis zu verkleinern, trotz der Schwierigkeiten, die mit der Größe des Fonds verbunden sind. Die meisten großartigen Fonds verbesserten zu Zeiten, in denen sie anwuchsen, auch ihr Sharpe-Verhältnis. Viele andere kamen aber in eine Phase, in der das Sharpe-Verhältnis abflachte. Das ist dann das erste Zeichen, dass der Fonds seinen Zenit überschritten haben könnte und einem Vergleich mit seinen besten Zeiten vielleicht nicht mehr standhält. Der definitive Zeitpunkt für einen Ausstieg ist aber gekommen, wenn das Sharpe-Verhältnis anfängt zu fallen, besonders wenn dies länger als ein oder zwei Jahre anhält.

Darum empfehle ich, so lange in Fonds mit längerer erfolgreicher Vorgeschichte zu bleiben, bis das Sharpe-Verhältnis anfängt, abzuflachen oder schlechter zu werden. Sehen Sie sich das Sharpe-Verhältnis eines Fonds des letzten Jahres an, oder der letzten drei, fünf oder sogar zehn Jahre, soweit die Daten vorhanden sind. Sobald dieses Sharpe Verhältnis ein Plateau erreicht, oder anfängt sich zu verschlechtern, sollten Sie aussteigen. Dabei ist es normal, wenn das Sharpe-Verhältnis momentan stockt, während ein Fonds anwächst. Immerhin besteht ein Ausgleich zwischen der Sicherheit, die eine lange, erfolgreiche Vorgeschichte liefern kann, und einem neuen Fonds, der abwechselnd heiß und kalt sein kann. Aber wenn das Sharpe-Verhältnis abflacht, und dann fällt, sollten Sie den Fonds in Frage stellen und sich nach neuen, kleineren Fonds im selben Sektor umsehen, die über ein steigendes Sharpe-Verhältnis verfügen.

Risiko und Volatilität: Eine neue Betrachtungsweise

Ich hatte über einige Zeit hinweg das Vergnügen, mit Rodney Johnson zusammenzuarbeiten, einem Analysten bei 1-800-MUTUALS und Heritage Capital, einem privaten Investmentfonds. Er vermittelte mir eine völlig neue Sichtweise von Risiko und Volatilität. Es stimmt zwar, dass Sie als Investor kräftiger durchgeschüttelt werden, wenn Sie in einem Fonds anlegen, der hohe Volatilität aufweist. Es stimmt auch, dass die meisten Anleger versuchen, hohes Risiko und hohe Volatilität zu vermeiden. Die meisten Hochleistungsfonds bergen auch die größten Risiken für den Anleger. Wir lieben es, wenn ein Fonds heiß ist und längerfristig Höchstleistungen zeigt. Aber wir bekommen es mit der Angst zu tun und verkaufen diese Fonds, wenn sie im Falle einer allgemeinen Korrektur drastischer fallen als der Durchschnitt. Und dann überflügeln sie den Durchschnitt während des nächsten Bullenmarktes ohne uns.

Es gibt da aber einen großen Unterschied. Denken Sie nur an Aktien wie Microsoft oder Dell. Längerfristig haben diese eine sehr hohe Gewinnspanne, haben aber gleichzeitig auch tiefe Abstürze in den Keller gemacht. Tatsächlich steigen sie aber viel mehr, als dass sie fallen. Die traditionellen Messungen zur Bewertung der Volatilität einer Aktie, wie Standardabweichung, Beta, die Abweichungen von den längerfristigen Trends im S&P oder einem anderen zuständigen Index messen, würden solchen Aktien eine hohe Volatilität bescheinigen. Der größte Teil dieser Volatilität ist aber nach oben gerichtet, nicht nach unten, denn es handelt sich bei diesen Aktien um überdurchschnittliche Hochleistungswerte, die durch bessere Geschäfts- und Manangementstrategien langfristig die Nase vorn haben.

Nur wenige Anleger hätten etwas gegen eine Aktie einzuwenden, die überdurchschnittlich gut abschneidet, aber im Falle einer Korrektur des Marktes oder des betreffenden Marktsegmentes nicht auch überdurchschnittlich tief fällt. Die normalen Berechnungen zur Messung der Volatilität würden aber genau diese Aktie mit schlechten Bewertungen strafen – aufgrund deren Überdurchschnittlichkeit und Volatilität. Rodney Johnson hat bei der Entwicklung eines Indikatoren mitgewirkt, der uns dabei hilft, positive von negativer Volatilität zu unterscheiden. Er beginnt mit einem beliebigen Zeitrahmen, drei Jahre, fünf Jahre oder sogar zehn Jahre, und analysiert das Leistungsniveau der Aktie in diesem Rahmen, negativ und positiv. Außer den durchschnittlichen Werten für Rendite und Risiko richtet er dabei seine Aufmerksamkeit auch auf die optimale Gewinnspanne, die diese Aktie, oder dieser Fonds, in der ausgesuchten Zeitperiode geliefert hätte, sowie den niedrigsten Gewinn im selben Zeitraum, inklusive etwaiger Verluste.

Das gibt Ihnen dann einen statistischen Überblick über die Bereiche der Abweichung, nach oben und unten, und ein gutes Gespür dafür, wie es gewesen wäre, diese Aktie innerhalb des gewählten Zeitrahmens zu halten. Sie können sehen, wie hoch Ihre Gewinne oder Verluste gewesen wären, von Quartal zu Quartal oder von Jahr zu Jahr. Diese Einsicht lässt sich noch vertiefen, indem Sie den Unterschied zwischen den höchsten Gewinnen über dem Durchschnitt des Marktsektors und den höchsten Verlusten unter dem Durchschnitt des Marktsektors miteinander vergleichen. Das Verhältnis zwischen diesen Abweichungen vom Durchschnitt gibt Ihnen dann einen ungefähren Eindruck davon, ob diese Aktie zu positiver oder negativer Volatilität tendiert, aber nur soweit extreme Schwankungen erfasst werden.

Um genauer einschätzen zu können, ob die Aktie oder der Fonds langfristig größeres negatives oder positives Potenzial im Vergleich mit dem S&P oder dem betreffenden Index aufweist, können Sie den Johnson-Indikator benutzen. Ich gebe Ihnen hier die Formel, die Sie zur Errechnung dieses Indikators verwenden – für jeden gewählten Zeitraum (wir empfehlen Perioden von zumindest drei Jahren), und mit einfachen Daten, die Sie von Morningstar, oder einem anderen Ratingdienst, erhalten können:

(Durchschnittlicher Jahresgewinn des Fonds **plus** Standardabweichung des Fonds) **minus** durchschnittlicher Gewinn des S&P **geteilt durch** (den Gesamtwert) Standardabweichung des Fonds

minus

Durchschnittlicher Jahresgewinn des S&P 500 **minus** (Durchschnittlicher Gewinn des Fonds **minus** Standardabweichung des Fonds) **geteilt durch** (den Gesamtwert) Standardabweichung des S&P 500

Ergibt: Den Johnson-Indikator
(positiv oder negativ)

Wenn das Ergebnis positiv ist, deutet das auf eine höhere Wahrscheinlichkeit positiver Volatilität (d. h. nach oben) und umgekehrt; bei einem negativen Ergebnis handelt es sich um ein schlechteres Zeichen. Je höher der Wert Ihres Ergebnisses ist, desto stärker ist die jeweilige Tendenz. Zum Beispiel:

	S&P 500	Fonds
Durchschnittsgewinn über 3 Jahre	18,86%	26,12%
Standardabweichung (3 Jahre)	9,60	11,12

1. (26,12 + 11,12) – 18,86/11,12
   37,24 – 18,86 = 18,38/11,12 = **1,65**

Minus

2. 18,86 – (26,12 – 11,12)/9,60
   18,86 – 15,00 = 3,86/9,60 = **0,40**

1,65 – 0,40 = 1,25 (positiv)

In diesem Fall hat der Fonds einen leicht positiven Indikator, was ein gutes Zeichen ist. Dieser Indikator ist am nützlichsten, wenn man ihn über eine Drei-Jahres-Periode, über fünf Jahre und über zehn Jahre berechnet, soweit dies möglich ist, um festzustellen, ob es sich um einen Langzeittrend handelt oder nicht. Und noch besser wäre es, wenn Sie den Fonds mit einem Index vergleichen würden, der den gesamten Marktsektor repräsentiert, und nicht nur mit dem S&P 500 – im Falle eines Fonds unterkapitalisierter Firmen wäre das der Russell 2000, oder für einen Hi-Tech-Fonds der S&P 500 Technology.

Stilkonsistenz der Fonds

Ich habe schon an früherer Stelle darauf hingewiesen, wie wichtig es ist, verschiedene Anlagemöglichkeiten oder Investitionsbereiche in einem Portfolio zusammenzustellen, das dann mit größerer Wahrscheinlichkeit höhere Gewinne bei kleinerem Risiko bieten kann, da diese verschiedenen Sektoren sich auf Dauer in unterschiedlichen, asynchronen Mustern bewegen. Wenn die Fondsmanager zu sprunghaft sind, wird dies leider unmöglich. Wenn ein Fondsmanager verschiedenen Investitionsbereichen hinterher jagt, von Aktien zu Bonds, oder niedrig kapitalisierten Firmen zu Großunternehmen, oder Hi-Tech zu Finanzdienstleistungen, um Gewinne zu maximieren, können Sie sich nicht auf den diversifizierenden Effekt dieser Sektoren verlassen und keine zuverlässige Zukunftsplanung mehr vornehmen. Sie sollten sich also nach Fonds umsehen, die einen konsistenten Stil aufweisen, oder einen Schwerpunkt in einem bestimmten Markt- oder Anlagesektor konsequent verfolgen. Viele Ratingdienste messen diese Eigenschaft eines Fonds.

Es gibt noch einen weiteren Grund, Stilkonsistenz anzustreben. Kein einzelner Fondsmanager könnte alle Marktsektoren unserer Wirtschaft verstehen und meistern. Es ist in unserem besten Interesse, wenn sie sich spezialisieren. Durch Spezialisierung auf einen bestimten Sektor können sie uns ein viel besseres Risiko-Gewinn-Verhältnis bieten, solange sie kompetent sind. Es sollte zu den Aufgaben eines Investmentfonds gehören, sich auf bestimmte Sektoren zu spezialisieren und die Rolle der „Kellner“ zu übernehmen, und unsere Finanzberater, oder wir selbst, sind dann die auswählenden „Gäste“, die sich entscheiden müssen, welche Sektoren Sie in Ihren Portfolios kombinieren möchten, um Ihren persönlichen Wünschen zu entsprechen.

Die einzige Ausnahme bilden die kleine, aber wachsende Anzahl von Fonds, die eine Strategie der Strukturierung verfolgen, in der sie eine Auswahl gewisser Schlüsselsektoren kombinieren, um das beste Risiko-Gewinn-Verhältnis zu erreichen, und dann, von Zeit zu Zeit oder aus strategischen Gründen erneut ausbalancieren, genau wie auch ich es als beste Strategie zur Optimierung des Risiko-Gewinn-Verhältnisses empfehle. Diese Fonds werden gewöhnlicherweise als strukturierte Fonds bezeichnet. Sie verfolgen eine Strategie breiteren Investments und spezialisieren sich auf keinen einzelnen Sektor, was sie für manche Anleger interessant machen könnte, als Take-Away sozusagen. Diese Fonds sollten aber Spezialisten aus jedem der Sektoren beschäftigen, um in den Genuss des vollen Nutzens zu kommen, den ein gutes Niveau an finanztechnischem Wissen bei der Spezialisierung bieten kann.

Nachdem ich in diesem Kapitel einen Blick auf die besten Portfoliostrategien zur Nutzung des größten Booms der Geschichte geworfen habe, werde ich mich im nächsten Kapitel mit den Grenzgebieten der Märkte der USA beschäftigen. Ich erwarte nämlich, dass die besten internationalen Märkte innerhalb des nächsten Jahrzehnts den S&P 500 überholen werden. Und sie bieten Ihrem Portfolio, wie ich schon in diesem Kapitel gezeigt habe, interessante Möglichkeiten der Diversifizierung. Aber genau wie im Inlandsmarkt müssen Sie auch bei den internationalen Märkten über ein Verständnis der grundlegenden Trends der Länder verfügen, in deren Märkten sie anlegen wollen. Nach dem Ende des II. Weltkrieges hatte ein Großteil der Welt einen ähnlichen Baby-Boom wie die USA und daher exzellente Aussichten auf Wachstum. Es gibt aber auch drastische Ausnahmen, zum Beispiel Japan. Im 2. Teil dieses Buches möchte ich mich nicht nur mit den demografischen Trends aller wirtschaftlich wichtigen Länder dieser Welt beschäftigen, sondern auch mit deren technologischen Infrastrukturen, die in Wachstum und Produktion der Wilden 2000er eine ungemein wichtige Rolle spielen werden.

Teil 2

Globale Möglichkeiten

Kapitel 3

Demografische und technologische Trends der Industrieländer weltweit

In diesem Kapitel will ich mich mit den demografischen Daten und generationsbedingten Veränderungen in allen wirtschaftlich interessanten Ländern der industrialisierten Welt befassen, soweit deren Märkte dem Anleger einige Sicherheit bieten. Zuerst würde ich aber gerne die Unterschiede zwischen meiner demografisch entwickelten Prognose für die USA und einer ähnlichen Prognose für andere Länder erläutern. In den meisten Nationen gibt es einen viel kleineren Binnenmarkt als in den USA, und es besteht oft ein größerer Schwerpunkt auf eine spezielle Industrie und Außenhandel. Industrienationen, deren Außenhandel eine wichtige wirtschaftliche Rolle spielt, von Japan über Deutschland bis Australien, sind von der Wettbewerbsfähigkeit ihrer Exportindustrien abhängig, und oft auch von Regierungszuschüssen. Die demografischen Daten innerhalb solcher Länder beeinflussen somit nur den jeweiligen Inlandsmarkt. In der Exportwirtschaft kommt den generationsbedingten Trends und allgemeinen demografischen Daten des Landes, in welches exportiert wird, mehr Gewicht zu. Äußerst wichtig ist aber natürlich auch die globale Wettbewerbsfähigkeit der exportierenden Industrien.

In den USA spielt der Außenhandel im Vergleich mit dem Binnenmarkt eine verhältnismäßig kleine Rolle. Der Export macht nur ungefähr 12% unseres Bruttoinlandproduktes aus. Darum funktionieren die Voraussagen, die von der Kaufkraft und von Modellen des Kaufverhaltens verschiedener Altersgruppen ausgehen, in der amerikanischen Wirtschaft und den US-Aktienmärkten auch besonders gut. In vielen anderen Industrienationen spielen diese Überlegungen zwar auch eine wichtige Rolle, ergeben aber kein vollständiges Bild. Trotzdem gelang es mir, den Crash in Japan Ende der 80er Jahre vorauszusagen, der hauptsächlich von der abnehmenden Kaufkraft einer vor dem II. Weltkrieg geborenen Generation verursacht wird, die sich nicht in denselben Zyklen bewegt wie die Generationen im größten Teil der entwickelten Welt. Ich sage schon seit über zehn Jahren, dass viele der europäischen Länder ihren Boom etwas später haben würden als die USA, und den dort bestehenden demografischen Trends hinterherhinken, da sie nach dem II. Weltkrieg einen kleineren – und späteren – Baby-Boom hatten. Und auch diese Prognose erfüllt sich gerade. Die demografischen Daten liefern uns also, trotz aller anderen Faktoren, immer noch ein wertvolles Werkzeug, das relative Wachstumspotenzial von Industrienationen in der ganzen Welt vorherzusagen.

Wenn man das Potenzial im Hinblick auf die Produktivität eines Landes, oder dessen Wettbewerbsfähigkeit im Export, beurteilen möchte, ist es ebenso wichtig, sich mit der technologischen Infrastruktur des betreffenden Landes zu beschäftigen. Zu welchem Grad haben Arbeitnehmer und Konsumenten Zugang zu modernen Kommunikationsformen und Medien, als Informationsquelle und als Bildungs-/Ausbildungsmöglichkeit? Immerhin befinden wir uns in der größten Informationsrevolution der Geschichte, der ersten seit Erfindung des Buchdrucks und dem Beginn des Zeitalters der Wissenschaften im späten 15. Jahrhundert. Die Informations-Infrastruktur ist also der andere wichtige Faktor, der in Voraussagen über das langfristige Wachstumspotenzial eines Landes zum Tragen kommt. Als Datenquelle werde ich hier den „*Wired World Atlas*" verwenden, der 1998 in der Novemberausgabe der Zeitschrift *Wired* erschienen ist. Meines Wissens nach handelt es sich dabei um die beste Zusammenfassung statistischer Daten über die globale Medien- und Informationsinfrastruktur überhaupt.

Wired beschäftigt sich hier mit der Vollständigkeit telefonischer Vernetzung, sowie der Verbreitungsdichte der Fernsehsender, Internet-Provider, Mobiltelefone, PCs, Satellitenschüsseln und Kabel – *Wired* nennt es die „Die Medien-Palette". Sie verleihen jedem Land, von den Entwicklungsländern bis zu den Industrienationen, eine Note von 1 bis 192, die all die verschiedenen oben genannten Bereiche in sich vereint. Ich habe diese Bewertung einfach auf eine Skala von 1 bis 20 gebracht, wobei 20 die höchste Entwicklungsstufe technologischer Infrastruktur darstellt (zum Beispiel die USA), und 1 die niedrigste (zum Beispiel Niger).

Die meisten Länder der Erde hatten kurz vor oder nach dem II. Weltkrieg einen massiven Baby-Boom. Aber deren Ausprägung sowie das genaue Timing unterscheiden sich von Land zu Land. Es gibt viele Ausnahmen, die größte darunter ist Japan. Lassen Sie mich deshalb dort beginnen: Anhand der Altersdemografie kann ich Ihnen zeigen, warum Japan seit Anfang der 90er Jahre in einer wirtschaftlichen Rezession steckt, und der japanische Aktienmarkt in einem Bärenmarkt.

Warum die japanische Wirtschaft so schwach ist

Wenn wir uns den Geburtsindex Japans in Abbildung 3-1 anschauen, fällt uns auf, dass es hätte möglich sein sollen, zwei der Schlüsselereignisse in Japans Wirtschaft langfristig vorherzusagen. Die Geburtenrate in Japan stieg bis ungefähr 1943 stetig. Wie die meisten Industrienationen verzeichnete auch Japan einen starken Geburtenrückgang während des II. Weltkrieges. Zwischen 1944 und

3-1. Geburtenindex: Japan
Mit Verlagerung um 47 Jahre

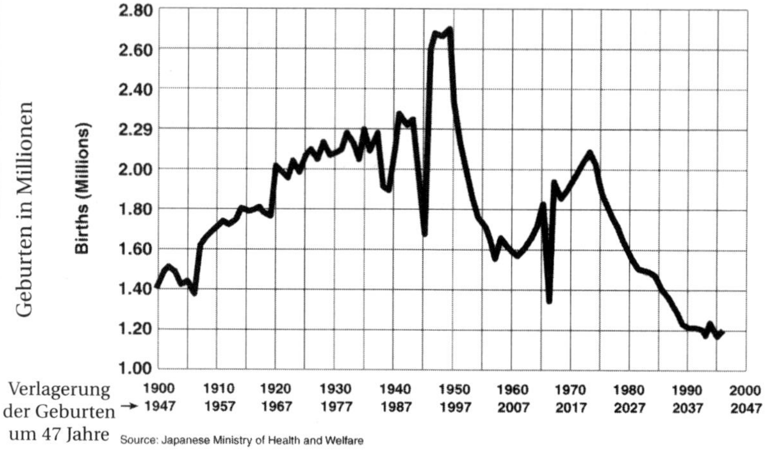

1946 war dieser Knick so ausgeprägt, dass er den vieler anderer Länder überholte. Wenn Sie sich die zweite Unterzeile der Grafik ansehen, bemerken Sie, dass ich die Realzeit der Kurve mit einer Verzögerung von 47 Jahren versehen habe, also dem Gipfel der Kaufkraft jeder Generation. Der Geburtenknick im II. Weltkrieg verursachte demnach die japanische Rezession der frühen 90er, genauer von 1990 bis 1992, wie es auch in vielen anderen Ländern zu beobachten war. Ich sagte das Platzen der Blase in Aktienkursen und Vermögenswerten in Japan (und die Rezession in den USA) schon 1989 voraus, ausgehend von dem simplen Prinzip der Altersstatistik. Während diese japanische Blase von Anfang 1990 bis Mitte 1992 platzte, verlor der dortige Aktienmarkt 67%, von einem Hoch von 38.900 im Januar 1990 auf 14.500 im April 1992. Noch während in den späten 80er Jahren die meisten Finanzexperten voller Lob über das japanische Wirtschaftswunder und die dortige Zusammenarbeit wirtschaftlicher und administrativer Interessen waren, hätte man dies voraussehen können.

Genau wie große Teile Asiens in den 90ern hatte die japanische Regierung ihre wichtigsten Industrien nach einem Modell geleitet, das von oben nach unten strukturiert war (im Zeitalter der Information, in dem die Hauptströmung von unten nach oben ist, ein großer Fehler). Regierungsnahe Banken vergaben hohe Kredite zu sehr günstigen Zinssätzen, bis die wichtigsten Industrien vollkommen aufgebläht waren. Niedrige Zinssätze und allgemeiner Protektionismus hoben die Bewertungen im Aktien- und Immobilienmarkt auf ein Niveau, das in einer freien Marktwirtschaft, wie in den USA, nicht erlaubt wäre. Je höher die Aktien- und Immobilienpreise stiegen, desto billiger wurde es für die Unternehmen, neue Kredite aufzunehmen und zu wachsen, obwohl die Gewinne in einem deutlich schlechteren Verhältnis zu den Ausgaben standen, als wir es in den USA kennen. Dieses Wachstum beschleunigte wiederum den Anstieg der Aktienkurse und Immobilienpreise. 1989 erreichte der japanische Aktienmarkt eine Bewertung, die ihn viel wertvoller machte als den Aktienmarkt der gesamten USA. Die Grundstücks- und Immobilienpreise von Tokio alleine wurden höher veranschlagt als die Grundstücks- und Immobilienpreise der gesamten Vereinigten Staaten. Es war eine klassische Blase. Die kleine wirtschaftliche Verlangsamung, die der Geburtenknick mit 47-jähriger Verspätung in den frühen 90ern verursachte, genügte, sie zum Platzen zu bringen.

Wie Sie auf der Grafik ebenfalls sehen können hatte Japan mit der Heimkehr der Soldaten nach dem II. Weltkrieg einen starken Anstieg in der Geburtenrate zu verzeichnen, und zwar von 1947 bis 1950. Das bewirkte die Erholung in der japanischen Wirtschaft von 1992 bis 1996. Die unglaubliche Zerstörung, die das Platzen der vorhergehenden Blase hinterlassen hatte, wirkte sich jedoch erschwerend aus, sowie der Kollaps des Banksystems durch Fehlspekulation im Immobilienmarkt und die Unfähigkeit der Unternehmen, die Kredite des Booms zu würdigen. 1996/97 fing dann die wirkliche Rezession an. Denn Japan hatte in den Jahren von 1950 bis 1957, also den Jahren, in denen die meisten Länder, auch die USA, ihren größten Baby-Boom hatten, einen drastischen Rückgang in der Geburtenrate. Das bedeutet, die Kaufkraft der Konsumenten nimmt mit 47-jähriger Verzögerung (für den Höhepunkt der Kaufkraft dieser Generation), also von 1997 bis 2004, genauso drastisch ab, wie wir auch der zweiten Unterzeile der Grafik entnehmen können.

Tatsächlich wird sich Japan vorerst nicht vollständig erholen können, selbst während die meisten anderen Länder Asiens genau dies tun, obwohl die Erholung des asiatischen Großraumes aus der Krise von 1997-1998 den japanischen Exporten helfen wird, wie auch der fortgesetzte Bullenmarkt in den meisten Industrienationen. Die Verlangsamung der japanischen Wirtschaft wird sich von Zeit zu Zeit wie ein Bremsklotz auf die Gesamtwirtschaft Asiens auswirken. Trotzdem gab es nach dem Einbruch von 1990-1991 einen Boom in Asien, obwohl die japanische Rezession noch bis Mitte 1992 anhielt. Deshalb bin ich auch sehr von dem kommenden Bullenmarkt des nächsten Jahrzehnts in Asien überzeugt, und sogar noch darüber hinaus, wie ich an späterer Stelle in diesem Kapitel darstellen werde, sowie in Kapitel 4 anhand der Länder, deren Industrie sich im Aufbau befindet. Ich würde niemandem empfehlen, innerhalb der nächsten Dekade in den japanischen Märkten anzulegen, obwohl der dortige Aktienmarkt sporadisch beeindruckende Zuwachsraten verzeichnen wird. Im Gegensatz zum Rest der entwickelten Welt wird Japan jedoch von 2008/9 bis 2020 zu einem interessanten Markt für Anleger, wenn die nächste Generation für Wachstum in Kaufkraft und Produktivität sorgen wird, während die USA und viele andere Länder sich in der Abwärtskurve befinden. Wie schon in den 70er Jahren gibt Japan uns dann die Möglichkeit, mit den Papieren in unserem Portfolio gegen den Trend zu investieren. In der gegenwärtigen Periode der Veränderung und Innovation haben die Aktien niedrig kapitalisierter Firmen die besten Aussichten.

Ein Blick auf die demografischen Trends der Industrienationen

Für jedes der in diesem Kapitel besprochenen Länder werde ich mich zunächst auf das Wachstumspotenzial konzentrieren, das jede Generation mit sich bringt sobald sie den Gipfel ihrer Kaufkraft und Produktivität erreicht, also im Alter von 46,5 Jahren. Dabei werde ich mich einer Methode bedienen, die sich von der im 1. Kapitel, in dem ich die gleiche Statistik in den USA untersuchte, unterscheidet. Dort addierte ich die Immigration (altersbereinigt) zu dem Geburtenindex, und projizierte diese Daten dann 46,5 Jahre in die Zukunft, um den Zeitpunkt höchster Kaufkraft der Durchschnittsfamilie zu erhalten. Die hier verwendete Methode ist dagegen etwas verkürzt. Ich werde für jedes Land eine Darstellung der Altersverteilung (in Fünf-Jahres-Gruppen) verwenden, die ich einfach von den United Nations angefordert habe, mit gleichen Kriterien für alle Länder. Diese Statistiken haben den zusätzlichen Vorzug, schon immigrationsbereinigt zu sein. Der Trick dabei ist der, diese Kurven sozusagen rückwärts zu lesen, von dem Alter höchster Kaufkraft (die Altersgruppe von 45-49 Jahren) zurück zu der Kolumne der nächsten, zahlenstärkeren Generation, und deren Eintritt in dieses wichtige Alter in der Zukunft. Das gibt Aufschluss darüber, wie steil die Wachstumskurve (oder der Einbruch) sein wird, und wie lange sie andauern wird, bevor es erneut zu einer Gegenbewegung in Kaufkraft und Produktivität kommt. Die Statistiken, die ich dabei verwende, datieren von 1995.

Meinen Anfang möchte ich in den Industrienationen Europas machen, deren Wirtschaft und Generationsmuster von einer größeren Reife gekennzeichnet sind, aber in ihrem Wachstum ein größeres Gewicht auf den Export legen als die USA. Mitte der 90er Jahre begann ein Bullenmarkt in Europa, der den Aktienmarkt der USA 1997 überholte. Ich sehe auch in der nächsten Dekade gute Chancen für Wachstum in den europäischen Aktienmärkten, es würde mich aber sehr überraschen, wenn sie in diesem Zeitraum die amerikanischen Märkte überholen könnten. Aber es wird ein knappes Rennen sein, und somit eignen sich die Aktien dieser Märkte sehr gut als diversifizierender Faktor in unserem, hauptsächlich an amerikanischen Aktien orientierten, Portfolio.

Die europäischen Märkte

Mit dem Fortschreiten der Europäischen Währungsunion und dem stärkeren Druck auf Unternehmen in Europa, sich neu zu strukturieren, die Zahl der Angestellten zu verkleinern, und sich zusammenzuschließen, wie es in den USA schon seit zehn Jahren geschieht, hat sich die Konjunktur belebt. Die Altersstatistiken werden innerhalb des nächsten Jahrzehnts in Europa weitgehend günstig sein, und sogar noch darüber hinaus, da der Baby-Boom in vielen Ländern Europas zwar etwas kleiner ist, aber auch etwas später wirksam wird als in den Vereinigten Staaten. Man sollte sich daran erinnern, dass viele diese kleineren, hochindustrialisierten Länder, ähnlich wie Japan, viel exportorientierter sind als die USA, und sich auch in größerer Abhängigkeit von ihren Exporten befinden. Dadurch beruht der Bullenmarkt, den viele Unternehmen im Europa der letzten Jahre genießen, auch auf dem globalen Wachstum jenseits der Binnenwirtschaft und deren generationsbedingten Verhältnissen, wie es ja auch bei vielen multinationalen, marktbeherrschenden Unternehmen der USA und Kanadas der Fall ist. Wir wollen beginnen, indem wir uns den demografischen Daten Zentraleuropas zuwenden, dem Herzstück der dortigen Wirtschaft.

In Abbildung 3-2 beginnen wir mit dem Balken, der das Alter von 45-49 Jahren erfasst, und sehen eindeutig, dass die Kaufkraft von 1995 an 15 Jahre lang stetig steigt, während wir rückwärts an den Gipfel der Geburtenraten und Generationengröße schauen, also in Richtung der größten Kolumne im Alter von 30-34 Jahren. Mit anderen Worten, in 1995 war der geburtenstärkste Jahrgang Westeuropas im Alter von 30-34 Jahren. Und diese jungen Konsumenten werden zunehmend mehr Geld ausgeben, während sie sich in den 15 Jahren nach 1995 an den Höhepunkt ihrer Kaufkraft bewegen, in ein Alter von 45-49 Jahren. Das ergibt ein gutes Wachstumspotenzial bis 2010. Während dieser Periode sollte die Wirtschaft sich in einem Wachstumsboom befinden, und der steile Einbruch sollte sich nicht vor 2015 ereignen, 20 Jahre nach dem 20-24-jährigen Balken, da die Jahrgänge dann deutlich schwächer werden. Das bedeutet, die Wirtschaft Westeuropas wird auch nach der Verlangsamung der amerikanischen Wirtschaft im Jahre 2008-2009 vorerst gute Konjunktur haben.

Obwohl der Boom im nächsten Jahrzehnt nicht ganz so stark sein wird wie in den USA, werden sich die europäischen Länder insgesamt zwei bis fünf Jahre länger als die USA und Kanada einer guten Konjunktur erfreuen. Aber sogar noch extremer als auch in Kanada (siehe den Teil dieses Buches, der sich mit Nordamerika befasst) hat der Baby-Boom hier kein Echo (s. Abb. 3-34 und 3-35). Das bedeutet, Europa wird nach 2015 rapide an Wachstum verlieren, und es wird hier nicht, wie z. B. in den USA, zu einem nennenswerten Echo-Boom um 2040 kommen. Deutschland (Abbildung 3-3) ist eine der stärksten Wirtschaften hier, mit hoher Einwanderung, die dem Land die größte Generationswelle des Baby-Booms beschert, mit ihrem Gipfel um 2010 bis 2012. Der Index für Informationsinfrastruktur bewertet Deutschland mit 19 Punkten, von 20 insgesamt,

3-2. Altersverteilung der Bevölkerung
WESTEUROPA
1995

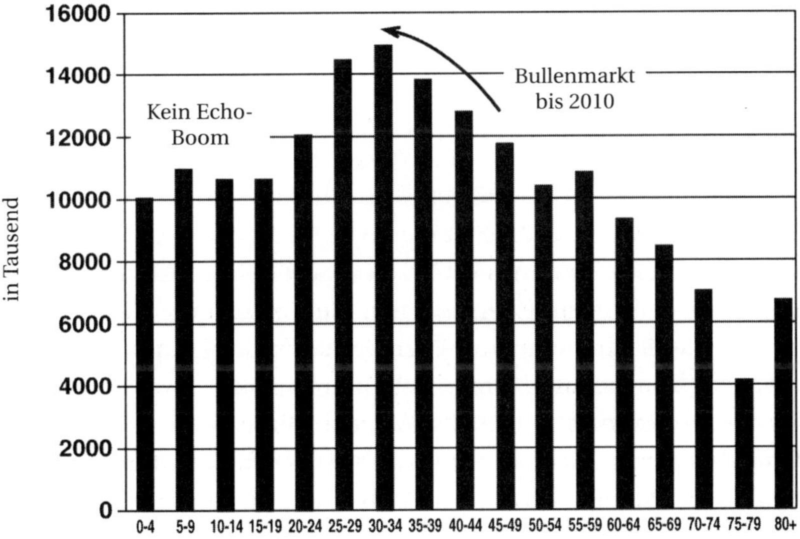

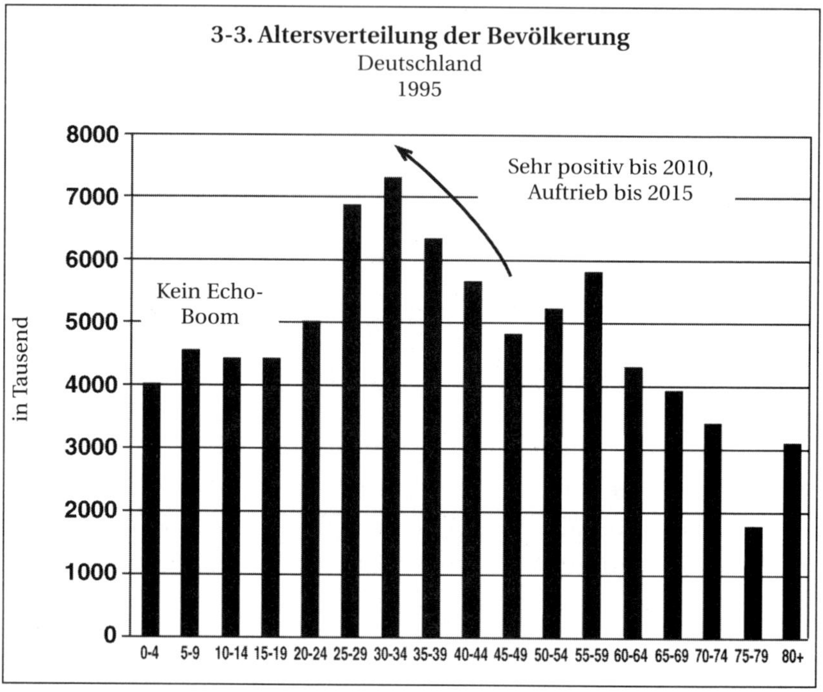

das ist nur ein Punkt weniger als die USA, die die Höchstpunktzahl erreichen.

Die Schweiz und Österreich (Abb. 3-4 und 3-5) bieten aufgrund hoher Immigrationsraten genau wie Deutschland in den nächsten 12-15 Jahren sehr gute Anlagemöglichkeiten. Die Schweiz wird auf dem Informationsindex mit 20 Punkten bewertet, nur etwas unterhalb der USA in Wireds Übersicht. Österreich hat 19 Punkte, ist also auch darin Deutschland ähnlich.

Frankreich (Abb 3-6) hat eine flache und wenig ausgeprägte Wachstumskurve in den nächsten 25 Jahren, bis 2020 oder 2023. Aber nach dem Beginn der globalen Flaute 2009 wird Frankreich über die stabilsten demografischen Verhältnisse verfügen. Die derzeitigen schwachen Aussichten bedeuten, dass Frankreich in nächster Zeit den Exporthandel stärken und die Produktivität ankurbeln sollte. Auf dem Informationsindex erreicht Frankreich 19 Punkte. Die französische Regierung – und die französische Kultur – haben jedoch eine antiprogressive und protektionistische Einstellung, die

3-4. Altersverteilung der Bevölkerung
Schweiz
1995

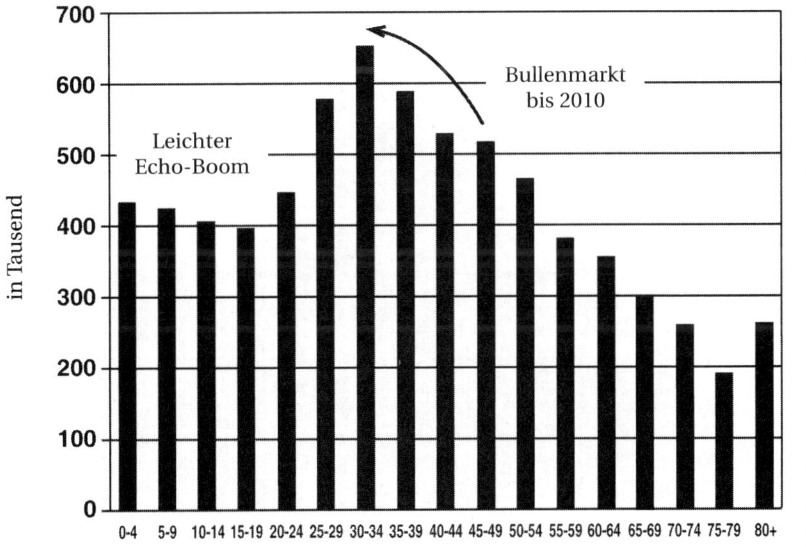

3-5. Altersverteilung der Bevölkerung
Österreich
1995

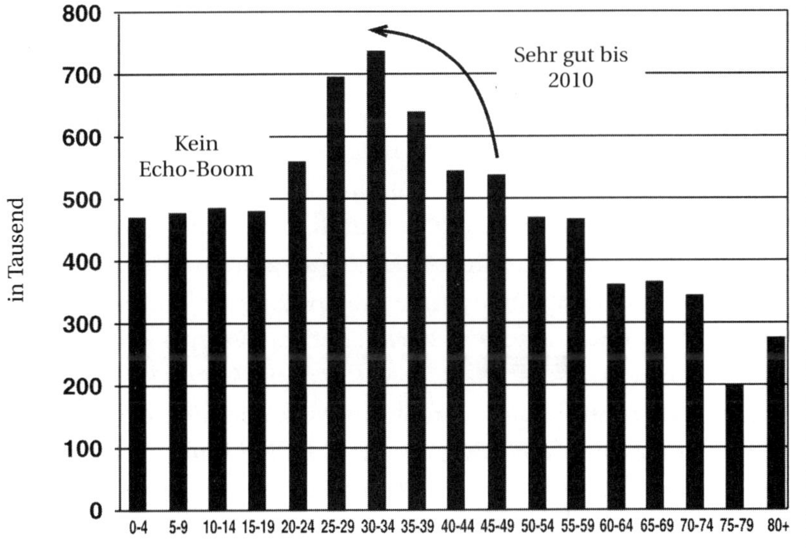

3-6. Altersverteilung der Bevölkerung
Frankreich
1995

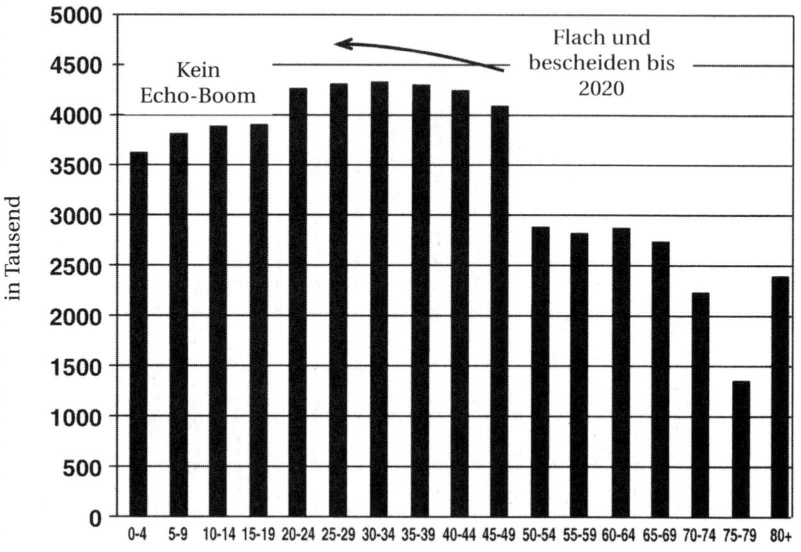

den Übergang in ein vereintes Europa anfänglich schwierig gestalten werden, ähnlich wie die Situation in Kanada zu Beginn der NAFTA. Frankreich wäre nicht das Land meiner Wahl für Geldanlagen in den nächsten Jahren.

Belgien (Abb. 3-7) und die Niederlande (Abb. 3-8) ähneln in vieler Hinsicht England (Abb. 3-14), mit einem milden Wachstumsboom in den nächsten 15 Jahren. Belgien erreicht auf dem Informationsindex 18 Punkte, Holland hat eine starke 19.

Insgesamt begünstigen die demografischen Daten gutes Wachstum im Europa der nächsten Dekade, die gute Informationsinfrastruktur und die Einigung Europas stützen diesen Prozess.

Demografisch bedeutend schwächer ist dagegen Nordeuropa (Abb. 3-9) mit den skandinavischen Ländern. Schweden und Finnland (Abb. 3-10 und 3-11) werden im nächsten Jahrzehnt fallende Kaufkraft erfahren, besonders in Finnland sind die Aussichten bis 2020 trübe. Norwegen (Abb. 3-12) wird in den nächsten 20 Jahren leichten Auftrieb haben, die starke Exportwirtschaft und konse-

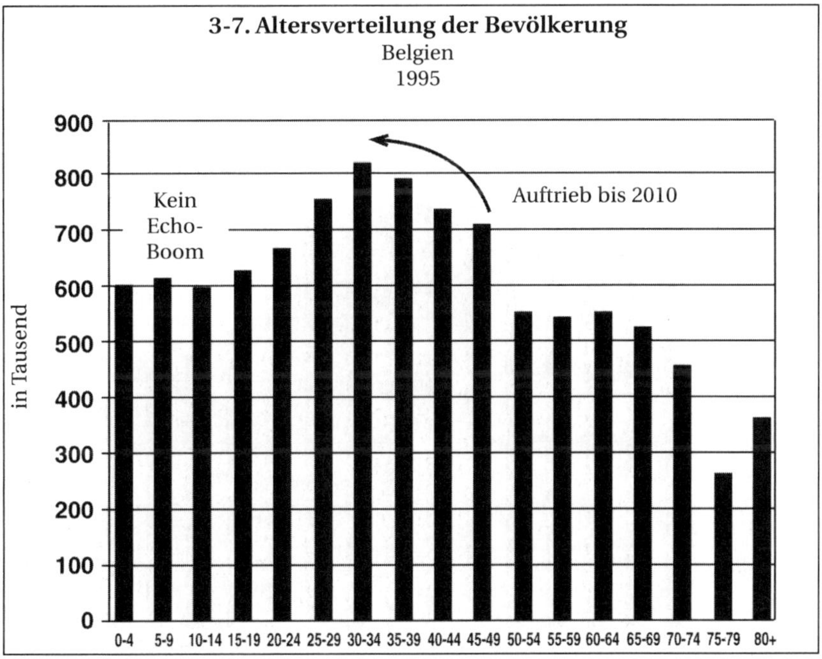
3-7. Altersverteilung der Bevölkerung
Belgien
1995
900
800
700
600
500
400
300
200
100
0
in Tausend
Kein
Echo-
Boom
Auftrieb bis 2010
0-4
5-9
10-14
15-19
20-24
25-29
30-34
35-39
40-44
45-49
50-54
55-59
60-64
65-69
70-74
75-79
80+

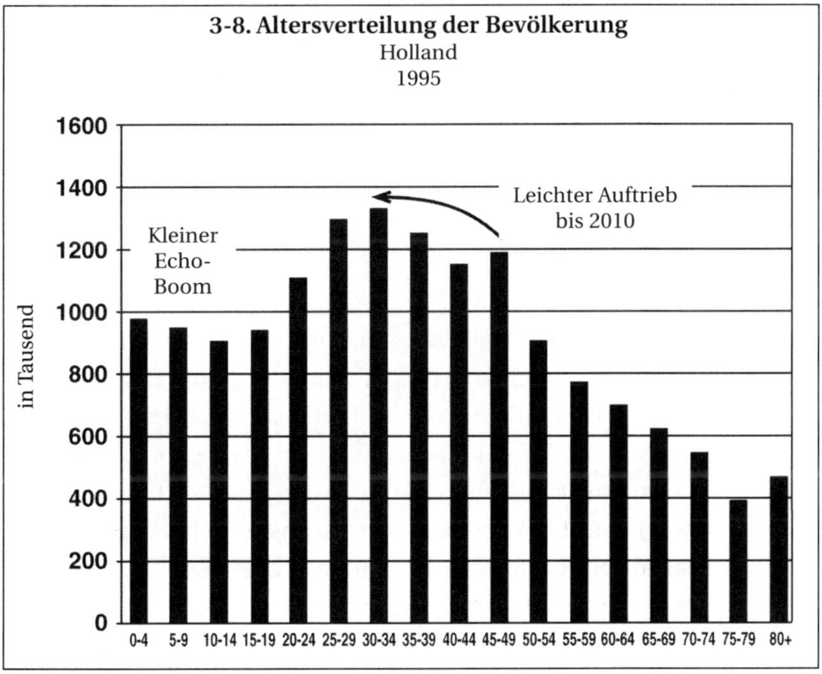
3-8. Altersverteilung der Bevölkerung
Holland
1995
1600
1400
1200
1000
800
600
400
200
0
in Tausend
Kleiner
Echo-
Boom
Leichter Auftrieb
bis 2010
0-4
5-9
10-14
15-19
20-24
25-29
30-34
35-39
40-44
45-49
50-54
55-59
60-64
65-69
70-74
75-79
80+

3-9. Altersverteilung der Bevölkerung
Nordeuropa
1995

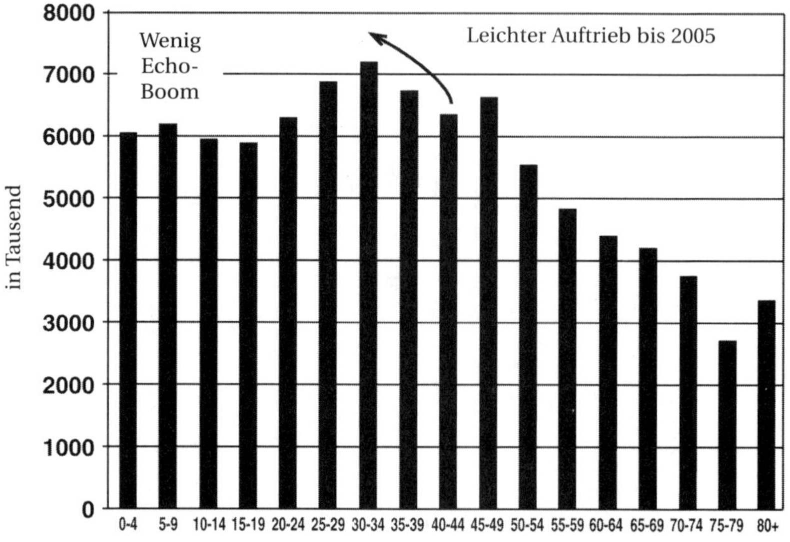

3-10. Altersverteilung der Bevölkerung
Schweden
1995

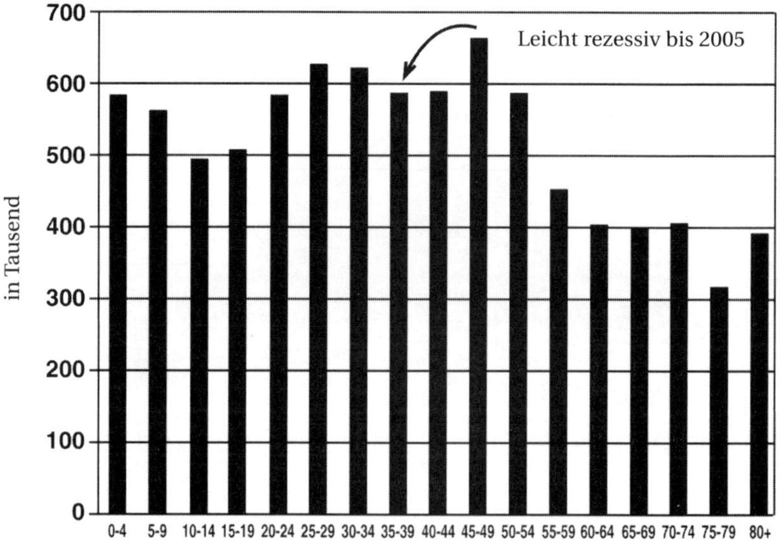

3-11. Altersverteilung der Bevölkerung
Finnland
1995

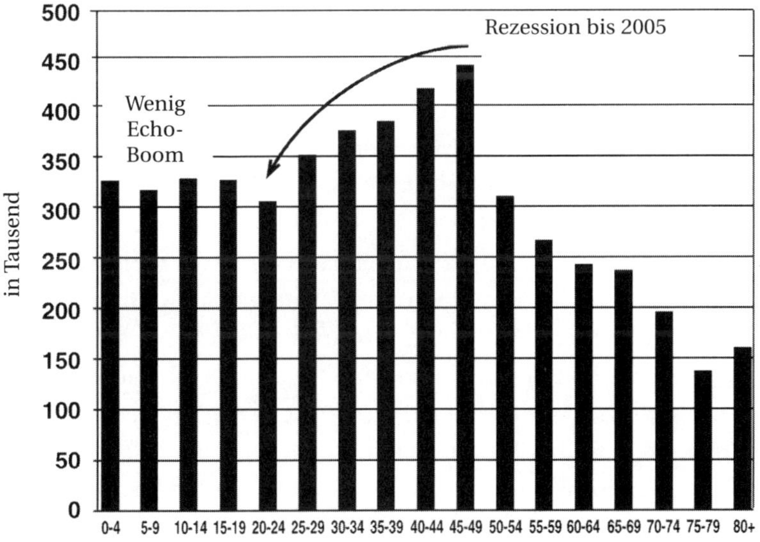

3-12. Altersverteilung der Bevölkerung
Norwegen
1995

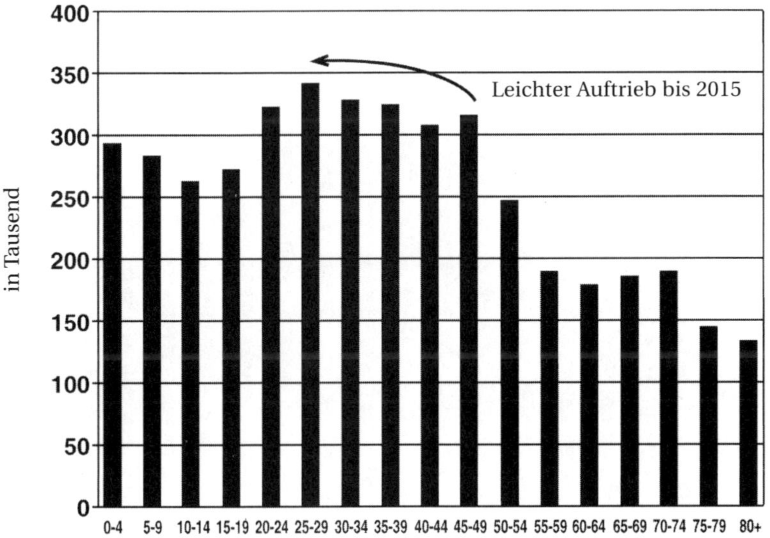

quente technologische Modernisierung werden in Zukunft noch stärker gebraucht werden, um ein einigermaßen befriedigendes Wachstum zu bringen.

Dänemark blickt ebenfalls einer schwachen Periode entgegen, bis ungefähr 2005. Die skandinavischen Länder haben einen starken Hi-Tech-Sektor. Firmen wie Nokia und Erickson sind weltweit unter den Marktführern für Mobiltelephone und drahtlosen Technologien, und die Länder werden in Bezug auf ihre informationstechnologische Infrastruktur sehr hoch bewertet: Schweden und Dänemark haben beide 20 Punkte, Norwegen 19, und Finnland 17. Insgesamt bietet Skandinavien dem Anleger in den nächsten Jahren einen leichten Auftrieb, zusammengesetzt aus schwachen demografischen Daten und starker Informationstechnologie.

Die demografischen Daten geben Großbritannien (Abb. 3-13) in den nächsten zehn bis 15 Jahren leichtes Wachstum, um 2012 oder 2014 jedoch kommt ein drastischer Einbruch. Irlands (Abb. 3-15) Wachstumskurve ist bis 2010 verhältnismäßig flach, aber dann bis

3-13. Altersverteilung der Bevölkerung
Dänemark
1995

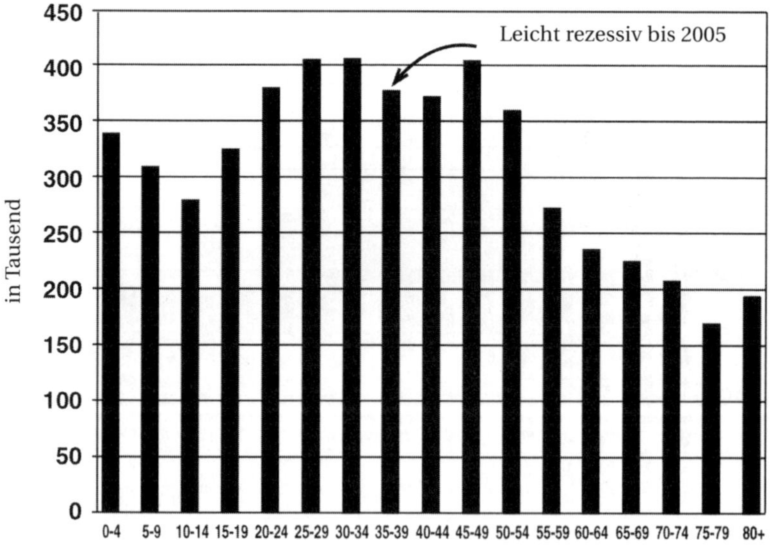

3-14. Altersverteilung der Bevölkerung
England
1995

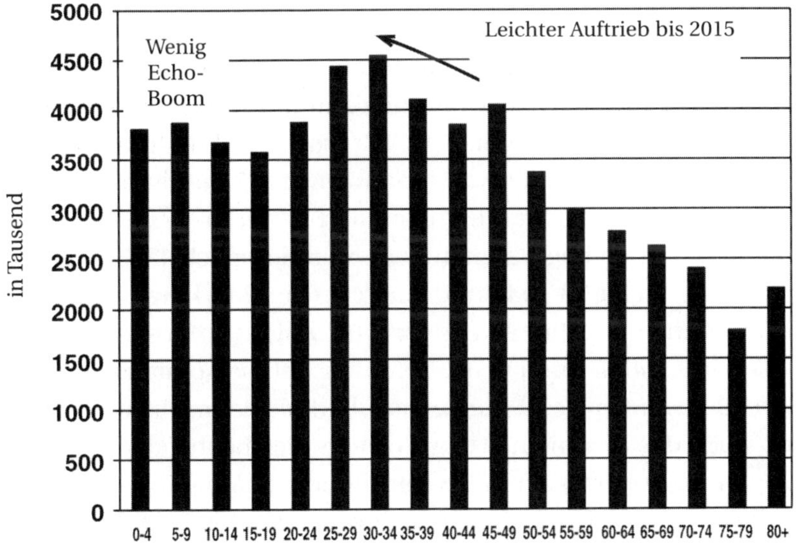

3-15. Altersverteilung der Bevölkerung
Irland
1995

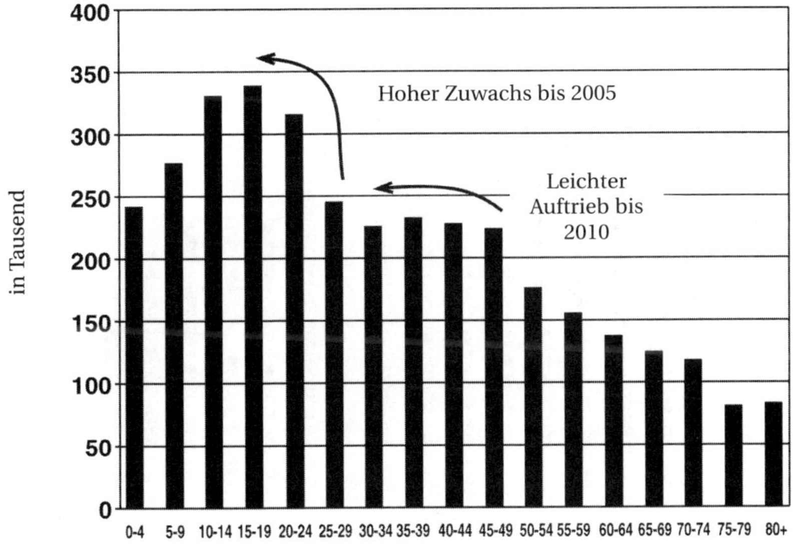

2025 sehr stark. Das macht Irland (wie Frankreich, s. o.) zu einem der Länder, die in der globalen Rezession nach 2009 dem Anleger gute Ausweichmöglichkeiten liefern. England erreicht auf dem Informationsindex 19 Punkte, Irland 17.

Südeuropa (Abb. 3-16) hat zwar auch bis 2018 oder 2020 gute Aussichten auf Wachstum, aber diese sind weniger ausgeprägt als in Westeuropa. Italien (Abb. 3-17) hat bis 2015 ausgesprochen gute Konjunktur, und auf dem Informationsindex 17 Punkte. Spanien ist **der** Aufsteiger unter den europäischen Ländern (Abb. 3-18), mit den stärksten demografischen Zahlen in den nächsten 15 Jahren. Die dortige Regierung steht Ideen der freien Marktwirtschaft ausgesprochen aufgeschlossen gegenüber, und der Informationsindex bewertet Spanien mit guten 17 Punkten. Ich persönlich halte Spanien für das europäische Land, das innerhalb der nächsten Dekade, und noch darüber hinaus, den Anlegern das höchste Potenzial zu bieten hat. In Portugal (Abb. 3-19) sind die demografischen Daten weniger ausgeprägt, aber bringen nach 2015 bis 2020 besonders

3-16. Altersverteilung der Bevölkerung
Südeuropa
1995

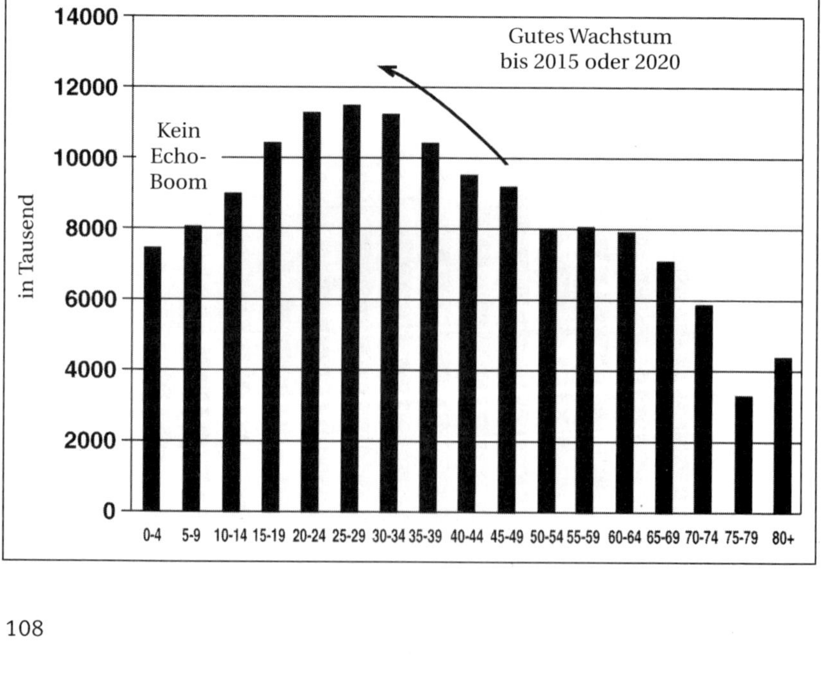

3-17. Altersverteilung der Bevölkerung
Italien
1995

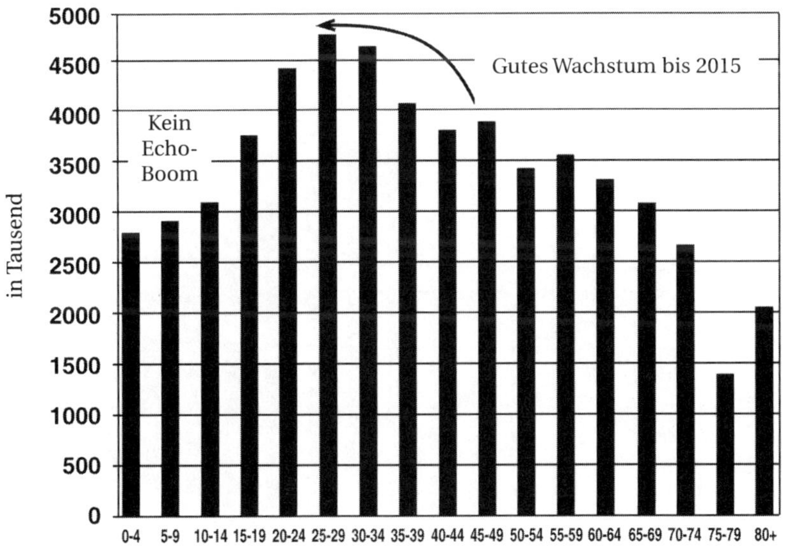

3-18. Altersverteilung der Bevölkerung
Spanien
1995

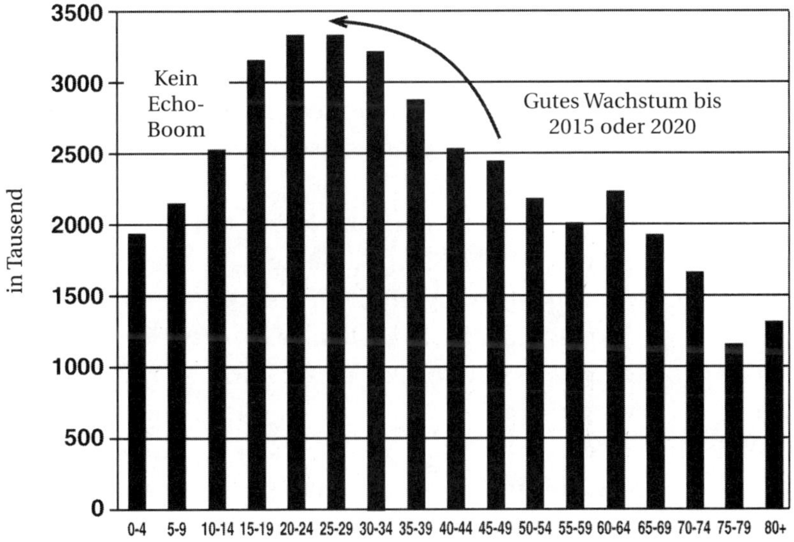

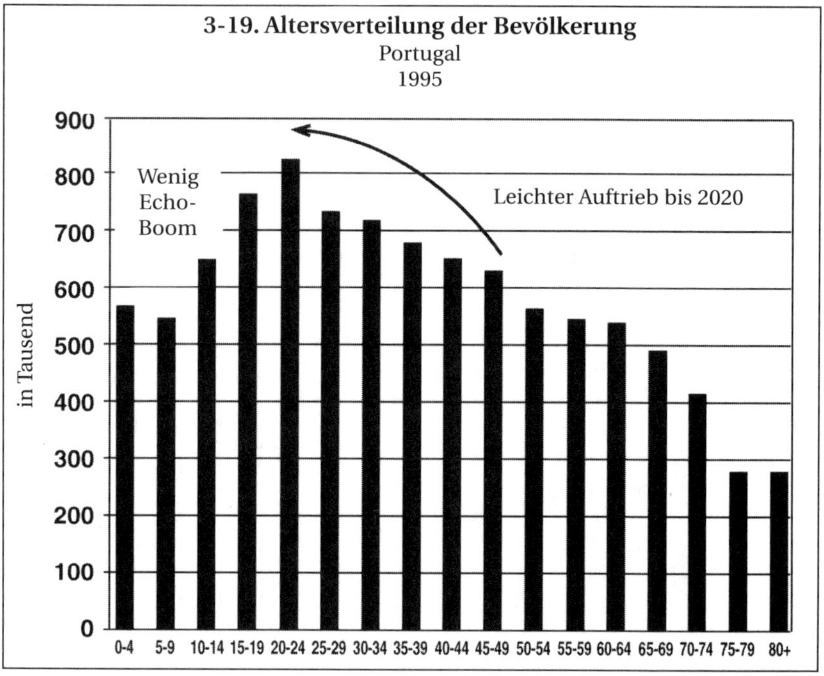

starken Zuwachs, eine exzellente Ausweichmöglichkeit nach 2009. Auf dem Informationsindex erreicht es ebenfalls 17 Punkte. Griechenland (Abb. 3-20) hat zwar schwächere Zahlen bis 2015, dafür erreicht es aber eine starke 18 auf dem Informationsindex. Südeuropa, obwohl es nicht so stark ist wie Westeuropa, macht insgesamt einen guten Eindruck, besonders Spanien und eventuell Norditalien (aufgrund einer einheimischen Kultur der starken unternehmerischen Initiative).

Osteuropa hat einen Generationszyklus, der sich vom übrigen Europa deutlich abhebt. Wie Sie in Abbildung 3-21 sehen können, sollten die allgemeinen demografischen Trends hier schon früher ihren Höhepunkt erreichen als in den USA, nämlich bis 2005. Ungarn (Abb. 3-22) ist traditionell eines der stärksten Länder dieser Region, aber die Kaufkraft erreicht hier ihren Höhepunkt im Jahre 2000, dann kommen zehn Jahre der Rezession, während der Rest der Welt boomt. Auf dem Informationsindex erreicht es 15 Punkte. In der Tschechoslowakei (Abb. 3-23) nimmt die Zahl der Menschen,

3-20. Altersverteilung der Bevölkerung
Griechenland
1995

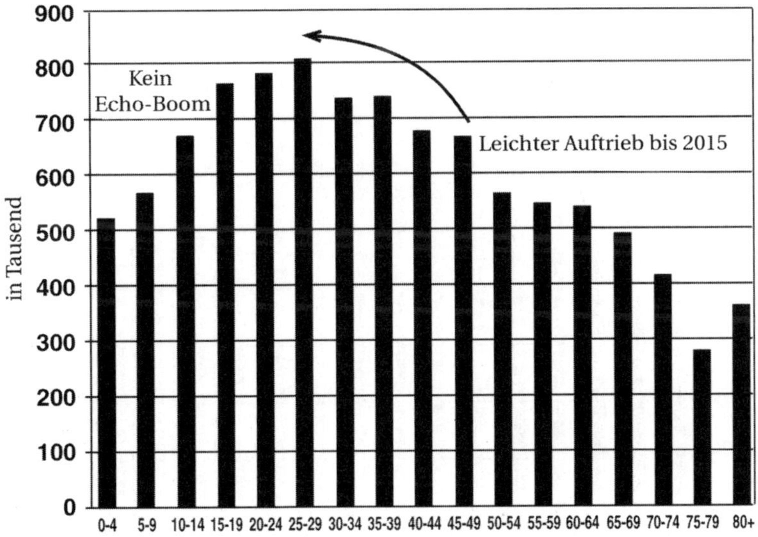

3-21. Altersverteilung der Bevölkerung
Osteuropa
1995

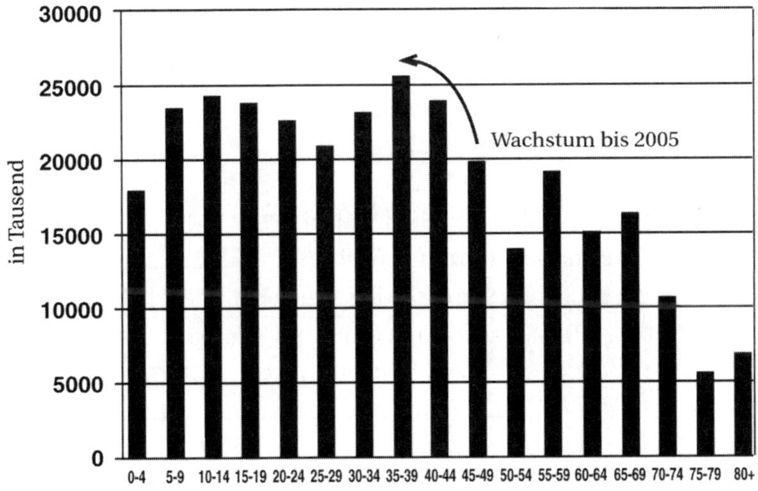

3-22. Altersverteilung der Bevölkerung
Ungarn
1995

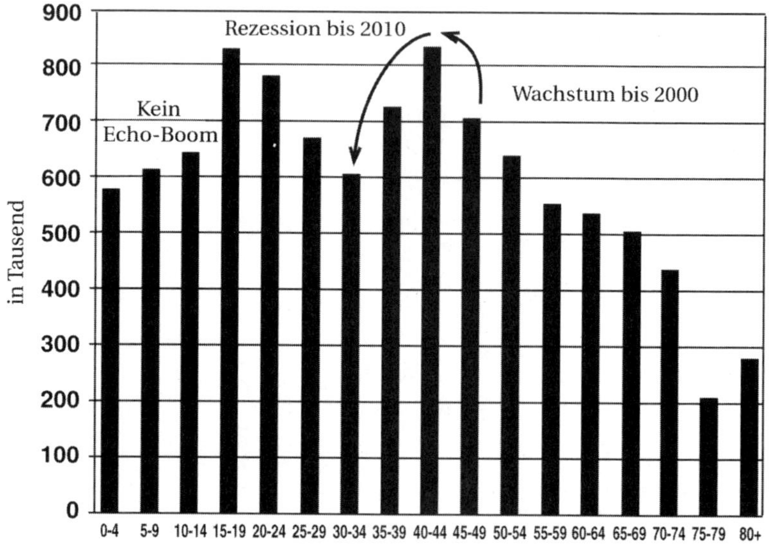

3-23. Altersverteilung der Bevölkerung
Tschechische Republik
1995

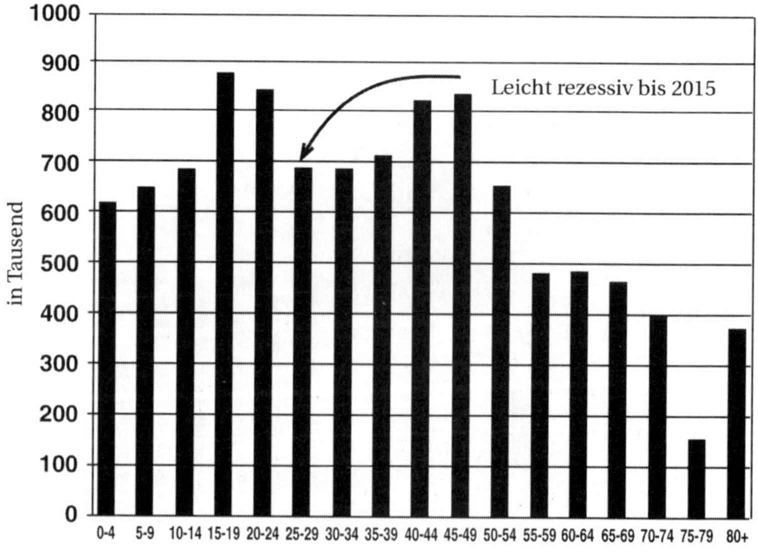

die ihre höchste Kaufkraft erreichen, seit 1995 ab, dieser Trend erreicht sein Tief 2015. Auf dem Informationsindex erreicht es ebenfalls 15 Punkte. Die tschechische Wirtschaft hat sich besser gehalten, als allgemein erwartet wurde, da es eine stark ausgeprägte Unternehmerkultur hat.

Die demografischen Daten Polens (Abb. 3-24) erreichen ihren Höhepunkt 2005. Zwischen 2000 und 2005 wird sich das dortige Wachstum verlangsamen, und dann kommen mehrere rezessive Jahre, von 2005 bis 2015. Polen hat nur 13 Punkte auf dem Informationsindex. Rumänien (Abb. 3-25) wird bis 2010 aufgrund seiner demografischen Beschaffenheit vermindertes Wachstum haben, dann kommt allerdings ein steiler Knick nach oben; auf dem Informationsindex erreicht es nur 12 Punkte. In Russland (Abb. 3-26) geht der Trend bis 2005 aufwärts, dann abwärts bis 2015. Ein ähnliches Bild gibt auch die Ukraine (Abb. 3-27), nur mit etwas weniger Auftrieb. Beide Länder haben jeweils 13 Punkte auf dem Informationsindex.

3-24. Altersverteilung der Bevölkerung
Polen
1995

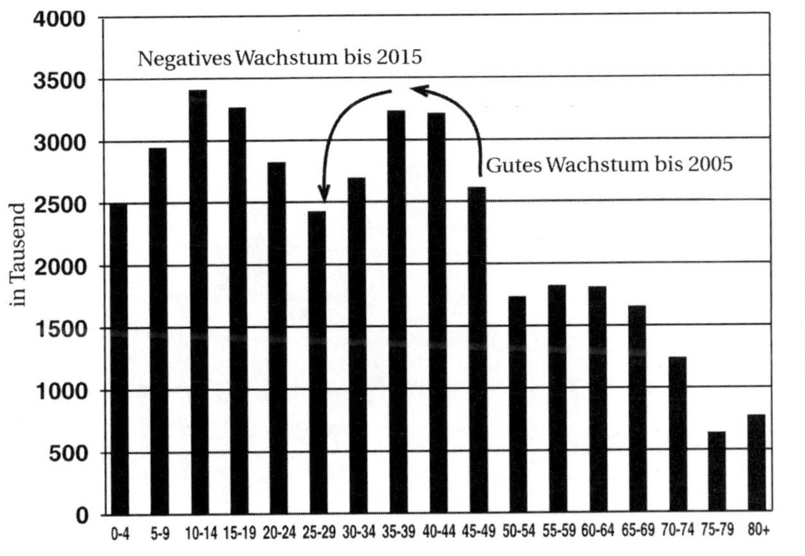

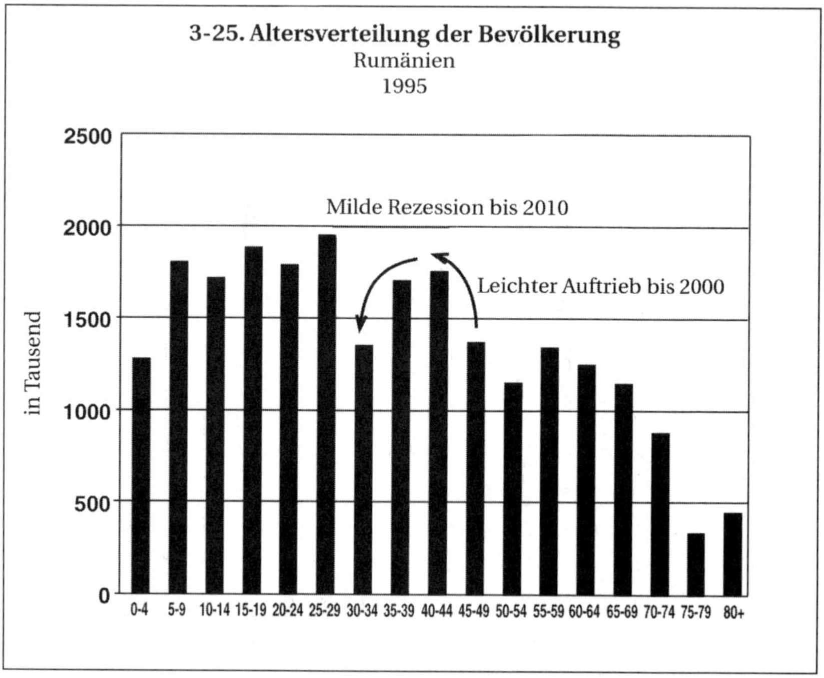
3-25. Altersverteilung der Bevölkerung
Rumänien
1995
2500
2000
1500
1000
500
0
in Tausend
Milde Rezession bis 2010
Leichter Auftrieb bis 2000
0-4
5-9
10-14
15-19
20-24
25-29
30-34
35-39
40-44
45-49
50-54
55-59
60-64
65-69
70-74
75-79
80+

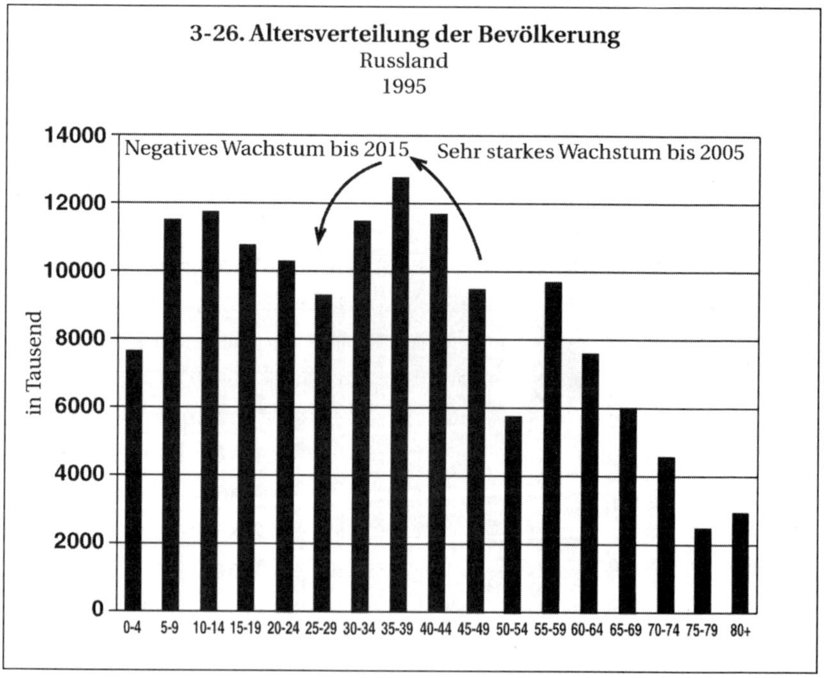
3-26. Altersverteilung der Bevölkerung
Russland
1995
14000
12000
10000
8000
6000
4000
2000
0
in Tausend
Negatives Wachstum bis 2015
Sehr starkes Wachstum bis 2005
0-4
5-9
10-14
15-19
20-24
25-29
30-34
35-39
40-44
45-49
50-54
55-59
60-64
65-69
70-74
75-79
80+

3-27. Altersverteilung der Bevölkerung
Ukraine
1995

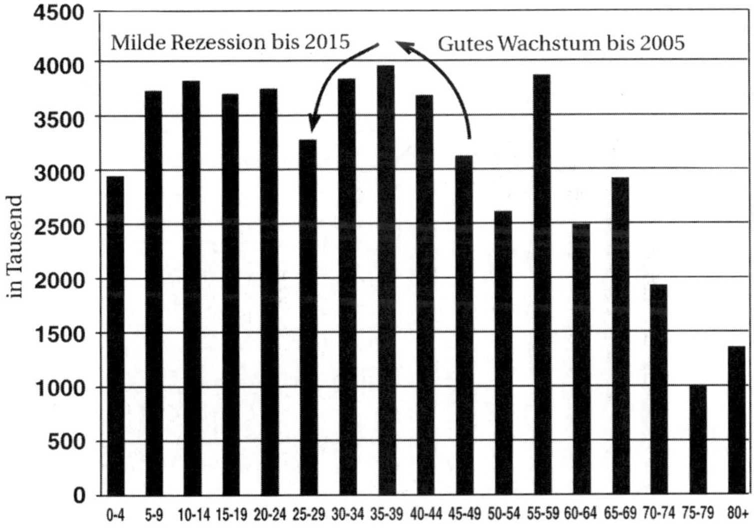

Die United Nations sehen die Türkei (Abb. 3-28) traditionell zwar nicht als ein Bestandteil Osteuropas an, sie wird aber dennoch oft in diesem Zusammenhang erwähnt. Die demografischen Daten sind hier völlig verschieden von den bisherigen Ländern. Die Türkei macht generell einen Eindruck, der am ehesten mit einem Entwicklungsland der Dritten Welt zu vergleichen wäre, und befindet sich erst ganz am Anfang einer größeren Generationswelle, mit ihrem Hoch im jüngeren Alter von 10-14 und 15-19 Jahren. Ich werde es trotzdem hier besprechen, und nicht erst im nächsten Kapitel. Die demografischen Trends versprechen der Türkei einen anhaltenden Bullenmarkt, der um 2030 seinen Höhepunkt erreicht. Der Hauptgrund, aus dem ich die Türkei mit den weiter entwickelten Ländern Osteuropas gruppiere, ist die verhältnismäßig hohe Punktzahl von 14 Punkten, die sie auf dem Informationsindex erreicht. Ich halte die Türkei für einen sehr vielversprechenden Markt für Anleger.

Insgesamt sieht Europa innerhalb der nächsten zehn Jahre weitgehend stark aus, und viele der europäischen Länder werden diese

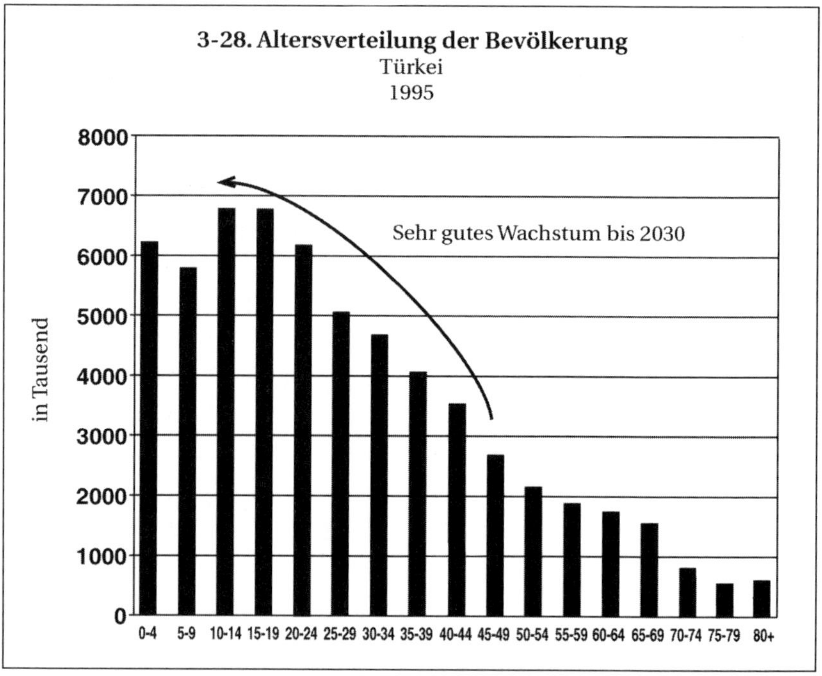

guten demografischen Trends auch dann noch fortsetzen, wenn der Baby-Boom in den USA, Kanada, Australien, Neuseeland und Hong Kong ihre Höhepunkte überschritten haben. In manchen europäischen Ländern wird diese Fortdauer auf zwei bis fünf Jahre beschränkt bleiben, sich aber in anderen bis auf 15 Jahre verlängern. Das Potenzial in Europa ist sehr gut, und sollte durch die Einführung einer Einheitswährung innerhalb der Europäischen Union 1999/2000 noch verstärkt werden. Eine Kernfrage, auf die Europa zusteuert, ist folgende: Werden die durchschnittlichen Arbeitnehmer, besonders in Ländern wie Frankreich, die wirtschaftlichen Veränderungen (höhere Arbeitslosigkeit, Merger der Industrien, Umsiedelung) tolerieren, die sich in den nächsten Jahren in immer schnellerer Folge ereignen werden? Man sollte nach der Einführung des Euro zuerst mit Turbulenzen in einigen der europäischen Ländern rechnen, und sich als Anleger auf multinationale Großunternehmen und Investmentfonds konzentrieren, insbesondere in Märkten, die eine Korrektur haben.

Die Märkte Asiens

Abbildung 3-29 zeigt die Altersverteilung in Japan mit ihren Generationszyklen, die sich grundlegend von denen der USA unterscheiden, wie ich bereits am Anfang dieses Kapitels gesagt habe. Japan war die einzige wichtige Industrienation, die nach dem II Weltkrieg keinen Baby-Boom hatte. Wenn Sie die Säule betrachten, die in Abbildung 3-29 die Altersgruppe von 45-49 Jahren darstellt, können Sie sehen, dass die letzte zahlenstarke Generation sich mittlerweile jenseits ihrer höchsten Kaufkraft befindet, die 1995 bei 47 Jahren gelegen hat. Die japanische Wirtschaft wird aufgrund mangelnder Kaufkraft der einheimischen Konsumenten bis 2005 oder 2008 wenig Wachstum sehen. Die nächste zahlenstarke Generation ist im Alter von 20-24 Jahren. Von 2005 bis 2020 wird diese Generation einen erneuten konsumgesteuerten Boom verursachen. Japan erhält im Informationsindex nur 18 Punkte, weit hinter den USA und vielen anderen Industrienationen. Dies ist für Anleger ein weiterer Grund, Japan zu meiden, es sei denn, es han-

3-29. Altersverteilung der Bevölkerung
Japan
1995

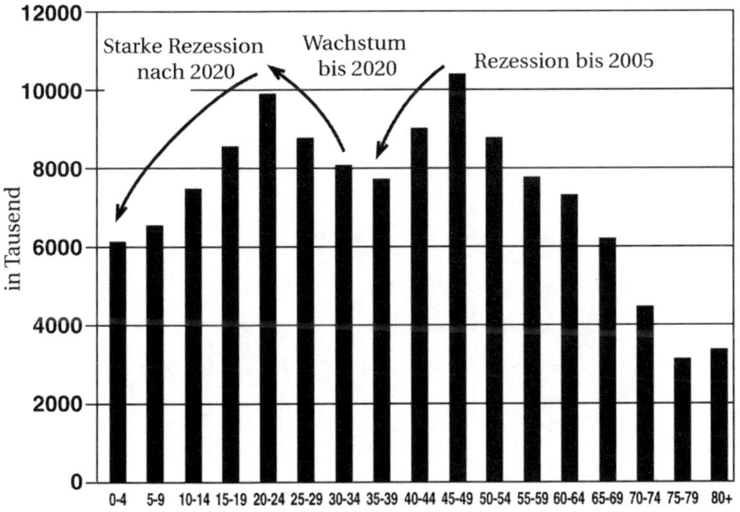

delt sich um die besten multinationalen Firmen, denen es möglich ist, international wettbewerbsfähig zu bleiben.

Welch ein Kontrast, wenn man sich Hong Kong oder andere der weiter entwickelten „Tigerstaaten“ ansieht. Hong Kong (Abb. 3-30) verfügt über eine massive Baby-Boom-Generation, ähnlich wie in den USA, und sollte den Zeitpunkt höchster Kaufkraft zwischen 2008 und 2010 erreichen. Hong Kong wird im Informationsindex mit sehr guten 19 Punkten bewertet. Ich hielt Hong Kong aus den gleichen Gründen Anfang 1998 für einen hochinteressanten Markt für Anleger, als der dortige Index zwischen 6500 und 8500 Punkten stand. Macau (Abb. 3-31) hat einen starken Baby-Boom gehabt, der seine Höchstform früher erreichen wird, ungefähr im Jahre 2005. Darauf folgt dann ein dramatischer Einbruch der Kaufkraft, bis 2025. Auf dem Informationsindex erhält Macau nur 16 Punkte.

Die Altersverteilung von Singapur (Abb. 3-32) ist ähnlich ausgeprägt wie in Hong Kong, sehr positiv bis 2010, dann mit starkem Knick nach unten. Singapur hat auf dem Informationsindex auch

3-30. Altersverteilung der Bevölkerung
Hong Kong
1995

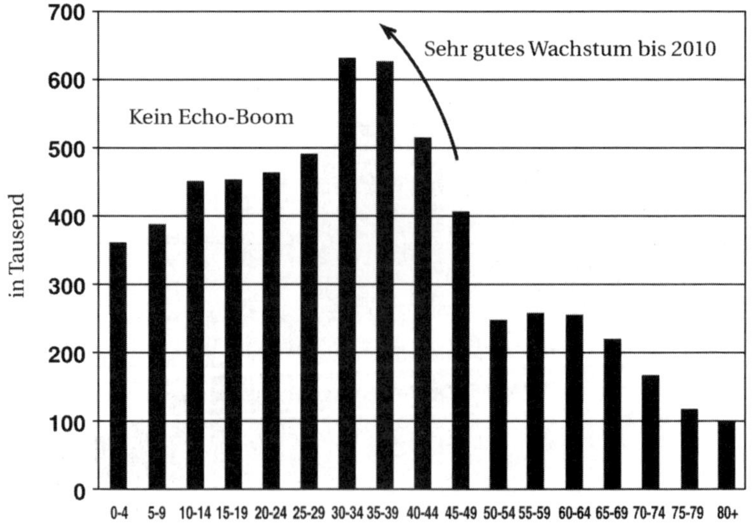

3-31. Altersverteilung der Bevölkerung
Macau
1995

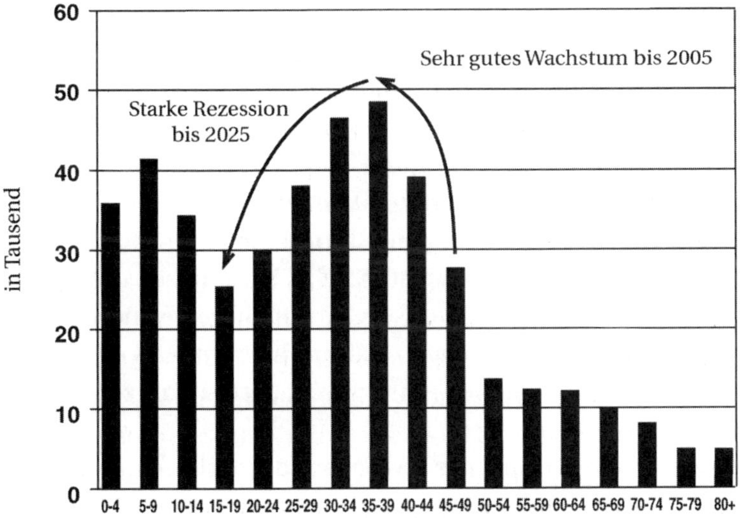

3-32. Altersverteilung der Bevölkerung
Singapur
1995

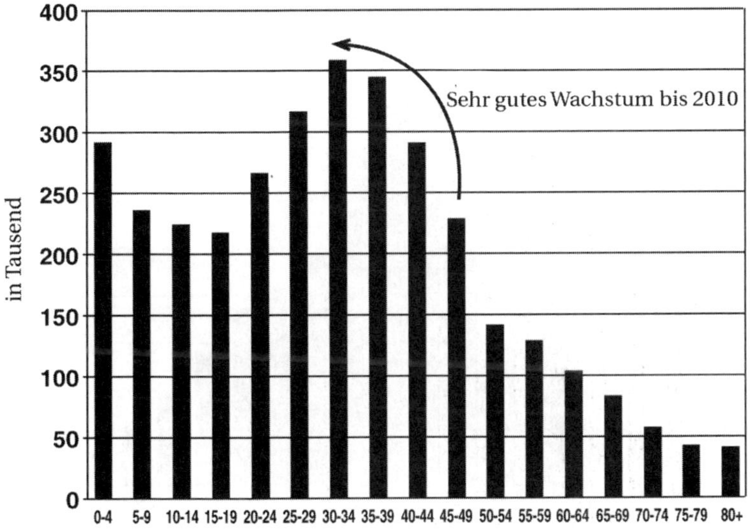

19 Punkte, und in Asien in technologischer Hinsicht Modellcharakter. Hier werden die größten Investitionen für die Zukunft getätigt, obwohl solche Regierungsinitiativen manchmal etwas übertrieben sein können. Südkorea (Abb. 3-33) hat in der nächsten Dekade die besten Wachstumsaussichten, und sogar noch in dem Jahrzehnt danach, bis 2020. Im globalen Einbruch wird Südkorea (wie auch Japan) verhältnismäßig starkes Wachstum haben, auf dem Informationsindex erreicht es gute 17 Punkte. Südkorea hat sich auch am besten von der Korrektur 1998 erholt.

Taiwan ist ebenfalls ein Land innerhalb der „Tigerstaaten" Asiens, das innerhalb der nächsten zehn Jahre positive Altersverteilung aufweist, aber der Datenservice der United Nations hat leider keine Statistiken über Taiwan. Taiwan hat sehr starke 18 Punkte auf dem Informationsindex, und im nächsten Jahrzehnt beste Aussichten.

Zusammenfassend möchte ich sagen, dass ich im Hinblick auf die weiter entwickelten Länder unter den „Tigerstaaten" Asiens für

3-33. Altersverteilung der Bevölkerung
Südkorea
1995

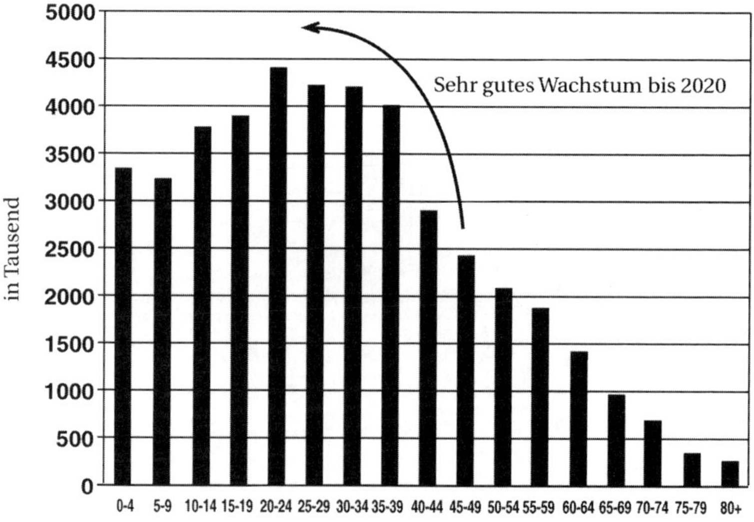

das nächste Jahrzehnt sehr gutes Wachstum erwarte. Da die dortigen Aktienmärkte volatiler sind als die der USA oder Europas, empfehle ich den Anlegern, erst nach einer starken Korrektur einzusteigen, als Schutz gegen erneute Korrekturen nach unten. Die letzten derartigen Gelegenheiten kamen Anfang und Ende 1998, und Mitte 1999. In den nächsten Jahren könnten wir noch mehrere dieser „Kaufgelegenheiten" sehen, einerseits aufgrund der rezessiven Tendenzen Japans, andererseits aufgrund politischer Turbulenzen und wirtschaftlicher Volatilität, die mit dem Einfluss der weniger entwickelten Länder Asiens zusammenhängen (mehr darüber im nächsten Kapitel).

Nordamerika

Obwohl ich mich schon in Kapitel 1 eingehend mit den USA beschäftigt habe, möchte ich an dieser Stelle die demografischen Daten der nächsten fünf Jahre in den USA und dem Rest der Welt vergleichen. Abbildung 3-34 zeigt den starken Aufwärtstrend bis

3-34. Altersverteilung der Bevölkerung
Vereinigte Staaten
1995

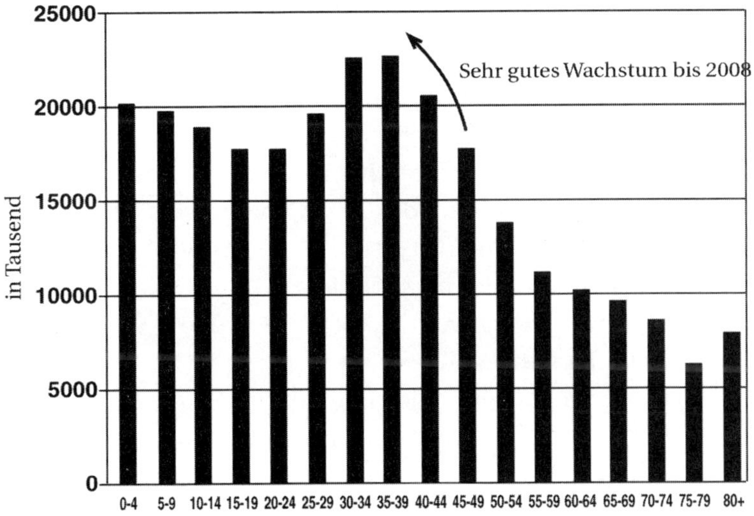

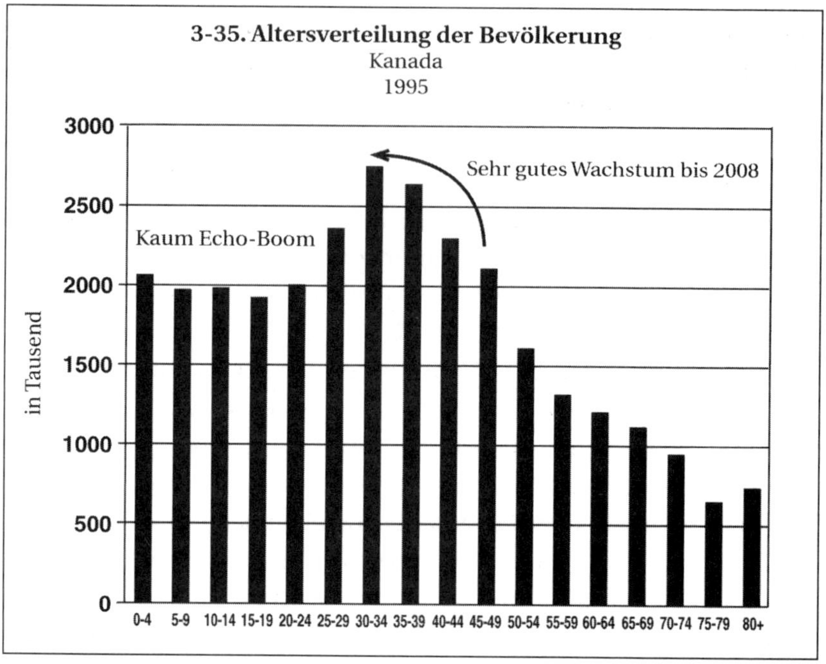

ungefähr 2005 oder 2010, und dann einen stärkeren Rückgang als in vielen anderen Industrienationen zu erwarten ist. Kanada hat ein sehr ähnliches Muster von Baby-Boom und Baby-Bust, mit etwas höherem Wachstum zwischen 2004 und 2008, dies ist auf eine höhere Immigrationsrate und die Geburtenziffern in Britisch-Kolumbien zurückzuführen. Es gibt in Kanada aber keinen nennenswerten Echo-Boom, der dann folgen könnte, außer in Britisch-Kolumbien und Alberta. In diesen Regionen ist die Zukunft kanadischen Wachstums klar begründet. Das Fehlen eines Echo-Booms schwächt nicht nur zwischen 2020 und 2040 das Wachstumspotenzial, sondern bedeutet auch, dass sich in der nächsten Dekade weniger Familien bilden werden, deren Kaufkraft ein wichtiger Faktor wirtschaftlichen Wachstums ist.

Die USA und Kanada sind gleichauf an der Spitze des Informationsindex, mit jeweils 20 Punkten, dabei sind die USA noch etwas stärker. Alle anglophonen Länder haben am Anfang des Informationszeitalters einen Vorteil. Wie ich in Kapitel 4 zeigen werde, bietet die jüngere Altesverteilung Mexikos ein wichtiges Gegengewicht gegenüber den Alterstrends in den USA und Kanada. Insgesamt sollte die Wachstumsrate Nordamerikas im nächsten Jahrzehnt über der europäischen liegen, der Einbruch folgt dann um so schärfer und früher, um 2009. Bis 2008 jedoch müsste Amerika Anlegern insgesamt weiterhin das beste Risiko/Gewinn-Verhältnis bieten.

Australien und Neuseeland

Australien (Abb.3-36) hat bis 2008 einen ähnlichen Baby-Boom wie die USA, obwohl das Wachstum im nächsten Jahrzehnt wahrscheinlich nicht ganz so groß sein wird. Nach 2008 hat Australien jedoch bedeutend mehr Geburten und Einwanderer, deren Einfluss die Konjunktur bis 2019 oder 2020 beleben wird, und erst dann, ohne Echo-Boom und neues Wachstum, folgt eine Rezession. Die Altersstatistik Neuseelands (Abb.3-37) ist ähnlich, mit etwas geringerem Wachstum im nächsten Jahrzehnt und besserem Auftrieb bis

3-36. Altersverteilung der Bevölkerung
Australien
1995

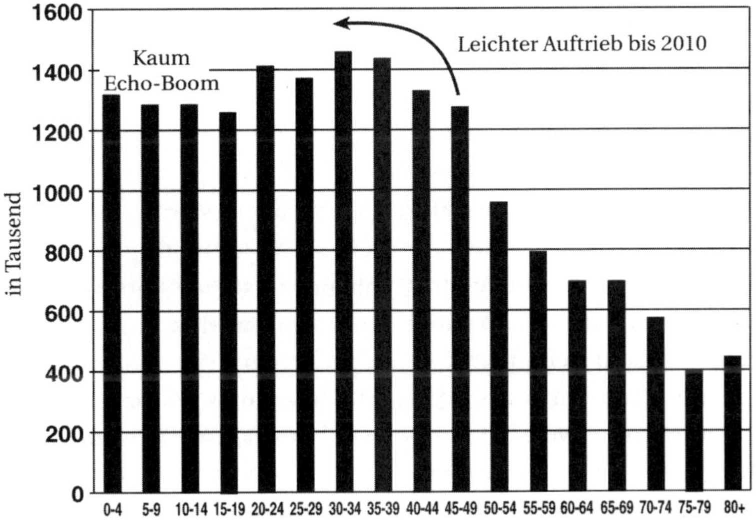

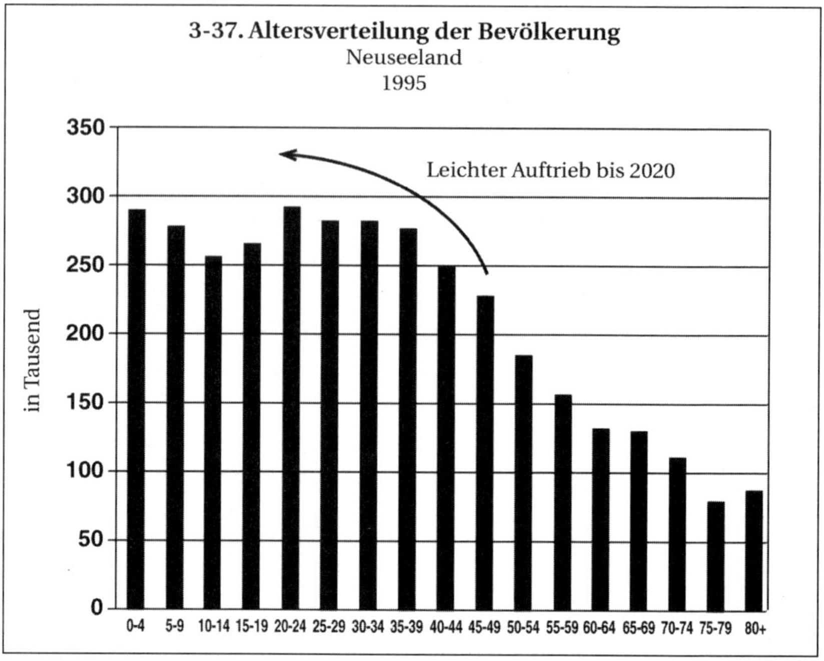

2020. Australien erreicht auf dem Informationsindex gute 19 Punkte, und Neuseeland befindet sich am hohen Ende der 18. Beide Länder werden davon profitieren, dass die Landessprache Englisch den Softwarestandard im Internet setzt.

Zusammenfassung

In dem unglaublichen Jahrzehnt, in dem wir uns befinden, wird es fast überall in der Welt Wachstum geben. Auf Abbildung 3-38 finden Sie eine Liste der zehn Länder mit den besten Altersstatistiken. Unter den Industrienationen wird es weiterhin zum größten Wachstum in den USA und den asiatischen „Tigerstaaten" kommen, Teile Europas sind auch sehr stark, Japan verharrt in einer Konjunkturschwäche. Das stärkste Wachstum wird weiterhin in den weiter entwickelten Industrienationen Asiens zu finden sein, trotz der Krise der jüngsten Vergangenheit, mit Ausnahme von

Abbildung 3-38. Top 10 der Länder mit den besten Altersstatistiken

1. Südkorea
2. Hong Kong
3. Singapur
4. Spanien
5. USA
6. Kanada
7. Australien
8. Schweiz
9. Deutschland
10. Österreich

Japan, dessen demografische Gegebenheiten Wachstum hemmen. Ich erwarte einen erneuten Boom in Asien 1999 oder 2000. Die stärksten Informationsinfrastrukturen finden wir in Nordamerika, Nord- und Westeuropa, und den „Tigerstaaten" Asiens, wie auf Abbildung 3-39 dargestellt ist.

Abbildung 3-40 zeigt die Länder mit den qualifiziertesten Arbeitnehmern. Diese Art von Statistik ist ein weiterer wichtiger Indikator für des zukünftige Wachstumspotenzial eines Landes, und wartet

Abbildung 3-39. Top 20 der Länder auf dem Informationsindex

1. Schweden
2. USA
3. Schweiz
4. Dänemark
5. Kanada
6. Frankreich
7. Norwegen
8. Hong Kong
9. Niederlande
10. Deutschland
11. Singapur
12. Großbritannien
13. Australien
14. Neuseeland
15. Griechenland
16. Japan
17. Österreich
18. Israel
19. Belgien
20. Taiwan

Abbildung 3-40.
Länder mit den qualifiziertesten Arbeitskräften*

1. Niederlande	44.1	21.Polen	26.7
2. Singapur	37.3	22.Belgien	—-**
3. Deutschland	37.2	23. Portugal	25.1
4. Dänemark	36.7	24. Australien	—-
5. Neuseeland	36.2	25. Schweiz	19.8
6. Großbritannien	35.9	26. Ägypten	17.8 (1995)
7. Schweden	35.6 (1995)	27. Korea	17.0
8. Island	35.0	28. Japan	16.1
9. Tschechien	34.0	29. Venezuela	15.7 (1995)
10. Finnland	33.3	30. Mexiko	15.5
11. Kanada	32.8	31. Malaysia	13.5
12. Norwegen	32.4	32. Chile	12.0
13. USA	31.9	33. Italien	10.6 (1995)
14. Irland	31.2	34. Türkei	7.8
15. Israel	30.9	35. Philippinen	7.6
16. Ungarn	29.4	36. Brasilien	7.5 (1995)
17. Österreich	28.9 (1995)	37. Thailand	—-
18. Hong Kong	28.5	38. Pakistan	6.0 (1995)
19. Spanien	27.5	39. Frankreich	—-
20. Griechenland	27.0 (1995)		

*Alle Daten von 1996 außer den bezifferten
**—- steht für fehlende Daten
Quelle: The Next Century, Nuala Beck, Seite 14
Datenerhebung: ILO und Nuala Beck & Associates, Inc.; The Yearbook of Labour Statistics

mit einigen Überraschungen auf: Singapur ist Nummer 2, Tschechien auf Platz 9, die Schweiz auf Platz 25, und Frankreich auf dem letzten Platz, Nummer 39.

Meine Favoriten unter den internationalen Märkten in absteigender Reihenfolge sind also: Südkorea, Singapur, Hong Kong und Taiwan. In Europa sind die Vorreiter Spanien, die Schweiz, Deutschland, Österreich, Norditalien, Großbritannien, Norwegen und Schweden. In Nordamerika sollte Kanada fast genau so gut sein wie die USA. Einen guten Eindruck machen auch Australien und Neuseeland. Wir können in den bestbewerteten Ländern anlegen, um in unserem Portfolio einen internationalen Sektor zu haben, besonders wenn die Aktien an unseren einheimischen Märkten in den USA überbewertet sind. Trotzdem erwarte ich, dass die USA der beste Markt der Welt in Bezug auf das Risiko/Gewinn-Verhältnis bleiben wird, da sie über die beste Kombination starker Altersstatistiken und führender Technologien verfügen. Die besten Sektoren Europas werden Amerika nicht nachstehen und gelegentlich sogar überholen. Die größten Gesamtgewinne, natürlich auch mit höherem Risiko, werden auch weiterhin in den besten Ländern Asiens zu verdienen sein.

In einem gut strukturierten Portfolio kann das Verständnis internationaler Altersstatistiken einer der Schlüssel zu höheren Gewinnen sein. In Kapitel 4 werden wir uns mit den besten Entwicklungsländern auseinandersetzen und erörtern, welches der beste Zeitpunkt für einen Einstieg in diese volatilen Märkte ist, wenn man unnötiges Risiko vermeiden will.

Kapitel 4

Internationale Trends der Entwicklungsländer

Anleger in Märkte der Entwicklungsländer bemerken immer wieder ein Paradox, von Indonesien bis Brasilien. Obwohl in diesen Ländern großartige Altersstatistiken zu finden sind, die anwachsende Kaufkraft und wirtschaftliches Wachstum verheißen, sind Altersstatistiken für sich genommen typischerweise nicht der Schlüsseltrend zum Antrieb einer Wirtschaft, die sich in einem frühen Entwicklungsstadium befindet. Die Bevölkerung ist zahlenmäßig meistens am jungen Ende des Altersspektrums konzentriert, da es eine hohe Geburtenrate gibt und die Lebenserwartung kürzer ist. Die niedrige Entwicklungsstufe von Technologie und Ausbildung ermöglicht nur eine kleine Mittelklasse. So kommt es zu völlig anderen Zyklen des Konsumverhaltens und der Produktivität als in den Industrienationen.

Der Aufbau einer stabilen Regierung, einer freien Marktwirtschaft und der Transport- und Kommunikationsnetze ist von großer Bedeutung. Man könnte diese Länder mit sehr jungen Kindern vergleichen, und deren Bedürfnis nach Schutz und Führung, und so kann ein Versagen seitens der Regierung massive Probleme hervorrufen. Deshalb sind Geldanlagen in diesen Ländern zwar riskanter, aber oft auch rentabler. Wie wir in der Krise der Entwicklungsländer Ende der 90er Jahre gesehen haben, kann der Fehlschlag riesiger Regierungskredite und des Finanzsystems schwerwiegende Korrekturen auslösen, auch in Finanzmärkten, deren langfristige demografische Trends sehr günstig aussehen. Und diese demografischen Trends sind in Entwicklungländern in Asien, Lateinamerika und Afrika wirklich äußerst günstig, viel günstiger als in Nordamerika oder Europa.

Unter normalen Umständen empfehle ich es nur aggressiveren Anlegern, in Entwicklungsländern zu investieren, aber in Zeiten großer Unterbewertung, wie 1998 in Asien oder Anfang 1999 in Südamerika, kann ich es jedem Anleger empfehlen. Aber auch nur in Ländern, deren Trends in Bezug auf freie Marktwirtschaft, Altersstatistik und Infrastruktur am besten aussehen. Nur in etwas weiter entwickelten Ländern kommen faire Rechtssysteme und Märkte auf, oder eine technologische Infrastruktur. Und nur in diesen Ländern können wir eine weite Verbreitung an hochqualifizierten Arbeitnehmern und Ausbildungsplätzen der Industrien sehen, die es den Verbrauchern und Unternehmen erst ermöglichen, einen vorhersehbaren Nutzen aus der günstigen Grundlage der demografischen Trends zu ziehen. In den Altersstatistiken der Entwicklungsländer ist es eine Bewegung aus den jüngsten Altersgruppen (0-19) heraus, die wir sehen wollen, hin zu den produktiveren, und konsumstärkeren 20-, 30- und 40-jährigen Menschen. Eine hohe Geburtenrate bei hoher Sterblichkeit ist die Formel eines andauernden Kreislaufs der Armut – zu viele unproduktive Kinder und zu wenig produktive Erwachsene.

Paradoxerweise suchen wir in den Entwicklungsländern nach jenen mit fallenden Geburtsraten bei gleichzeitiger Steigerung der Lebenserwartung, sowie nach einem sich vergrößernden Anteil der Gesamtbevölkerung, der sich auf einen Lebensstil der Mittelklasse hebt. Das erste Zeichen für diese Prozesse ist das Auftauchen einer zahlreicheren Generation im Alter von 20-25 Jahren, wie man es in

Thailand, Brasilien und Mexiko beobachten kann. Und da das politische Klima eine wichtige Rolle spielt, möchten Sie sicher sein, dass in dem Land Ihrer Wahl vorsichtig mit Regierungskrediten verfahren wird, dass es eine freie Marktwirtschaft gibt und eine Bewegung in Richtung Demokratie, sei es in der Politik oder der Legislative. Wichtig sind auch eine stabile Währung und ein steter Fluss ausländischen Kapitals in die Region.

Insgesamt verfügen die Länder der Dritten Welt am Anfang ihrer Industrialisierung über eine steile Kurve der Altersverteilung, mit sehr vielen jungen Menschen und weniger älteren und produktiveren Erwachsenen wie in Kenya oder Indien. Während die Industrialisierung sich dann durchsetzt kann man oft den Anfang eines geburtenstarken Jahrgangs verfolgen, meistens im Alter von zehn bis 30 Jahren. Und während das Land sich weiter entwickelt, wachsen diese zahlenstarken Generationen ebenfalls heran, und formen ähnliche geburtenstarke Jahrgänge wie in den USA oder Deutschland, im Alter von 20, 30 oder 40 Jahren. In den reifsten Kulturen, wie in Frankreich oder Neuseeland, in denen eine sinkende Geburtenrate sich mit einer niedrigen Frequenz an Veränderungen und Innovationen paart, beobachten wir eine Verflachung der Kurve der Altersverteilung, mit ähnlichen Zahlen von Menschen in den verschiedenen Altersstufen. Gute Zeichen, nach denen wir Ausschau halten, sind unter anderem auch eine wachsende Informationsinfrastruktur, von Telefonen und Mobiltelefonen bis hin zu Fernsehern und Computern. Ich werde also wieder den Index von *Wired* heranziehen, den ich schon in Kapitel 3 für die Industrienationen zitierte. Die Punktzahlen der Entwicklungsländer auf diesem Index sind zwar nicht so hoch wie die der Industrienationen, aber geben uns die Möglichkeit, verschiedene Länder miteinander zu vergleichen. Die höheren Bewertungen der Entwicklungsländer im Informationsindex bewegen sich hauptsächlich in dem Bereich von 8 bis 13 Punkten.

Die Entwicklungsländer Asiens

Ich beginne mit der von mir bevorzugten Region: Asien. Asien hat im Vergleich mit anderen Ländern der Dritten Welt die stärksten Alterstatistiken, und einen starken Wachstumstrend in der Entwicklung einer Informationsinfrastruktur. Länder wie Thailand oder Indonesien hatten 1998 die stärksten Korrekturen und günstigsten Bewertungen im Aktienmarkt.

China (Abb. 4-1) hat insgesamt die besten Statistiken aufzuweisen, mit einer Bevölkerung von 1,2 Milliarden, die sich mit hoher Geschwindigkeit vom Land in die Städte verlagert, ähnlich wie in den USA um die Jahrhundertwende. Dieses Bevölkerungswachstum ereignet sich ungeachtet der behördlichen Regelungen gegen kinderreiche Familien, dies ist ein weiteres gutes Zeichen in einem Land auf dem Weg in die Industrialisierung. In China gibt es zwei geburtenstarke Jahrgänge, 1995 waren das die Altersgruppen von 25-29 und von 5-9. Dies ist ein wichtiges Zeichen für die Fähigkeit

4-1. Altersverteilung der Bevölkerung
CHINA
1995

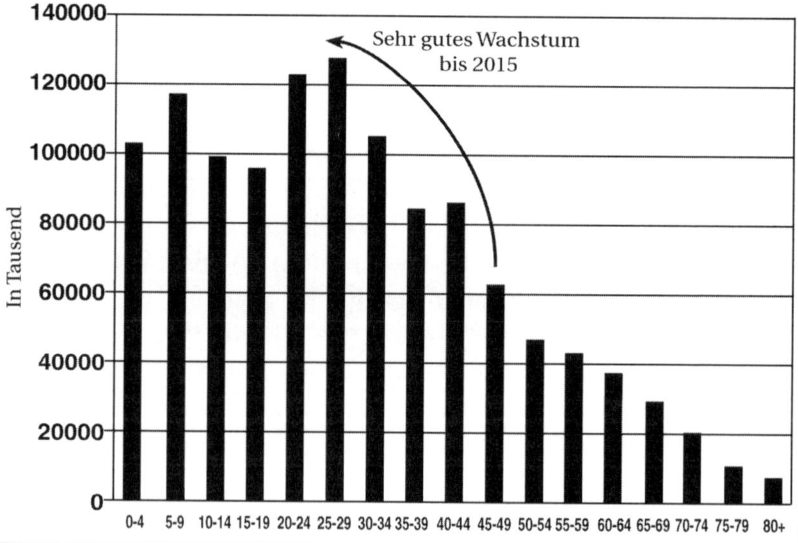

eines Landes, erfolgreich von dem Status der Dritten Welt zur Vollindustrialisierung überzugehen, wie ich es schon am Anfang dieses Kapitels beschrieben habe. Die Produktions- und Konsumtrends Chinas sollten bis 2015 oder 2020 sehr starkes Wachstum haben, dann erst kommt es zu einem Einbruch für die nächsten fünf bis zehn Jahre. Wegen einer leichten Verflachung in der Wachstumskurve der Altersstatistiken könnte sich das Wachstum der chinesischen Wirtschaft zwischen 2000 und 2005 allerdings etwas verlangsamen. Wie in Japan und dem Rest der asiatischen Länder ist die öffentliche Verschuldung in China sehr hoch, da es viele Staatsbetriebe und bevorzugte Industriezweige gibt, die von der Regierung gefördert werden. Deshalb gehört China in den nächsten Jahren nicht zu meinen Favoriten, aber von 2005 bis 2015 oder 2020 sollte es zu den Ländern mit dem stärksten Wachstum gehören. Diese Tatsache macht China zu einem idealen Gegengewicht, wenn nach ungefähr 2009 die USA und viele hochindustrialisierte Länder in Wirtschaft und Aktienmärkten eine Rezession haben. Auf dem Informationsindex erhält China verhältnismäßig gesunde 8 Punkte, aber die Wachstumsrate in der Entwicklung seiner Vernetzung ist sehr hoch, da die Bevölkerung Chinas die schnellste Urbanisierung der Welt unternimmt.

Von den jüngeren und etablierteren halbindustrialisierten Ländern Asiens verfügt außer China nur Thailand über geburtenstarke Jahrgänge, die älter sind als 0-19 Jahre (Abb. 4-2). Es gibt zwei Gipfel, bei 15-19 Jahren und bei 25-29 Jahren. Das ist ein sehr gutes Zeichen für eine erfolgreiche Industrialisierung und das Entstehen einer Mittelklasse. Der Boom in Thailand sollte sehr stark sein und bis ungefähr 2025 andauern, dann werden demografische Faktoren längere Zeit auf die wirtschaftliche Bremse treten. Noch wichtiger ist aber, dass Thailand auf dem Informationsindex sehr beachtliche 10 Punkte erreicht. Es war das erste unter den halbindustrialisierten Ländern, welches nach der schweren Wirtschaftskrise von 1997 bis 1998 erneut Investoren und Kapitalfluss aus dem Ausland anzog. Eine florierende Tourismusindustrie tut ihr Übriges. Ein Makel könnte aus dem verhältnismäßig katastrophalen Einfluss entste-

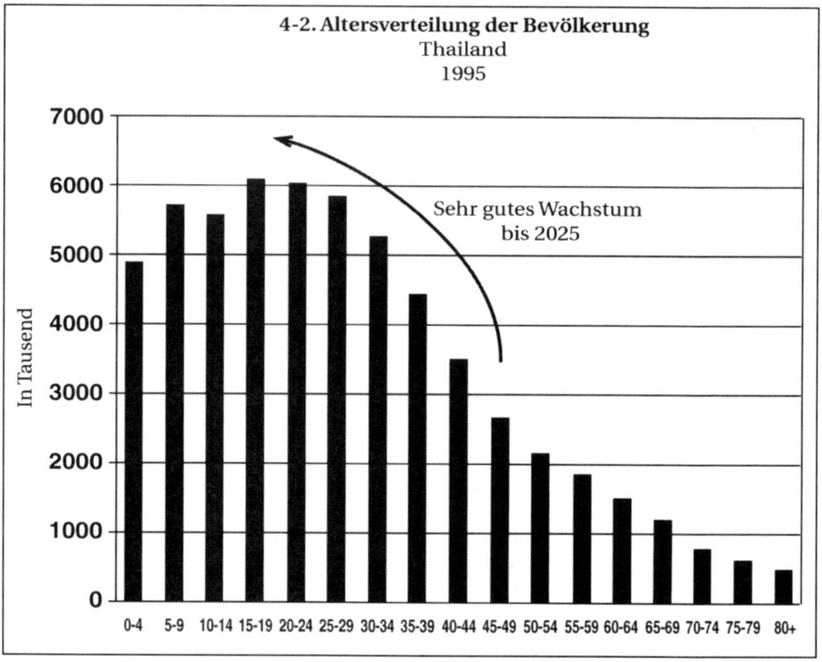

hen, den die hohe Anzahl an HIV-Infektionen auf die Altersstatistiken haben.

Indonesien (Abb.4-3), Malaysia (Abb. 4-4) und die Philippinen (Abb. 4-5) befinden sich noch im Anfangsstadium der Industrialisierung und haben Altersstatistiken, wie sie für Länder der Dritten Welt typisch sind: eine hohe Überzahl von Kindern, Jugendlichen und Heranwachsenden, und eine weitaus kleinere Anzahl älterer, produktiverer Erwachsener. Indonesien scheint sich aus diesem für die Dritte Welt charakteristischem Stadium am schnellsten zu lösen, mit dem Anfang eines geburtenstarken Jahrganges im Alter von 20-24, der Grund hierfür könnte die einträgliche Tourismusindustrie sein. Der größte Nachteil Indonesiens spiegelt sich jedoch in den verhältnismäßig geringen 7 Punkten, die es auf dem Informationsindex erhält. Indonesien besteht aus so vielen verschiedenen Inseln, mit jeweils eigener Kultur und Dialekt, dass es, wie auch Afrika, Schwierigkeiten hat, sich geschlossen und einheitlich in eine starke Industrie- und Informationsgesellschaft zu verwandeln.

4-3. Altersverteilung der Bevölkerung
Indonesien
1995

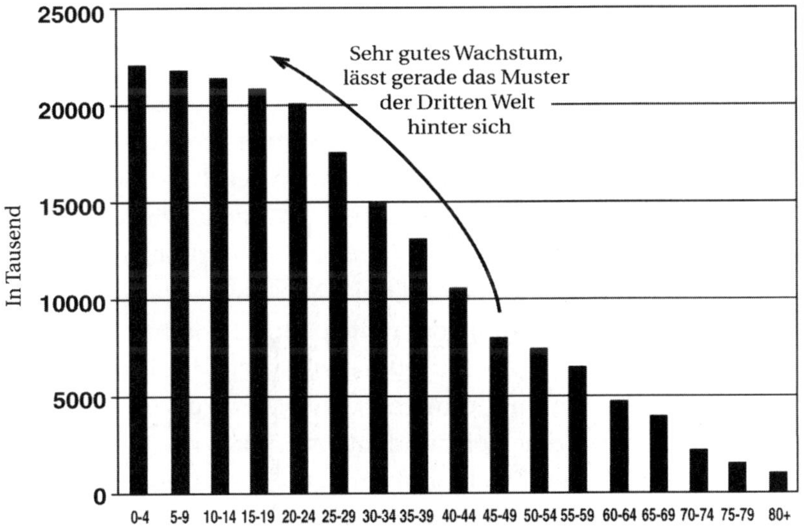

4-4. Altersverteilung der Bevölkerung
Malaysia
1995

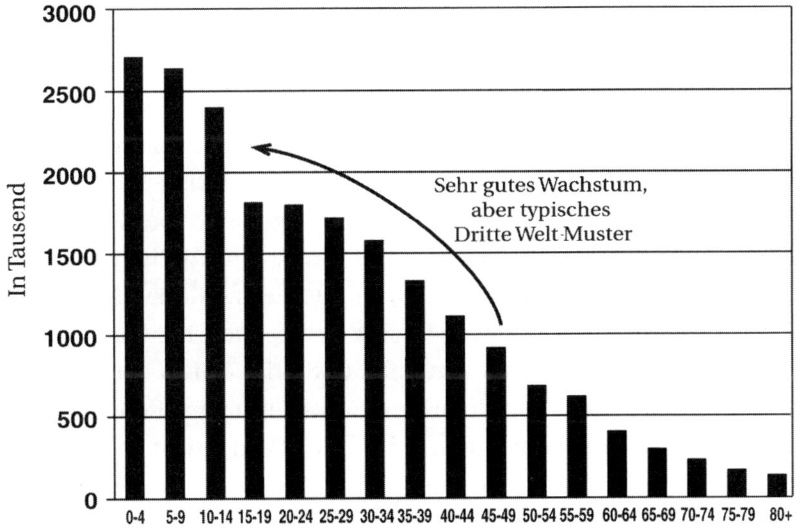

Malaysia hat ein außergewöhnliches Muster der Altersverteilung, mit weniger Menschen in den Altersgruppen von 15-19 und 20-24 Jahren. Dies erklärt sich eventuell aus der hohen Geburtenrate auf dem Lande, trotz der rasanten Urbanisierung von Regionen wie Kuala Lumpur. Malaysia hat aber einen Vorteil, der es zu einem meiner Favoriten macht, es erreicht fantastische 13 Punkte auf dem Informationsindex, da es, besonders in Kuala Lumpur, sehr schnell eine Hi-Tech-Infrastruktur entwickelt. Malaysia könnte für den Anleger das interessanteste Land Asiens sein, da die dortigen Strukturen in Politik und Finanzen sich immer mehr einer Philosophie von Demokratie und freier Marktwirtschaft zuwenden. Und das ist auch sehr nötig, denn die politische Führung hat sich seit der Asienkrise von 1997/98 etwas fragwürdig verhalten. Malaysia scheint ein bunt durchmischtes Land zu sein, mit extremer Urbanisierung einerseits und andererseits einer für die Dritte Welt typischen Agrarwirtschaft in den ländlichen Gegenden. Kuala Lumpur wird in dieser geografisch sehr kleinen Region im nächsten Jahrzehnt weiterhin einen Magnet für Einwanderer und Wachstum darstellen. Ich empfehle, in die Märkte Malaysias nach der nächsten politischen oder finanziellen Krise einzusteigen, da die Wachstumstrends zu stark sind, als dass eine inkompetente Regierung dieses Wachstum verhindern könnte.

Auf den Philippinen (Abb. 4-5) sehen wir wieder die sehr steile Kurve zwischen Alt und Jung, die so charakteristisch ist für Länder der Dritten Welt. Die Philippinen sind unter den halbindustrialisierten Ländern Asiens dasjenige, welches die Krise von 1998 am besten überstanden hat. Diese Tatsache sagt viel über die dortigen politischen und Regierungsstrukturen aus, und verheißt für das nächste Jahrzehnt gutes Wachstum. In Malaysia wie Indonesien besteht sicherlich kein Mangel an zweifelhafter Politik, wobei Malaysia eine bessere Erholung aus der Krise hatte. Ich würde in diesen Ländern nur dann investieren, wenn sich größere Veränderungen der politischen Systeme und der Finanzwelt in Richtung freier Marktwirtschaft anbahnen würden. Obwohl diese Veränderungen letztendlich wahrscheinlich unumgänglich sein werden, ist

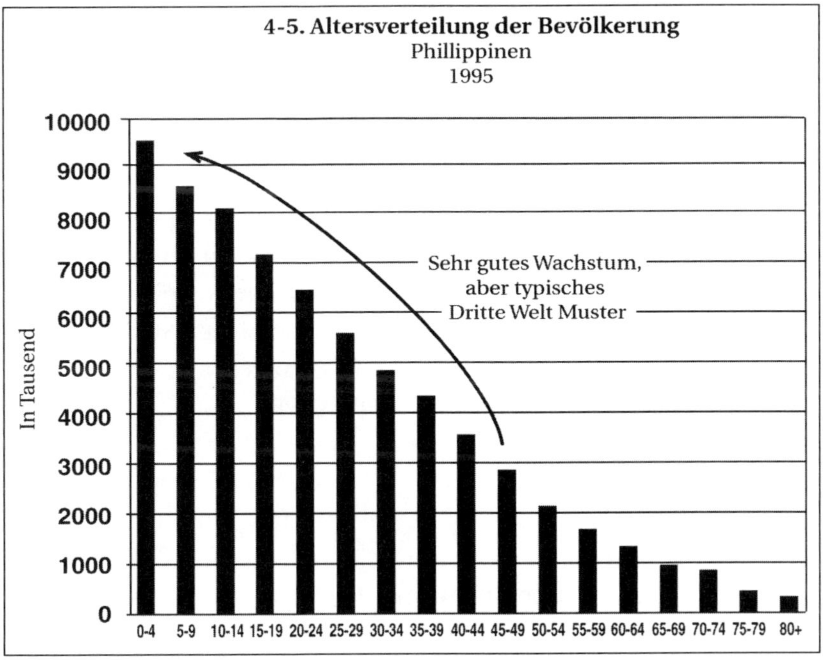

bis jetzt davon noch nicht allzuviel zu bemerken. Bis dann repräsentieren die Philippinen die besten Anlagemöglichkeiten, mit knappem Abstand folgt Malaysia auf Platz 2. Wenn die politische Situation sich in die richtige Richtung verschiebt, hat Indonesien das größte Wachstumspotenzial. Auch Vietnam, ein Neuling auf der Szene, macht durch weitere positive Zeichen für Fortschritt und Wachstum einen guten Eindruck.

Insgesamt sehen die Trends des nächsten Jahrzehnts in den halbindustrialisierten Ländern Asiens vielversprechend aus, trotz der wirtschaftlichen Schwäche, die sich in Japan fortsetzen wird. Es ist paradox, dass die Wirtschaftskrisen, die viele Länder Asiens erschütterten, die Bewegung dieser Länder in Richtung Demokratie und freier Marktwirtschaft beschleunigt zu haben scheinen. Ich glaube, wir werden in zehn Jahren zurückblicken, und die Asienkrise als das beste Ereignis erkennen, das in Asien passieren konnte. Und ich glaube auch, dass die halbindustrialisierten Länder Asiens die höchste Wachstums- und Entwicklungsrate der Welt haben werden. Aber ich möchte zuerst Veränderungen in der dortigen Politik und Wirtschaft sehen. Bis dahin bin ich damit zufrieden, mein Geld in weiter entwickelten Ländern mit gutem Wachstumspotenzial anzulegen, denn von Thailand bis Malaysia, und den Philippinen bis Indonesien, wird man sehr rentable Gelegenheiten finden. Dabei ziehe ich es vor, nur in schweren Krisen wie der von 1998 einzusteigen, oder ähnlich scharfen Korrekturen der Zukunft. Auf diese Weise vermindere ich mein Risiko in volatilen Märkten. Eine andere Taktik wäre es, durch Kapitalanlagen in führenden multinationalen Unternehmen unseren Nutzen aus dem Wachstum der asiatischen Märkte zu ziehen, wie schon in Kapitel 2 besprochen.

Lateinamerika, die höchst entwickelte halbindustrialisierte Region

Lateinamerika, von Zentral- über Südamerika bis in die Karibik, zeigt ebenfalls großartiges Gewinnpotenzial für Anleger im nächsten Jahrzehnt. Die Landflucht der Bevölkerung ist weit fortgeschritten, und dadurch auch die Vernetzung und Verbreitung der Informationstechnologie. Aber insgesamt haben die Altersstatistiken, die Ausbildungstrends bei Arbeitnehmern und die wirtschaftlichen Infrastrukturen weniger Wachstumspotenzial als in den Ländern Asiens. Darum ist Lateinamerika unter den Entwicklungsländern eine verhältnismäßig risikoarme Anlagemöglichkeit mit guten Langzeitaussichten. Es kommt hier dennoch zu größerer Volatilität als in den Märkten der Industrienationen wie den USA oder in Europa, und das wird sich auch nicht so schnell ändern.

Ich beginne mit Mexiko, dem Land, das am stärksten von den Veränderungen der größten Industrienation der Welt abhängig ist, nämlich den USA. Das ist Mexikos größte Stärke. Nicht nur hat es eine äußerst günstige geografische Position für den Export von Industrie- und Agrarprodukten in die USA und Kanada, es kann auch in Zeiten der Krise auf unsere Hilfe rechnen, wie im Jahr 1995.

Wieso? Weil unsere Wirtschaft und unsere ethnischen Statistiken, sich ebenfalls in einer Abhängigkeit von Mexiko befinden.

Mexiko (Abb.4-6) hat eine Kurve in der Altersverteilung, die dem klassischen Muster der Dritten Welt ähnelt, vergleichbar mit Indonesien. Der Anfang einer geburtenstärkeren Generation lässt sich gerade erkennen, und zwar in den Altersgruppen 15-19 und 20-24 Jahren. Mit dem erfolgreichen Anschluss an die NAFTA (Freie Handelszone Nordamerikas) wird Mexiko in den Genuss wachsenden Außenhandels mit den USA und Kanada kommen, aufgrund seiner geografischen Nähe, aber auch der niedrigeren Löhne wegen. Die höhere Anzahl jüngerer Generationen in Mexiko bietet auch ein gutes Gegengewicht in der rapide alternden Gesamtbevölkerung Nordamerikas. Die Wachstumskurve Mexikos ist tatsächlich weiter in die Industrialisierung fortgeschritten als die Wachstumskurve Indonesiens. Darum erwarte ich exzellentes Wachstum in Mexiko in der nächsten Dekade, und wahrscheinlich noch darüber hinaus. Mexiko erhält auf dem Informationsindex 11 Punkte, eine weit bessere Punktzahl als die meisten Entwicklungsländer Asiens.

Um weitere entwickelte Industrienationen in Lateinamerika zu finden, müssen wir uns in die gemäßigteren Gebiete Südamerikas begeben, wie z. B. Chile oder Argentinien, in denen die Urbanisierung am weitesten fortgeschritten ist, und auf dem Informationsindex höhere Punktzahlen erreicht werden, im Fall der beiden genannten Länder jeweils 13. Gemäßigte oder kältere Klimazonen haben historisch schon immer einen höheren Grad technologischer Entwicklung begünstigt, da die Unbilden des Wetters eine größere Herausforderung darstellen. Wie auch in Australien oder Neuseeland scheint sich diese Binsenwahrheit auch in den südlicheren und kühleren Gegenden Südamerikas zu bewahrheiten. In den tropischen und wärmeren Zonen sind die Menschen oft zufriedener und glücklich, das ist nicht unbedingt ein Ansporn für Innovationen. Seit Mitte der 90er Jahre scheint die Klimaanlage dies allerdings zu ändern!

In Chile (Abb. 4-7) kann man eine sehr klar definierte geburtenstärkere Generation erkennen, im Alter von 15 bis 34 Jahren. Das ist

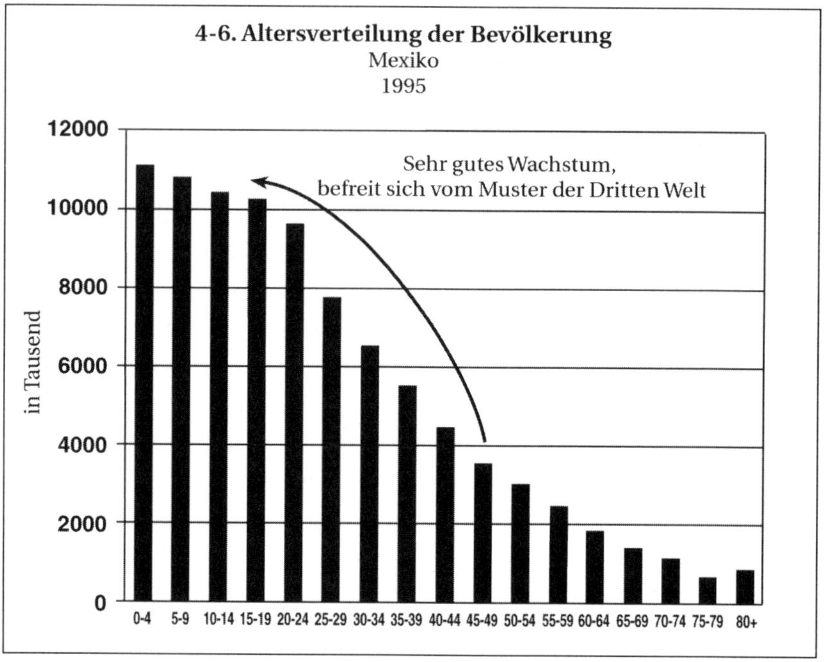
4-6. Altersverteilung der Bevölkerung
Mexiko
1995
Sehr gutes Wachstum,
befreit sich vom Muster der Dritten Welt
in Tausend
12000
10000
8000
6000
4000
2000
0
0-4
5-9
10-14
15-19
20-24
25-29
30-34
35-39
40-44
45-49
50-54
55-59
60-64
65-69
70-74
75-79
80+

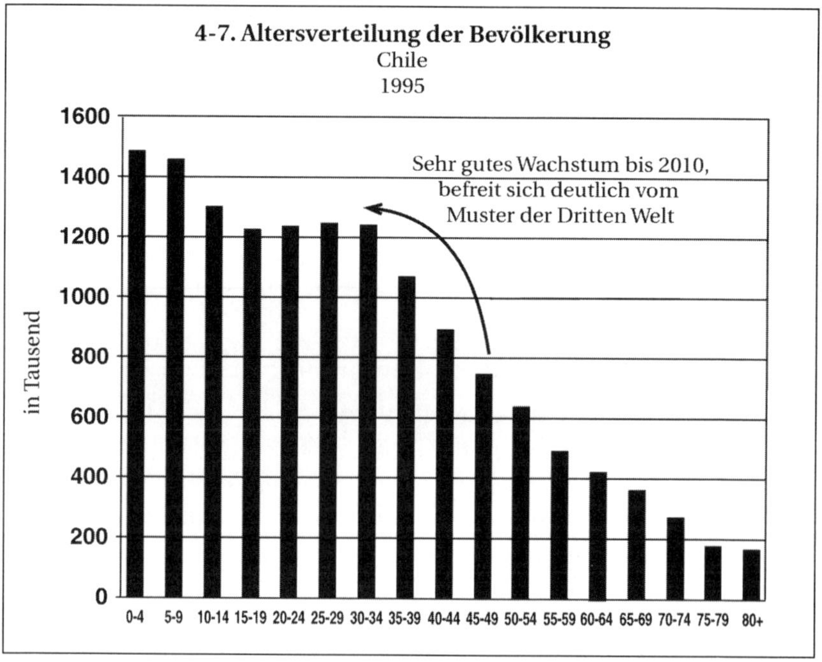
4-7. Altersverteilung der Bevölkerung
Chile
1995
Sehr gutes Wachstum bis 2010,
befreit sich deutlich vom
Muster der Dritten Welt
in Tausend
1600
1400
1200
1000
800
600
400
200
0
0-4
5-9
10-14
15-19
20-24
25-29
30-34
35-39
40-44
45-49
50-54
55-59
60-64
65-69
70-74
75-79
80+

ein sehr gutes Zeichen einer erfolgreichen Industrialisierung und der Herausbildung einer Mittelklasse. Unter den Ländern Süd- und Zentralamerikas sieht Chile am besten aus. Die Alterstrends versprechen bis 2010 sehr gutes Wachstum, verflachen dann mit leichtem Auftrieb bis 2025, danach kommt wieder stärkeres Wachstum. Chile ist darum an der Spitze meiner Empfehlungen für Anleger in Lateinamerika, zusammen mit Mexiko, aufgrund dessen Nähe zu den Boom-Ländern Nordamerikas.

Argentinien (Abb.4-8) ist das am weitesten entwickelte Land Südamerikas. Es hat eine verhältnismäßig hohe Punktzahl von 13 Punkten auf dem Informationsindex, genau wie Chile, und eine klar erkennbare zahlenstarke Generation im Alter von 15-19, die Alterstrends sind dennoch nicht so ausgeprägt wie in Chile. Bis 2015 sollte die dortige Wirtschaft leichten Auftrieb haben, der sich dann bis 2025 verstärkt. Sowohl Chile als auch Argentinien könnten in unseren Portfolios nach 2009 eine wichtige Rolle spielen, nachdem die USA den Höhepunkt ihres Booms überschritten hat.

4-8. Altersverteilung der Bevölkerung
Argentinien
1995

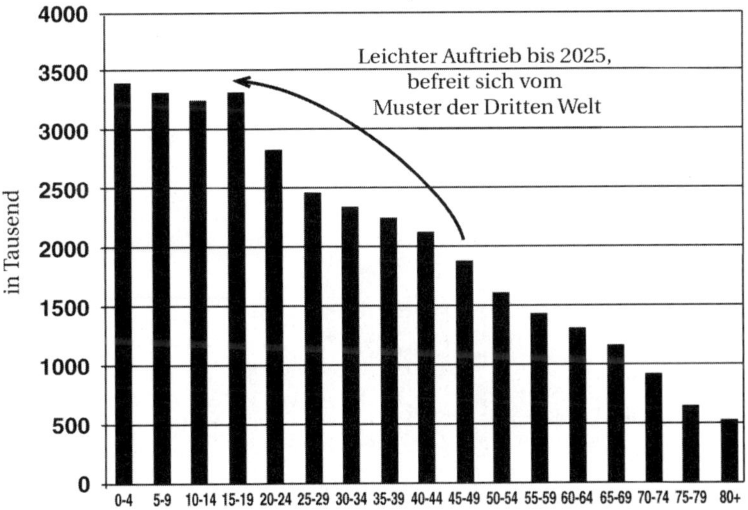

Brasiliens (Abb.4-9) Wirtschaft strebt zwar auch die Industrialisierung an, bleibt aber den Charakteristiken der Dritten Welt verhaftet. Es verfügt über die größte Bevölkerungsdichte in Südamerika und der westlichen Hemisphäre, und zeigt starke Anzeichen einer wirtschaftlichen Emanzipation, trotz der Serie von Finanzkrisen, die das Land 1998 und 1999 durchmachte. Die Geburtenrate ist im Abnehmen begriffen, und eine zahlenstärkere Generation bildet sich im Alter von 10-14 (1995). Aus diesen Gründen bietet es dem Anleger eine günstige Infrastruktur. Die Alterstrends versprechen Wachstum bis in das Jahr 2030, solange es Brasilien gelingt, politisch stabil zu bleiben. Obwohl es natürlich nicht so weit vernetzt ist wie Chile oder Argentinien, erreicht es dennoch auf dem Informationsindex respektable 11 Punkte, genau wie Mexiko. Brasilien ist ein weiters Land, das während des nächsten Einbruchs in den USA interessant bleiben sollte, und es erholt sich blendend von der 60-70-prozentigen Korrektur von 1998/99. Ich werde mich an dieser Stelle nicht detaillierter mit den anderen Ländern Latein-

4-9. Altersverteilung der Bevölkerung
Brasilien
1995

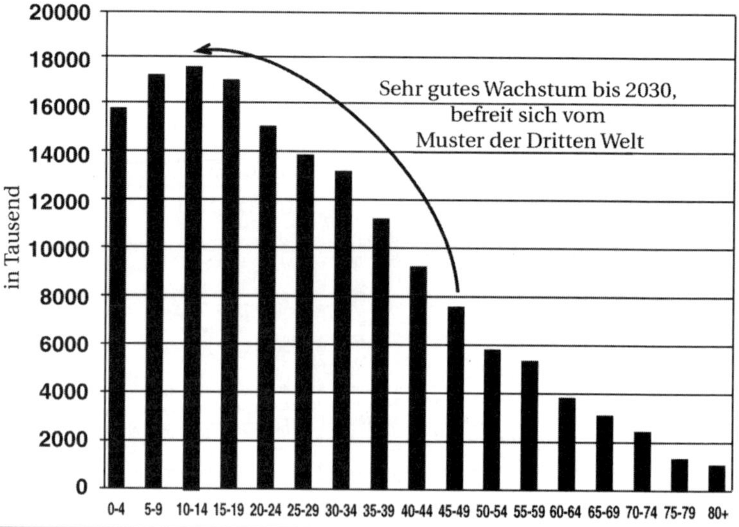

amerikas auseinandersetzen, obwohl die Altersstatistiken des gesamten Gebietes sehr vielversprechend sind. Und nicht nur das: viele dieser Länder haben durch ihre Nähe zu den USA und durch den Tourismus einen hohen Grad an Vernetzung erreicht. Bermuda hat eine sehr wohlhabende Bevölkerung, und 20 Punkte auf dem Informationsindex, das gleiche gilt für die Kaimaninseln. Viele der karibischen Inselstaaten, von Puerto Rico bis Barbados, haben Punktzahlen auf dem selben Index von 16 oder 17 Punkten. Sogar Jamaica und Costa Rica haben 12 Punkte, und die Dominikanische Republik 11. Die Länder Zentralamerikas und des nördlichen Teils Südamerikas erreichen 10 Punkte in Ecuador, 9 in El Salvador, Guyana und Peru, 8 Punkte in Bolivien, Honduras und Paraguay, und 7 in Kuba und Guatemala. Das Schlusslicht bildet Haiti, mit 6 Punkten. Und dort sehen wir natürlich auch große Armut.

Diese Bewertungen sind bedeutend höher als die Bewertungen der Länder Afrikas oder der rückständigeren Länder Asiens, weil wir uns hier in größerer Nähe zu den USA befinden. Aus diesem Grund sieht Lateinamerika für Anleger, die im nächsten Jahrzehnt ein Risiko einzugehen bereit sind, vielversprechender aus. Und viele Länder, darunter Chile, Argentinien und Brasilien haben gutes Wachstum selbst nach dem globalen Einbruch von 2009. Meiner Meinung nach sind Chile, Mexiko und Argentinien in Süd- und Zentralamerika die besten Empfehlungen für Anleger, und in der Karibik Barbados und Puerto Rico (wegen ihrer Nähe zu den USA). Die Urlaubsgebiete in der Karibik, besonders die vornehmeren, verdienen unsere Aufmerksamkeit, da es in den nächsten zehn Jahren und darüber hinaus, unter den Baby-Boomern wachsendes Interesse an Urlaub und Freizeit geben wird.

Die Entwicklungsländer im Nahen Osten

Der Nahe Osten, von Israel bis Saudi-Arabien, nimmt durch die großen Ölindustrien und politischen Turbulenzen eine einzigartige Stellung ein. Aufgrund dieser Risikofaktoren steht der Nahe Osten auch nicht auf meiner Liste der favorisierten Länder für Geldanlagen.

Israel ist in dieser Region wahrscheinlich das interessanteste und attraktivste Land. Auf dem Informationsindex erreicht Israel starke 18 Punkte, und auch in manch anderer Hinsicht sieht es aus wie ein vollindustrialisiertes Land. Die Altersstatistik (Abb. 4-10) ähnelt aber mehr dem Muster eines Entwicklungslandes. Das indiziert eine vermischte Wirtschaft mit einem hohen Grad an Urbanisierung in dem einen Sektor, und einer hohen Geburtenrate und vorwiegender Agrarwirtschaft in dem anderen. Die Altersstatistiken versprechen leichtes Wachstum bis ungefähr 2010, dann sehr gutes Wachstum über mehrere Jahrzehnte hinweg. Die fortgeschrittene Vernetzung und Hi-Tech-Industrien suggerieren, dass Israels Wachstum seine Altersstatistiken hinter sich lassen wird. Darum hat Israel gutes Potenzial für Anleger im nächsten Jahrzehnt, und nach dem Einbruch von 2009 sogar sehr gutes. Dabei birgt die volatile Natur der politischen und sozialen Gegebenheiten in dieser Region natürlich auch hohe Risiken.

Trotz des Wachstums in der ganzen Welt, und insbesondere in den Entwicklungsländern mit hohen Bevölkerungszahlen, haben sich die Ölpreise seit vielen Jahren nur innerhalb eines sehr schmalen Bandes bewegt, wenn man von der Krise von 1990 im Irak einmal absieht. Ich erwarte auch im ersten Jahrzehnt des 21. Jahrhunderts keinen Anstieg der Ölpreise, da weltweit ständig neue Reserven entdeckt werden und neue Technologien den Ölkonsum drosseln. Da Öl das Hauptexportgut dieser Region ist, erwarte ich hier langsameres Wachstum als in der restlichen Welt. Die Altersstatistiken der wichtigeren Länder, wie zum Beispiel Saudi-Arabien, unterstützen diese These.

Saudi-Arabien (Abb.4-11) hat eine sehr zahlenstarke Generation im Alter von 35-39 Jahren (1995), das Wachstum sollte also bis 2005 Auftrieb haben, und sich dann bis 2015 verlangsamen. Wenn die politische Stabilität gewährleistet ist, kommt es nach 2015 zu explosivem Wachstum. Generell erwarte ich im nächsten Jahrzehnt moderates Wachstum im Nahen Osten, und nach 2005 sogar

4-10. Altersverteilung der Bevölkerung
Israel
1995

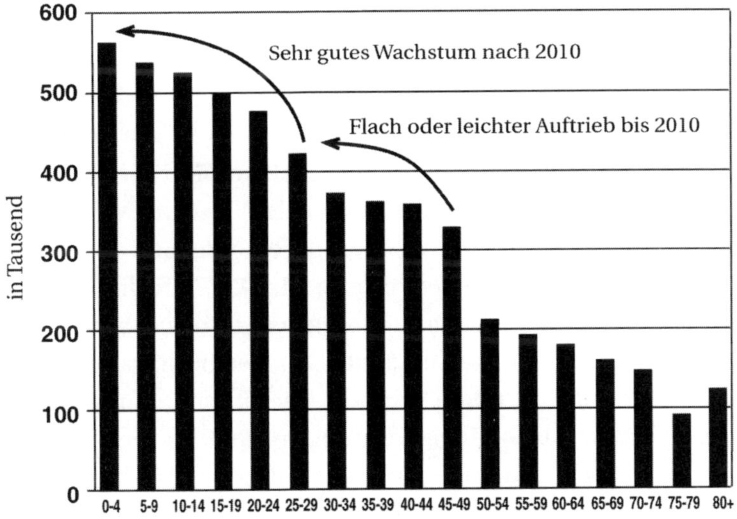

4-11. Altersverteilung der Bevölkerung
Saudi Arabien
1995

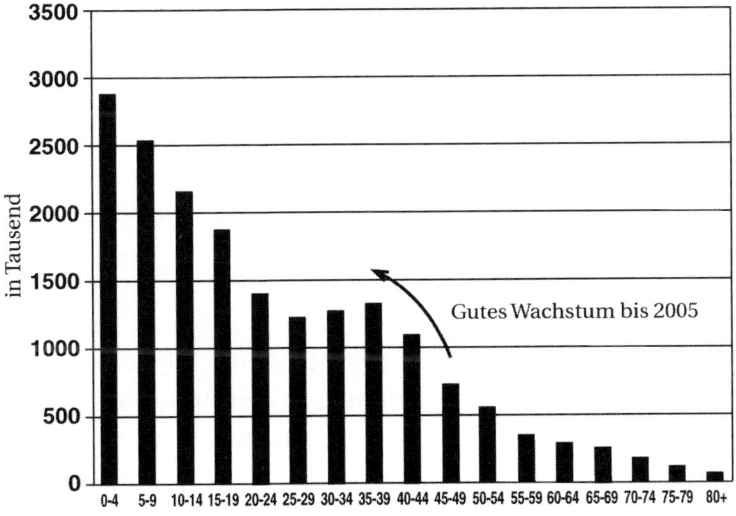

Rezession. Wenn ich in der Region anlegen müsste, würde ich es in Israel tun, aber in dem weltweiten Boom ist auch Israel nicht erste Wahl.

Die Entwicklungsländer Afrikas

Viele Menschen fragen sich, warum Afrika über Jahrhunderte hinweg so unterentwickelt ist, wenn es doch die Wiege der Menschheit war. Ich würde die Antwort darauf gerne Thomas Sowell überlassen, einem afroamerikanischen Wissenschaftler, der dem Hoover Institute angehört, und auch eine Kolumne für *Forbes* schreibt. Er führt die langsame Entwicklungsrate auf geografische Faktoren zurück. Und dieses Argument ergibt einen Sinn. Die Entwicklung einer Gesellschaft ist abhängig von der Verbreitung neuer Ideen, neuer Technologien und der allgemeinen Bildung. Deshalb haben Revolutionen in der Informationstechnologie auch einen starken Einfluss auf die Menschheitsgeschichte. Und es ist auch der Grund, warum isolierte Kulturen sich historisch immer so viel langsamer entwickeln. Sowell bemerkt, dass Afrika über spezielle geografische Begebenheiten verfügt, die die Kommunikation erschweren und es allgemein wie eine große Insel aussehen lassen, die innerlich wiederum in viele kleinere Inseln aufgespalten ist.

Erstens gibt es hier kein durchgehendes Wassersystem, wie es in den USA, Europa, Lateinamerika und Asien der Fall ist. Es gibt überraschend auftretende und regelmäßige Dürren, während derer die Flüsse einen Teil des Jahres einfach trocken liegen. Der Nil bildet da die einzige Ausnahme. Das hat Handel und Kommunikation mittels einer Binnenschifffahrt schon immer eingeschränkt. Die industrielle Revolution in Europa und Nordamerika wurde aber genau von der Flussschifffahrt und den Dampfschiffen eingeleitet. Der größte Teil Nordafrikas beherbergt die größten und unwirtlichsten Wüsten der Welt, die Handels-, Reise- und Kommunikationsmöglichkeiten einschränken. Selbst in den küstennahen Regionen finden sich nur wenige natürliche Häfen, was den Handel mit Übersee erschwert.

Diese geografischen Nachteile haben Afrika lange vom Rest der Welt abgeschnitten, und die Dörfer und Kleinstädte innerhalb Afrikas voneinander isoliert. Das Resultat sind die vielen verschiedenen Kulturen und Dialekte Afrikas. Die Informationsinfrastruktur ist zur gleichen Zeit die rückständigste der Welt. Das Paradox – und die Herausforderung – der nächsten Jahre in Afrika ergibt sich aus genau diesem Widerspruch: Obwohl Afrika wohl am meisten von der globalen Ausbreitung des Internet, der Datenübertragung via Satelliten und kabellose Technologien profitieren könnte, hat es doch die niedrigste Vernetzungsdichte von allen Kontinenten. Und die Verschiedenheit der vielen Dialekt würde die Kommunikation selbst über Internet erschweren.

Außer der Stabilisierung der politischen und finanziellen Strukturen ist der wohl wichtigste Faktor in der Entwicklung Afrikas die systematische Investition in Informationssysteme, die helfen könnten, die verschiedenen Sprachen und Kommunikationsgewohnheiten unter einen Hut zu bringen. Generell würde ich erst dann in Afrikas Märkten anlegen, sobald ich auf diesem Gebiet die gewünschten Entwicklungen sehe. Südafrika könnte dabei den Maßstab zur Einschätzung der Effektivität solcher Entwicklungen bilden.

In Südafrika befindet sich die modernste Stadt Afrikas, Kapstadt. Dort gibt es zwar Anzeichen von Wachstum und Entwicklung, es hat aber immer noch einen weiten Weg vor sich. Der Unterschied zwischen den Einkommen der verschiedenen gesellschaftlichen Schichten ist gewaltig, ein sicheres Zeichen für das Fehlen einer nennenswerten Mittelschicht. Das könnte in der Zukunft zu sozialen und politischen Unruhen führen. Auf Abbildung 4-12 können wir sehen, dass selbst in Südafrika das klassische Muster der Dritten Welt die Altersstatistiken beherrscht. Auf dem Informationsindex erreicht Südafrika 11 Punkte, das ist zwar verhältnismäßig gut für Afrika, aber hält dem Vergleich mit z. B. Lateinamerika nicht stand. Die demografischen Trends versprechen gutes Wachstum, solange die politischen und sozialen Systeme sich weiterhin positiv entwickeln.

Ägypten (Abb. 4-13) hat schon deutlichere Anzeichen einer

4-12. Altersverteilung der Bevölkerung
Südafrika
1995

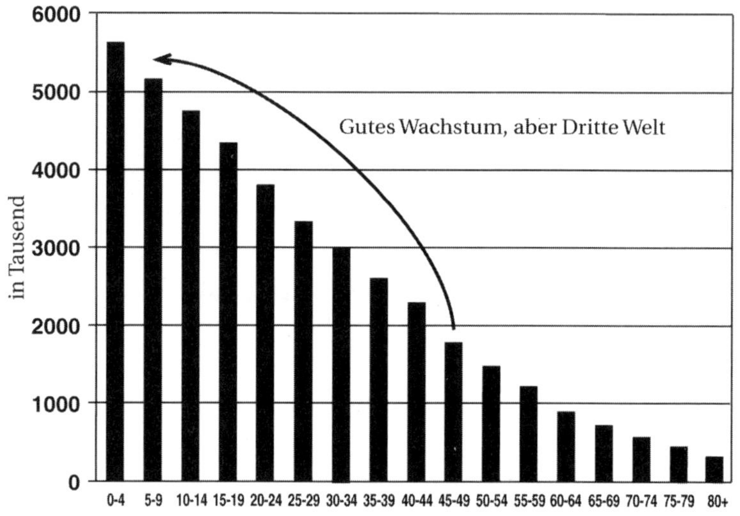

4-13. Altersverteilung der Bevölkerung
Ägypten
1995

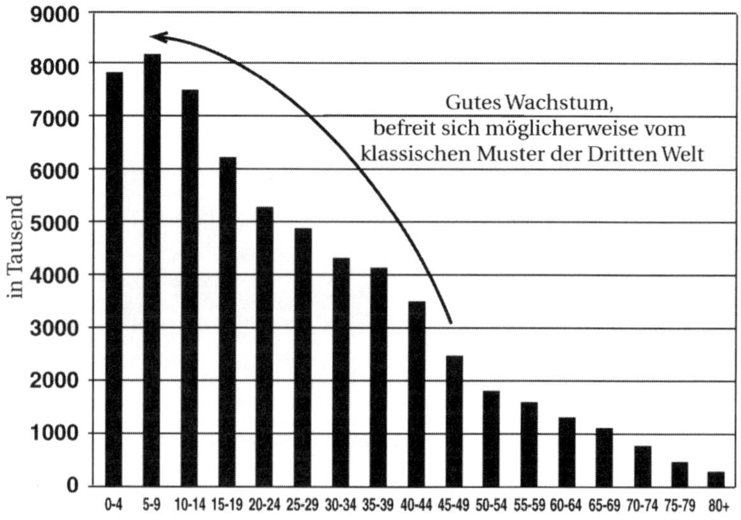

Weiterentwicklung zu bieten, mit kleinen zahlenstärkeren Jahrgängen im Alter von 35-44 und 5-9 Jahren. Die Punktzahl auf dem Informationsindex ist zwar nur bescheidene 9 Punkte, in Afrika reicht das aber für einen Platz an der Spitze. Ägypten ist anscheinend gerade im Begriff, das klassische Muster der Altersverteilung der Dritten Welt hinter sich zu lassen, genau wie auch Kenia (Abb.4-14), das auf dem Informationsindex nur 5 Punkte hat, beide Länder sind noch sehr unterentwickelt. Von den Altersstatistiken aus gesehen ist Marokko am vielversprechendsten. Auf Abbildung 4-15 kann man deutlich sehen, wie sich im Alter von 10-19 eine zahlenstarke Generation herausbildet. Auf dem Informationsindex erreicht Marokko gesunde 8 Punkte. Aufgrund seiner Nähe zu Europa erwarte ich für Nordafrika die besten Zukunftsaussichten. Generell halte ich Afrika für den Anleger jedoch für wenig empfehlenswert, hauptsächlich wegen der äußerst niedrigen Punktzahlen auf dem Informationsindex. Am unteren Ende dieser Skala finden wir Somalia, Niger, Liberia, Tschad und Kongo, mit jeweils nur 1 Punkt. Ohne

4-14. Altersverteilung der Bevölkerung
Kenia
1995

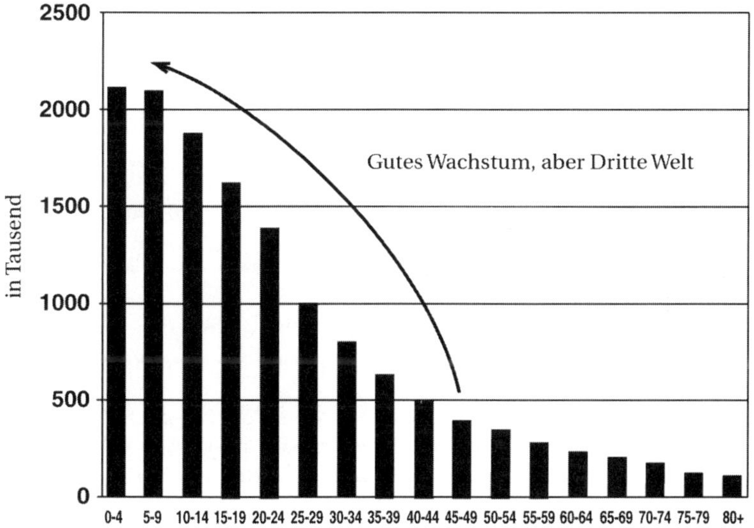

4-15. Altersverteilung der Bevölkerung
Maroko
1995

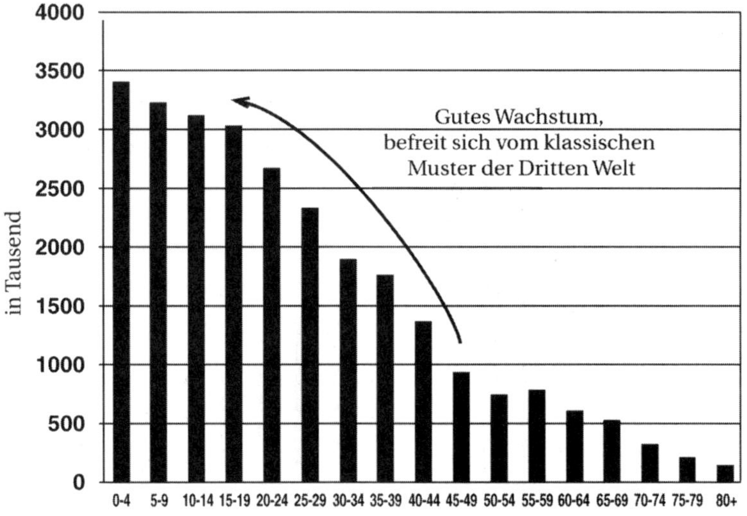

moderne Kommunikationsmöglichkeiten kann es einfach nicht zu einer nennenswerten Weiterentwicklung dieser Länder kommen.

Indien

Trotz expandierender Mittelschicht hat Indien (Abb.4-16) ein klassisches Dritte-Welt-Muster, und wird in näherer Zukunft wahrscheinlich nicht an das starke und beständige Wachstum Chinas heranreichen. Indien ist wie zwei Länder in einem. Einerseits gibt es eine starke Mittelschicht und eine wachsende Hi-Tech-Industrie, andererseits sind viele Regionen völlig unterentwickelt. Das zeigt sich auch in Abbildung 4-16. Die Aktienmärkte Indiens sind oft sehr volatil, ein sicheres Zeichen für politische Instabiltät. Und auf dem Informationsindex erreicht es nur 6 Punkte. Dem Durchschnittsanleger würde ich deshalb eher die Entwicklungsländer Asiens empfehlen.

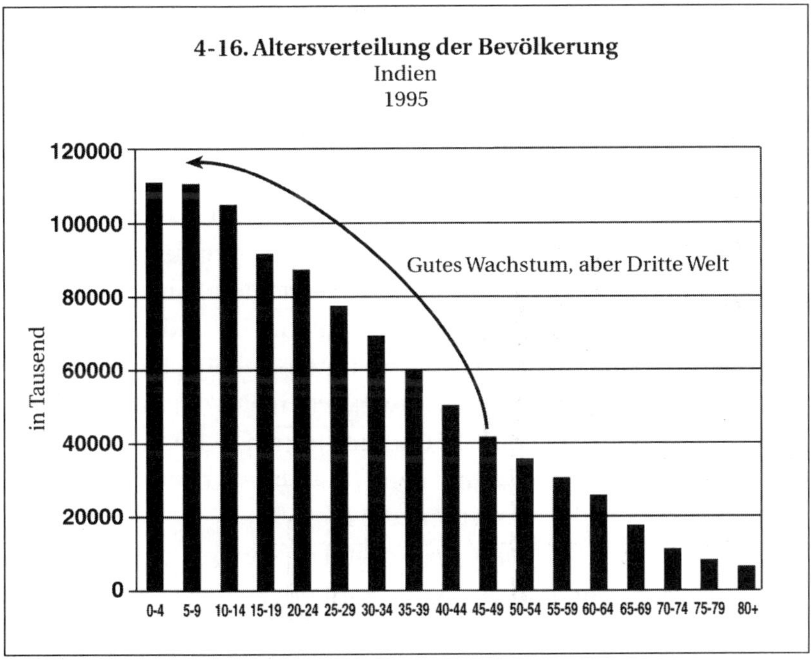

Zusammenfassung

Für die meisten Anleger ist es generell zu riskant, in den volatilen Märkten der Entwicklungsländer zu investieren. Der sicherste Weg, von dem massiven Wachstum der Industrialisierung in der Dritten Welt zu profitieren, sind die Aktien großer multinationaler Konzerne in den USA, Europa oder Japan. Ich persönlich ziehe es vor, nur dann in den Entwicklungsländern einzusteigen, wenn die Märkte gerade eine extreme Korrektur hinter sich gebracht haben (wie z.B. Ende 1997, Anfang 1998). Indem man bei niedriger Bewertung einsteigt, kann man das Verlustrisiko begrenzen, und an dem langfristig starken Wachstum dieser Länder teilhaben. Asien gab uns hier 1997/98 die besten Gelegenheiten, Lateinamerika 1999. Asien hat nicht nur die schwerwiegendste Korrektur hinnehmen müssen, sondern verfügt auch in den nächsten Jahrzehnten über die besten demografischen Daten. Die zweite Regel, wenn Sie in den Märkten der Entwicklungsländer anlegen wollen, bezieht sich auf die Streuung dieser Anlagen. Versteifen Sie sich nicht auf ein Land oder eine Region.

In Teil 3 werde ich mich dem vielleicht wichtigsten Thema dieses Buches zuwenden: Wie Sie einen umfassenden Überblick bekommen und Ihre Finanzplanung nutzen können, Ihre persönlichsten Wünsche zu befriedigen. Der Sinn materiellen Wohlstandes ist es nämlich letztendlich, die finanzielle Freiheit für den von Ihnen ersehnten Lebensstil zu schaffen. Darum sollten Sie damit beginnen, Ihre höchsten Ziele zu formulieren, und dann darüber nachdenken, wie Ihre Anlagestrategien Ihnen dabei helfen können, diese Ziele und Sehnsüchte zu verwirklichen. Dazu müssen wir das Gebiet der Finanzen verlassen und uns mitten in Ihr Leben hinein begeben. Was wollen Sie mit dem Rest Ihres Lebens anfangen? „Sein oder Nichtsein...das ist hier die Frage"!

Wer möchten Sie sein? In Kapitel 5 werde ich eine neue Sichtweise des Altersruhestandes erläutern, und warum Sie sich darauf konzentrieren sollten, einen neuen, erfüllenden Lebensstil zu schaffen, lange bevor Sie in den Ruhestand gehen.

Teil 3

Ein gutes Leben nach dem Boom

Kapitel 5

Ein erfülltes Leben, selbst im Ruhestand

Die Generation der Baby-Boomer ist jetzt im Alter von 40 bis 50 und fängt langsam an, über den Ruhestand nachzudenken. Dabei ist eines sicher. Diese Generation wird das Erscheinungsbild des Ruhestandes genauso verändern wie jeden von ihr erfassten Lebensbereich. Es ist also an der Zeit, Ihren Ruhestand und Lebensstil neu zu überdenken, ganz unabhängig davon, wie alt Sie im Moment sind. Der Wohlstand des kommenden Jahrzehnts und die neuen Kommunikationstechnologien werden neue Lebensweisen ermöglichen, lange bevor Sie in den Ruhestand eintreten.

In Abbildung 5-1 sehen wir den Zuwachs in der durchschnittlichen Lebenserwartung innerhalb der letzten hundert Jahre. Es ist das erste Mal in der Geschichte der Menschheit, dass sich die Lebenserwartung innerhalb eines einzigen Jahrhunderts um so viele Jahre verlängert hat. Dies hat viel zu unserem Wohlstand und dem Wachstum unserer Wirtschaft beigetragen, da in einem längeren Leben auch mehr produziert, verdient, gelernt, ausgegeben und beigetragen wird. Die durchschnittliche Lebenserwartung in biblischen Zeiten wird auf 22 bis 25 Jahre geschätzt, im 18. Jahrhundert begann sie sich zu verlängern, bis sie um 1800 bei 35 Jahren angekommen war, um 1900 waren es dann 47 Jahre. Aber im letzten Jahrhundert hat sie sich um 30 Jahre verlängert! Der größte Zuwachs ereignete sich jedoch zwischen 1890 und 1940, mit vier zusätzlichen Jahren pro Jahrzehnt. Seit den 40er Jahren hat sich die durchschnittliche Lebenserwartung dagegen pro Dekade nur noch um ungefähr 1,5 Jahre verlängert.

Die genetischen Technologien werden dieser Rate der Verlängerung Anfang des neuen Jahrhunderts neue Schubkraft liefern. Ich vermute, dass diese Entwicklung zwischen 2010 und 2060 vonstatten gehen und unsere Lebenserwartung auf 100 bis 120 Jahre verlängern wird. In der gesamten Geschichte der Menschheit war das ein Alter, welches nur den glücklichsten und gesündesten Menschen vorbehalten blieb.

5-1.Lebenserwartung bei der Geburt

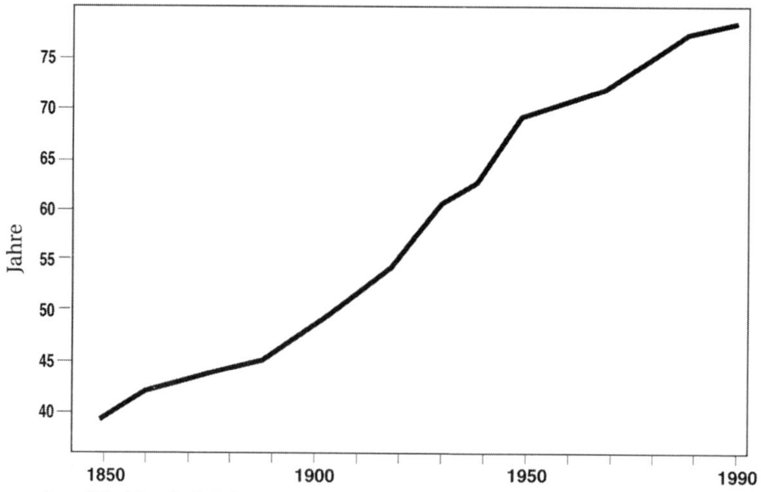

Source: National Center for Health Statistics

Auf eine Tatsache sollte man sich vorbereiten: Sie werden höchstwahrscheinlich ein längeres Leben haben als Ihre Eltern. Glauben Sie, Ihre Eltern hatten eine genauso lange Lebenserwartung, als sie so alt waren, wie Sie es jetzt sind? Die durchschnittliche Lebenserwartung steht im Moment bei 77 Jahren. Für Männer, die das 65. Lebensjahr erreicht haben, steht sie bei 80, für Frauen im selben Alter, bei 84. Aber selbst wenn Sie erst 40 sind, wird sich die durchschnittliche Lebenserwartung in den vier Jahrzehnten, die bis zu Ihrem 80. Geburtstag vergehen werden, wahrscheinlich auf 86 Jahre für Männer, und 90 Jahre für Frauen erhöht haben. Es ist sogar sehr wahrscheinlich, dass sich die Verlängerung der durchschnittlichen Lebensspanne derart beschleunigen wird, dass sie diese Zahlen weit zurücklässt. Sie sollten sich also auf die Möglichkeit vorbereiten, ein Alter von mindestens 85 bis 90 Jahren zu erreichen, wenn nicht sogar darüber. Mit anderen Worten: je jünger Sie heute sind, desto älter werden Sie werden!

Das wirft natürlich Fragen auf: Wenn Sie wirklich erwarten, über 90 zu werden, würden Sie mit 65 in den Ruhestand treten, um dann nur noch Golf zu spielen und Urlaub zu machen? Wir leben nicht nur länger, sondern unsere Gesundheit und unser Lebensstil im Alter haben sich ebenfalls drastisch verbessert. Das wird seinen Einfluss auf eine neue Philosophie des Ruhestandes haben. Das Alter wird zu der Periode im Leben werden, in der Sie all die Dinge tun können, die Sie schon immer tun wollten und die Ihnen am meisten bedeuten, nachdem Sie sich von den Berufszwängen und den Anforderungen Ihrer Kinder befreit haben. Diese Altersstufe wird für uns alle eine lange Zeit andauern. Man könnte auch noch einen weiteren Schritt wagen und sagen, diese Periode der Freiheit, in der Sie Ihren höchsten Zielen folgen können, solle nicht erst Mitte 60 beginnen, sondern schon früher, von Mitte 40 bis Mitte 50!

Das ist der wahre Sinn der Midlife-Crisis! Sich zu besinnen, was man im Leben erreichen möchte, und den Rest des Lebens neu zu überdenken, nachdem man den Gipfelpunkt der Karriere erreicht und keine familiären Verantwortungen mehr hat. Sie sollten die Ausrichtung Ihres Lebens ändern, vielleicht grundlegend. Wir sollten diese Zeit der Besinnung begrüßen und nutzen, anstatt dagegen zu kämpfen, wie es die meisten Menschen tun. Der beste Weg wäre, sich einen Therapeuten zu nehmen, einen Berater oder Mentor, oder einer Selbsterfahrungsgruppe beizutreten, um sich diese grundlegenden Fragen zu stellen. Warum sollten Sie bis 60 oder 70 warten, bis Sie sich Ihrer Definition eines paradiesischen Lebens widmen können, sei es eine abgelegene Insel, ein Urlaubsort, ein Hügel in der Wüste, ein Strand, eine Skipiste oder ein Golfplatz? Oder vielleicht wollen Sie mitten in der Stadt wohnen, mit optimalen Möglichkeiten an Unterhaltung und Zeitvertreib? Warum sollten Sie warten, bis Sie 60 oder 70 sind, um sich auf eigene Belange konzentrieren zu können und der Gesellschaft den Beitrag zu leisten, den Sie schon immer leisten wollten? Warum sollten Sie nicht schon jetzt damit anfangen, oder nachdem Sie 45 oder 50 geworden sind? Warum sollten Sie diese Veränderung nicht vor deren Eintreten genau planen können, z. B. im Alter von 25 oder 30? Vielleicht haben Sie die Midlife-Crisis noch nicht richtig durchgemacht, selbst wenn Sie weit über 50 oder 60 sind.

Die wichtigste Dimension Ihrer finanziellen Zukunftsplanung sollte nicht im bloßen Überleben Ihres Ruhestandes bestehen, sondern darin, wie Sie Ihr Leben und Ihren Lebensabend nach Ihren eigenen Wünschen und Vorstellungen gestalten können, lang vor dem typischen Pensionsalter, soweit das Ihnen möglich ist. Wenn Sie von Ihren Investitionen leben können, wird Ihnen das die nötige Freiheit und Sicherheit geben.

Ich schlage vor, Sie setzen sich ein Hauptziel für das nächste Jahrzehnt: Bis zu dem Zeitpunkt, an dem Ihre Kinder das Elternhaus verlassen, finanzielle Unabhängigkeit zu erreichen. Und das soll nicht heißen, Sie müssten jeglicher Arbeit abschwören und einen ewigen Urlaub antreten. Ich glaube, die meisten Menschen werden weiterhin arbeiten wollen, sei es Vollzeit, Teilzeit oder unbezahlt, aber in Arbeitsbereichen ihrer Wahl. Sobald Sie genügend Rücklagen geschaffen haben, um von Ihren Anlagen zu leben, oder diese nur durch minimale Beträge ergänzen müssen, stehen Ihnen alle Möglichkeiten offen, selbst die, bis zu Ihrem Lebensende zu arbeiten und Ihre Kaufkraft und Ressourcen zu erweitern. Wenn Ihre Geldanlagen mehr Einkommen bringen, als Sie selbst ausgeben können, dann möchten Sie vielleicht Ihren Kindern oder Enkeln helfen, oder einem wohltätigen Zweck Ihrer Wahl?

Das Bedürfnis, die höchsten Lebensziele wahrzunehmen, das eigene Schicksal zu bestimmen und der Gesellschaft sein Bestes zu geben, wird von Psychologen "Selbstverwirklichung" genannt. Es wird allgemein als höchste Stufe der menschlichen Entwicklung angesehen, wenn man einmal von spirituellen und esoterischen Zielen absieht. Abraham Maslow hat die Hierarchie der menschlichen Bedürfnisse wohl am klarsten und einfachsten formuliert, eine Darstellung finden Sie in Abbildung 5-2.

Unsere Bedürfnisse beginnen mit dem nackten Überleben, und gehen über unser soziales Verlangen nach Zugehörigkeit bis zur

5-2. Maslow's Pyramide der menschlichen Bedürfnisse

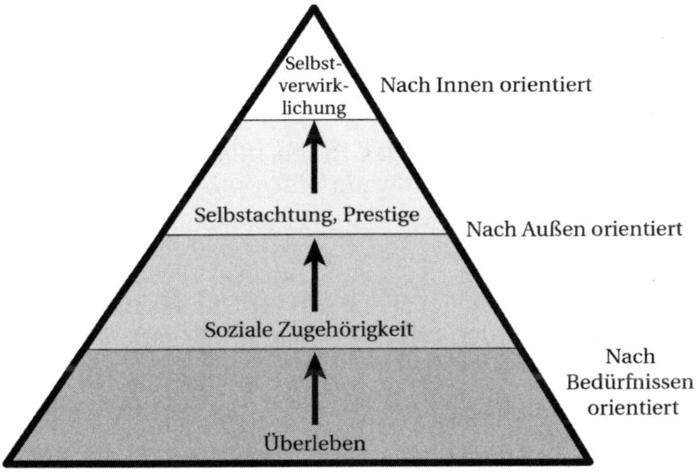

Selbstachtung und Selbstverwirklichung. Viele Psychologen spalten diese Hauptstufen in viele kleinere Unterabteilungen auf, aber das einfache Grundmodell hat auch eine starke Aussagekraft für die meisten psychologischen Modelle menschlicher Entwicklungsstufen. Die Freiheit zur Selbstverwirklichung kann nur von einem positiven Selbstbewusstsein und Stolz über die eigenen Fähigkeiten und Erfolge kommen, diese Gefühle beruhen wiederum auf der Stufe der Selbstachtung. Deshalb ist es auch sinnvoll, sich hohe Ziele zu setzen und ohne Schuldgefühle den finanziellen Erfolg zu suchen. Es ist eine natürliche und nützliche Stufe der menschlichen Entwicklung. Und die Fähigkeit dazu kann nur entwickelt werden, sobald Sie fähig sind, Ihre grundlegenden Bedürfnisse zu decken, und sich mit den Anforderungen unserer Gesellschaft zu arrangieren, indem Sie deren Regeln folgen und als effektives Mitglied darin funktionieren.

In der Stufe der Selbstachtung lernen wir, uns Ziele zu setzen und diese auch zu erreichen, sowie eine Systematik und Pläne zu diesem Zwecke zu entwickeln. Anstatt Regeln nur zu gehorchen, stellen wir jetzt unsere eigenen auf. Wir lernen, uns unsere eigenen Gedanken zu machen, unsere eigenen Entscheidungen zu fällen, und verschiedene Wege zu unseren Zielen wahrzunehmen. Wir lernen, die verschiedenen Begabungen unterschiedlicher Menschen zu erkennen, und wie man diese nutzen kann. Wir lernen, unseren eigenen Bedürfnissen nach Wachstum und Weiterentwicklung entgegenzukommen, und dadurch unsere eigene Funktionsfähigkeit zu optimieren, was uns wiederum hilft, optimale Lebensumstände zu schaffen, die unseren Wünschen entsprechen.

Wir entwickeln die Fähigkeit, aus Erfahrungen zu lernen, und unsere Strategien der Verwirklichung unserer Ziele anzupassen. In einem Wort: wir werden funktionstüchtig. Wir müssen nicht mehr den fremden Regeln folgen, wie wir es als Kind getan haben. Wir werden Herren über unser eigenes Schicksal. Und, was vielleicht am Wichtigsten ist, wir lernen, unsere materiellen Bedürfnisse zu befriedigen und unsere Persönlichkeit auszudrücken. Wir finden unseren Platz im Leben und einen Weg zum Erfolg. All das ist jedoch nur die Vorarbeit für die höhere Stufe der Selbstverwirklichung.

Die Stufe der Selbstverwirklichung beginnt, sobald wir uns weniger auf unsere materiellen Bedürfnisse konzentrieren müssen. Wir haben dann die Freiheit, uns mehr auf unsere wirklichen Wünsche im Leben zu konzentrieren, und die Dinge, die uns persönlich am meisten befriedigen – sei es, dass wir mehr Zeit im Kreise unserer Familie oder mit Freunden verbringen möchten, mehr zur Gesellschaft oder unserer sozialen Gruppe beitragen wollen, oder dass wir die Welt zu verändern versuchen: was auch immer, unser Horizont erweitert sich.

Der wirkliche Trend in der Entwicklung des Menschen geht dahin, weniger egozentrisch zu werden, genauso wie es Kinder tun, wenn sie heranwachsen. Wir ziehen einen Bogen von Überlebenskampf und Absicherung unserer grundlegendsten Bedürfnisse zu unserer Zugehörigkeit innerhalb der sozialen Welt, indem wir uns einfügen und den Regeln der Gruppe folgen. Dann erreichen wir Erfolg und höheres Selbstbewusstsein, was unsere eigenen Begabungen und Ziele betrifft, unsere anspruchsvolleren materiellen Bedürfnisse werden erfüllt, bis wir unsere ganz persönliche Rolle in der Gesellschaft finden. An diesem Punkt präsentiert sich die Möglichkeit, sowohl unser eigenes Bedürfnis nach einem sinnvollen Leben zu erfüllen, als auch unseren größten Beitrag an die Gesellschaft zu leisten – ganz nach unseren eigenen Vorstellungen.

Wir lernen, unsere besonderen persönlichen Talente und unsere eigenen Vorstellungen über Arbeits- und Lebensweise zu kombinieren, und können dann versuchen, unseren ureigenen Beitrag zum Wohle der Gesellschaft zu leisten. Wenn alle Menschen in den Gebieten arbeiten könnten, für die sie die größte Begabung haben, und den besten Weg fänden, ihre individuellen Talente zugunsten des Allgemeinwohls zu nutzen, ohne teure, bürokratische Regierungsmaßnahmen oder unternehmerische Ausbildungsprogramme, würde das nicht zu einer viel produktiveren und humaneren Gesellschaft führen? Wäre das nicht ein selbsterhaltendes Netzwerk großartiger Innovation und optimaler Funktionstüchtigkeit?

Sobald wir also unsere Bedürfnisse hinsichtlich unseres Erfolgs und unserer Selbstachtung befriedigt haben, ist es an der Zeit, genau zu erwägen, was uns im Leben am meisten bedeutet, und wie wir dies nutzen können, um unseren größtmöglichen Beitrag zum Allgemeinwohl zu leisten. Das wäre dann wirklich die beste aller Welten: ein individueller Lebensstil und optimaler Nutzen für unsere Kultur. In der Vergangenheit hieß es immer, man müsse, um dem Allgemeinwohl zu dienen, die eigenen Bedürfnisse und Wünsche zugunsten der Familie, Gruppe oder Gesellschaft verleugnen. Da aber eine immer größere Anzahl der Menschen ihre eigenen Stärken und Schwächen beurteilen und eigene Ziele und Schicksale formulieren können, wird es möglich, dass wir viel mehr beisteuern, indem wir unsere speziellen Talente benutzen, und gleichzeitig auch größere Selbstverwirklichung praktizieren. Wir sind dann nicht nur Erfolgsmenschen, sondern Anführer in unserem eigenen Gebiet, Vertreter unserer eigenen Interessen.

Es gibt viele Bücher über Themen der Selbstverwirklichung und Selbstachtung, oder darüber, wie man aus diesen Triebfedern eine eigene Lebensweise und ein eigenes Schicksal schaffen kann, von Autoren wie Abraham Maslov, Anthony Robbins oder Stephen Covey. In Wirklichkeit finden viele von uns jedoch, dass die Ansprüche von Karriere und Familie diese Freiheiten eingeschränkt haben, selbst wenn wir uns schon auf halbem Wege zu unserem Ziel der Selbstverwirklichung befinden. In dem Teil Ihres Lebens, der dem beruflichen Erfolg gewidmet ist, ist es angebracht, dass Sie für Ihre Familie sorgen. Es ist ebenfalls angebracht, dass Sie den Lebensstil erreichen sollten, den Sie zur Befriedigung Ihrer Bedürfnisse brauchen. Und es ist angebracht, dass Sie Ihre Fähigkeiten und finanziellen Mittel entwickeln, indem Sie diese Fähigkeiten der Gesellschaft zur Verfügung stellen, so wie es verlangt und belohnt wird. Aber die wahre Möglichkeit, aufzublühen und Ihre höheren Bedürfnisse zu befriedigen, kommt, nachdem Sie all das erreicht haben, und nun über den nötigen Freiraum verfügen, nur noch die Dinge zu tun, die Sie schon immer tun wollten.

Wir sollten die Periode unserer Midlife-Crisis, während oder nachdem die Kinder das Elternhaus verlassen haben, als unsere größte Gelegenheit ansehen, unseren individuellen Wünschen nachzugehen, und einen kompromissloseren Lebensstil zu beginnen, der dem Allgemeinwohl trotzdem mehr geben kann.

Jim Collins, Bestseller-Autor von Built to Last, hat dies sehr treffend ausgedrückt: "Was würden Sie tun, wenn Sie $10 Millionen auf Ihrem Konto hätten, aber nur noch zehn Jahre zu leben?" Das ist genau die Frage, die Sie sich jetzt stellen sollten, selbst wenn Sie keine $10 Millionen haben, oder eine viel längere Lebenserwartung haben. Diese Fragestellung erlaubt es Ihnen nämlich, eine Vorstellung davon zu entwickeln, was Sie in diesen zehn Jahren erreichen wollen, nachdem Ihre Kinder vielleicht das Haus verlassen haben, am Höhepunkt unseres wirtschaftlichen Booms, oder kurz danach. Oder vielleicht auch früher, wenn es Ihnen nicht an den nötigen Mitteln fehlt?

Sie werden mittlerweile bemerkt haben, dass ich Ihnen keine Philosophie asketischer Sparsamkeit als besten Weg zur finanziellen Sicherheit empfehle, wie es z. B. in The Millionaire Next Door beschrieben wird. Ein Vermögen aufzubauen, und dieses dann nie auszugeben, da es nur aus Furcht vor dem Schlimmsten geschaffen wurde, erinnert mich eher an die unterste Stufe der Maslov'schen Pyramide, die sich mit dem nackten Überleben und den grundlegendsten Bedürfnissen beschäftigt. In unserem Zeitalter voller fantastischer Möglichkeiten der Spezialisierung und daraus resultierendem gesellschaftlichen Nutzen, erscheint es mir nicht erstrebenswert, meine ganze Zeit damit zu verbringen, den Rasen zu mähen, die Bäume zu beschneiden und Rabattmarken einzukleben, um hier und da ein paar Pfennig zu sparen. Solcher Kleinlichkeit fehlt der Blick fürs große Ganze. Wäre es Ihnen lieber gewesen, wenn Mutter Theresa und Bill Gates ihre wertvolle Zeit mit solchen Tätigkeiten verschwendet hätten? Oder haben diese Menschen nicht ihren besten Beitrag geleistet, indem sie sich auf ihre eigenen

Fähigkeiten konzentrierten, und eine eigene Vision der Zukunft entwickelten? Warum sollten wir diese Perspektive nicht auch auf unser eigenes Leben anwenden können?

Die Baby-Boomer sind die erste Generation, in der Familien mit doppeltem Einkommen weit verbreitet sind, und die daher noch weniger Zeit haben, die sie auf Kleinlichkeiten verschwenden könnten. Es gibt bessere Wege, sich selbst und dem Allgemeinwohl zu nützen. Möchten Sie reich sterben, nach einem Leben, in dem Sie nie die Früchte Ihres Wohlstandes genossen haben? Wollen Sie sich verabschieden, und alles Ihren Kindern überlassen, damit diese dann nach Palm Beach ziehen und eine lebenslange Party feiern? Ergibt das für Sie einen Sinn? Oder ist es nicht viel sinnvoller, Ihren Kindern und Enkeln eine genau bemessene Geldsumme für Ausbildung oder als Startkapital zu überlassen, und dann den Rest in sinnvolle Aktivitäten zum Wohle der Gesellschaft zu stecken. Ist das Anhäufen von Reichtum Ihr höchstes Lebensziel? Wie viele Menschen kennen Sie, die mit diesem Lebensziel glücklich werden?

Sich auf ein einfaches Leben zu reduzieren, ein altes Auto zu fahren und in einem kleineren Haus zu wohnen, wird in vielen Büchern als der beste Weg zu einem unkomplizierten und preiswerteren Leben empfohlen, gleichzeitig sollten Sie dann mehr Zeit für Ihre persönlichen Beziehungen aufbringen können. Bis zu einem gewissen Punkt ergibt das sicherlich einen Sinn. Aber was können Sie von einem solchen Ausgangspunkt eigentlich erreichen? Werden Sie dem Allgemeinwohl wirklich mehr Nutzen bringen, indem Sie an ein paar Ressourcen sparen? Ist das die neue Lebensqualität eines neuen Zeitalters, oder ein Rückfall in veraltete Muster, als Reaktion auf moderne Veränderungen und Aufgaben? In Wahrheit können diese modernen Herausforderungen uns dabei helfen, unseren Lebensstandard zu heben, solange wir sie akzeptieren und uns nicht einschüchtern lassen. Die "guten alten Zeiten" waren bei weitem nicht so gut, wie wir manchmal nostalgischerweise glauben möchten.

Für manche Menschen sind Prinzipien des einfachen Lebens und der Bescheidenheit sehr wichtig, und repräsentieren somit deren höchste Ziele und angestrebte Lebensweise. Das ist vollkommen verständlich. Wir sollten alle die Freiheit haben, das Leben unserer Wahl zu führen. Aber die anderen sollten sich keine Schuldgefühle einflößen lassen, nur weil sie die Entwicklung des Menschen weiterführen und einen weiteren Schritt nach vorne machen wollen. Das soll nicht bedeuten, wir sollten Geld verschwenden und unser Einkommen verprassen, oder nur für heute leben, ohne Rücklagen für die Zukunft zu schaffen oder dem Allgemeinwohl zu dienen. Ich versuche nur zu verhindern, dass wir eine eingeschränkte Sichtweise über das Geld und dessen Rolle in unserem Leben kultivieren. Geld sollte Freiheit und vermehrte Lebensenergie bedeuten und keine Einschränkung unserer Möglichkeiten. The Millionaire Next Door gab uns einen enthüllenden Einblick in das wirkliche Leben vieler wohlhabender Menschen. Aber es sollte eher als Beispiel dafür gesehen werden, wie man nicht vorgehen sollte, wenn man sich selbst verwirklichen will.

In den ersten beiden Kapiteln diese Buches habe ich gezeigt, dass wir zum ersten Male in der Geschichte die Möglichkeit haben, die wirtschaftlichen Trends unseres gesamten Lebens vorauszusehen, und wie wir unsere Portfolios konstruieren können, um in guten wie in schlechten Zeiten ein garantiertes Einkommen zu haben. Darum kann ich Ihnen auch jetzt nicht empfehlen, jeden Pfennig zweimal umzudrehen, und kräftig für die nächste Depression zu sparen, obwohl diese wahrscheinlich nach 2009 wirklich eintreten wird. Wie ich im nächsten Kapitel zeigen werde, können solche Perioden des wirtschaftlichen Niedergangs Menschen, die über die nötigen Mittel verfügen, gute Gelegenheiten zur Mehrung ihres Wohlstandes bieten. Es wird immer mehr Bereiche in unserer Gesellschaft geben, die unsere Talente und unseren Beitrag zu schätzen wissen. Neue Möglichkeiten und Bedürfnisse entwickeln sich ständig, in einem rasantem Tempo. In Zeiten der Depression fallen die Preise und die Lebenshaltungskosten sinken. Es gibt also keinen Grund, sich über die Kosten Ihres Ruhestandes Sorgen zu machen, solange Sie die Gegenwart systematisch dazu nutzen, Rücklagen zu schaffen.

In schwierigen Zeiten, wie in den 30ern oder 70ern, gibt es eine Unzahl von Geschäftsgelegenheiten und Innovationen für all jene, die frei genug sind, Veränderungen als Chancen wahrzunehmen und nicht als Bedrohung. In Depressionszeiten entstehen neue Produkte und Industrien. Tatsächlich ist es in schlechten Zeiten in vieler Hinsicht einfacher, ein Vermögen zu verdienen, als in guten Zeiten. Aber Sie müssen wissen, wann der Einbruch kommen wird, und dürfen sich nicht von schwierigen Trends überwältigen lassen. Die meisten Menschen verheddern sich in Jobs, Unternehmen, Lebensweisen, Immobilien oder Geldanlagen, die schnell obsolet werden oder an Wert verlieren. Nur wenige haben die nötige Aufmerksamkeit, in Zeiten der Rezession die neuen Trends wahrzunehmen und als Gelegenheiten zu nutzen. In Zeiten der Deflation wie den 30er Jahren, oder nach 2010 in der Zukunft, ist es schwierig, einen Job zu finden oder ein veraltetes Unternehmen durchzubringen. Wenn Sie aber einen sicheren Arbeitsplatz haben oder, idealerweise, Ihr eigenes Unternehmen oder eine gemeinnützige Gesellschaft gegründet haben, oder wenn Sie vielleicht in dem unglaublichen Boom der nächsten Jahre genügend Investitionen für Ihre eigene finanzielle Absicherung getätigt haben, werden Ihre Lebenshaltungskosten fallen, die Möglichkeiten geschäftlicher Natur werden sich vervielfachen, und Ihre Freiheit, das Leben zu genießen, wird größer werden.

Die einzige Frage, die Sie sich jetzt stellen sollten, ist diese: "Was will ich wirklich mit dem Rest meines Lebens anfangen?"

Vielleicht haben Sie eine Idee für ein eigenes Unternehmen, oder würden lieber nur noch Teilzeit in Ihrer Firma arbeiten, um mehr Zeit für Ihre Hobbies und wohltätige Aktivitäten zu haben? Vielleicht gibt es Stiftungen oder andere Gruppen, die sich um die Lösung bestimmter Probleme bemühten, die Sie vermehrt unterstützen wollen, sei es mit Spenden, oder Ihrer eigenen Zeit und Energie? Sie könnten eine Stiftung mit großen Steuervorteilen gründen, die Ihnen ein festes Einkommen zahlt und nach Ihrem Ableben Ihr Vermögen erhält. Oder Sie könnten Ihre eigene wohltätige Gesellschaft gründen. Es gibt Möglichkeiten der Steuerersparnis, die einen solchen Plan schneller in die Tat umsetzen könnten, als Sie vielleicht glauben. Sie sollten sich aber schon jetzt diese Fragen stellen, und sich entscheiden, wie Ihre Zielsetzung für die Zukunft überhaupt aussieht.

Wenn Sie sich frei entscheiden könnten, wo würden Sie leben wollen? Vielleicht in einem ganz anderen Teil der Welt? Wenn Sie die Steuervorteile ausnutzen, die Ihnen manche Länder und Regionen bieten, könnten Sie vielleicht zwei Fliegen mit einer Klappe schlagen, und in Ihrem derzeitigen Wohnort eine Zweitwohnung kaufen oder mieten, und an einem neuen exotischen Ort Ihr Leben verbringen. Es wird eine der grundlegenden Veränderungen der nahen Zukunft sein, dass sich immer mehr Menschen dafür entscheiden werden, in attraktiveren Kleinstädten zu leben, sei es in Urlaubsorten, Kurstädten, Universitätsstädten oder abgelegenen Vororten der Großstädte.

Diese neue grundlegende Veränderung wird in ein klares Licht getaucht, wenn Sie sich einmal vorstellen, Sie lebten in einem Kurort, und halten in den inneren Bezirken einer Großstadt nur noch eine Zweitwohnung. Aufgrund der neuen Transport- und Kommunikationstechnologien wird dies immer mehr Menschen möglich werden. Dabei könnten Sie herausfinden, dass es die Effektivität all Ihrer Lebensbereiche optimiert, wenn Sie zwischen einem anstrengenden Leben in der Großstadt und einem kreativeren Leben in einer attraktiven Urlaubsgegend abwechseln können.

Der Schlüssel zu Ihrer Selbstverwirklichung liegt in dem richtigen Verständnis Ihrer individuellen Talente und Bedürfnisse. Was benötigen Sie, um zu lernen und sich weiter zu entwickeln? Wie können Sie Ihre Fähigkeiten am besten einsetzen, um der Allgemeinheit den größten Nutzen zu bieten? Was haben Sie in Ihrem Leben erlebt oder gelernt, das einzigartig ist und von niemand anderem erlebt wurde? Wie kann das Ihre persönliche Vorstellung davon beeinflussen, wie man die Welt verbessern könnte? Welche neuen Produkte oder Dienstleistungen könnte jemand wie Sie selbst benötigen? Welche wichtigen Missstände werden nicht so angegangen, wie Sie es tun könnten? Wie vieler Ungerechtigkeiten sind Sie sich bewusst, die behoben werden könnten? Und wie könnten Sie Ihre ureigenen Fähigkeiten, Erfahrungen und Talente optimal in diese Aktivitäten einbringen?

Sobald Sie eine Vorstellung davon entwickeln, wie Sie sich am besten zum Wohle der Gemeinschaft einbringen können, müssen Sie sich mit den Realitäten auseinandersetzen. Was benötigen Sie, um Ihre Vorstellungen Wirklichkeit werden zu lassen? Welche Personen oder Fähigkeiten könnten Ihnen dabei behilflich sein, und wie könnten Sie das kommunizieren? Welche Ressourcen oder Finanzmittel würden Sie brauchen? Welche Technologien oder Systeme werden zur Verwirklichung Ihrer Pläne benötigt?

Die kreativsten, visionärsten und effektivsten Geschäftsmänner und Unternehmer in allen Bereichen haben schon immer im vollen Bewusstsein eines einfachen Geheimnisses des kreativen Prozesses agiert. Sie beginnen mit einer detaillierten Vision, von deren Verwirklichungspotenzial sie intuitiv überzeugt sind, selbst wenn es sich um ein völlig neuartiges, nie vorher realisiertes Projekt handelt. Die Stärke dieser Vision treibt den Entwicklungsprozess voran, weit mehr als übervorsichtige Planung und ehrgeizige Zielsetzungen. Eine starke Vision der Innovation schafft eine unvermeidliche Spannung zwischen der erfahrbaren Realität und der Vision selbst, die sich nur in der Realisierung dieser Vision auflösen kann. Die Tatsache, dass diese Vision noch nicht Realität geworden ist, wird unerträglich. Das motiviert nicht nur Sie selbst, sondern auch die Menschen, die Sie zur Verwirklichung Ihres Projektes einspannen, so dass Sie all die unakzeptablen Realitäten, die sich in Ihren Weg stellen, konfrontieren und verändern können.

Wie das genau vor sich geht, kann nie total und bis ins kleinste Detail geplant werden. Eine solche Vision zwingt Sie gewissermaßen zur Improvisation. Das ist etwas, dass hervorragende Persönlichkeiten im Sport, in der Politik oder der Geschäftswelt immer wieder erfahren und beschrieben haben. Sie werden von Ihrer

Vision derartig eingenommen, dass Sie selbst ein Teil davon werden! Ihre Reaktionen und Aktionen geschehen rein intuitiv. Herausforderungen und Schwierigkeiten werden konfrontiert, sobald sie auftauchen. Das soll jetzt nicht heißen, der gesamte Prozess sei ein Kinderspiel. Es wird schwierig sein, aber Ihre Vision entschädigt Sie für alle Hindernisse. Lösungen präsentieren sich, wenn Sie es am wenigsten erwarten, oft durch unerwartete Einsichten und Helfer. Ihre Pläne passen sich veränderten Situationen sofort an. Ihre Fehlschläge werden der Weg zum Erfolg.

Dabei planen Sie sehr wohl jede Stufe des Entwicklungsprozesses und setzen sich Etappenziele, aber diese sind schnell überholt, während Ihre direkte, intuitive Erfahrung Ihnen neue Einsichten und Möglichkeiten liefert, die in einem rigiden System der Planung und Zielsetzung gar nicht vorhergesehen und berücksichtigt werden könnten. Dann setzen Sie sich aufgrund dieser Einsichten neue Ziele und machen neue Pläne, und wieder kommt es zu denselben Veränderungen, die aus der Konfrontation mit der Realität erwachsen, in einem ständigen Kreislauf.

Eine starke Vision und zweckgerichtete Handlungsweise schaffen einen dynamischen Prozess, der jenseits von Bürokratie und Kontrolle liegt. Ein Weg des geringsten Widerstandes entsteht wie von selbst, wie bei einem Fluss, der sich von seiner Quelle aus den besten Weg sucht und jedesmal seinen Kurs ändert, um auf veränderte Gegebenheiten einzugehen. Das schafft den optimalen Weg zur Verwirklichung Ihrer Ziele, selbst wenn es in Zeiten größter Probleme nicht so auszusehen scheint. Erst hinterher werden Sie merken, dass Sie den besten Weg verfolgt haben.

Wäre das nicht der beste Weg, Ihre Lebensziele zu erreichen? Wäre es nicht auch der beste Weg, Ihren Kindern beim Erreichen ihrer Ziele zu helfen? Ihre Kinder haben heute ein höheres Niveau an Selbstachtung und Selbstverwirklichung erreicht, als Sie es im selben Alter hatten. Darum müssen Sie lernen, sie auch anders zu leiten.

Wie Sie Ihren Kindern zu größerer Selbstachtung verhelfen können... und größerer Selbstverwirklichung

Möchten Sie, dass Ihre Kinder ein eigenes Unternehmen oder eine gemeinnützige Gesellschaft leiten, oder sich in Ihrem Unternehmen engagieren, anstatt einen normalen Arbeitsplatz zu haben? Die Inhaber vieler Kleinunternehmen hoffen, ihre Kinder würden das elterliche Geschäft übernehmen, und oft ist das gar nicht so schlecht für die Kinder. Manchmal aber doch! Sie sollten Ihre Kinder nicht dazu zwingen, Ihre Träume zu erfüllen, auch wenn Ihre Eltern so mit Ihnen verfahren sind. Unsere Jobs sind heutzutage viel aufregender, als es die Jobs unserer Eltern waren, da es uns in zunehmenden Maße gelingt, Spaß, Selbstachtung und Selbstverwirklichung mit der Arbeit zu kombinieren, anstatt nur ein vages Zugehörigkeitsgefühl zu empfinden, während wir ums Überleben kämpfen. Warum sollten dann die Karrieren Ihrer Kinder nicht noch erfüllender sein, und der Gesellschaft viel mehr dienen, besonders wenn Sie ein paar Ideen und finanzielle Mittel dazu beisteuern?

Sie sollten sich die Zeit nehmen herauszufinden, wo die wahren Talente Ihrer Kinder liegen und was ihnen Spaß macht. Seien Sie dabei neuen Ideen über Lebensweisen und Karrierestrukturen offen, denn Ihre Kinder sind eine neue Generation, mit neuen Visionen und Begabungen. Sie haben zum Beispiel ein viel besseres Verständnis für neue Technologien und eine vernetzte Welt als wir. Sie sollten versuchen, Ihre Kinder zur Eigenverantwortung zu erziehen und Ihnen nicht alles vorschreiben oder abnehmen. Wenn Sie Ihren Kindern das Leben zu leicht machen, werden diese keine Selbstachtung aus ihren eigenen Erfahrungen und Erfolgen ziehen, und somit auch nicht die höheren Lebensziele erreichen. Innerhalb gewisser Grenzen sollten Sie Ihren Kindern genügend Freiraum lassen, ihre eigenen Fehler zu machen. Wenn dann einmal etwas schief gegangen ist, sollten Sie nicht zu streng sein, sondern ihnen helfen, aus ihren Fehlern zu lernen, und ihnen das Gefühl vermitteln, dass Fehlschläge ein ganz normaler Teil des Lebens und der Kreativität sind. Geben Sie Ihren Kindern Freiheiten, und sobald sie zeigen, dass sie mehr Verantwortung zu übernehmen imstande sind, Unterstützung. Wenn Ihre Kinder dann unverantwortlich handeln, sollten Sie diese Unterstützung zeitweilig unterlassen, besonders wenn Ihre Kinder sich zu sehr auf Fehlschläge konzentrieren, ohne aus Erfahrungen zu lernen und sich dann weiter zu entwickeln. Dabei sollten Sie immer als Ratgeber zur Hand sein und Ihre Kinder an Ihrem Erfahrungsschatz teilhaben lassen, ohne unbedingt zu erwarten, dass sie dann alles genauso handhaben wie Sie.

Eine Ethik des Engagement

Die wahre Blütezeit der Selbstverwirklichung kommt erst zustande, wenn Sie Ihre Begabungen nutzen können, um anderen Menschen, der Gesellschaft oder Ihrer Familie zu dienen. Das ist dann wirklich ein höheres Ziel und eine Quelle der Erfülltheit, viel mehr als die Freude an eigenen Erfolgen und das prahlerische Vorzeigen derselben auf der vorhergehenden Stufe der Selbstachtung. Nicht dass Sie das nicht verdient hätten, aber wie erfüllend kann das schon sein? Erinnern Sie sich an die Zeile aus Dickens' Weihnachtsmärchen, als der Geist der Zukunft zu Ebenezer sagt: "Du könntest der reichste Mann auf dem Friedhof werden!" Oder, wie es ein mir bekannter Anleger einmal ausgedrückt hat: "Was nützt einem der ganze Reichtum, wenn man nicht auch ein Arschloch sein kann?" Wenn Sie das Gefühl haben, zum Arschloch zu werden, und dass die Anhäufung von Reichtümern und ein bequemes Leben nicht Alles sind, nähern Sie sich der Stufe der Selbstverwirklichung. An welcher Stelle stehen die Millionäre von nebenan Ihrer Meinung nach auf der Skala der Glücksgefühle?

Einer meiner Freunde, der Vortragsreisende und Forscher Layne Longfellow, hat meiner Meinung nach den Begriff einer "Ethik des Beisteuerns" geprägt. Warum sollten Menschen Reichtum und

Macht anhäufen, nur um dann andere Menschen auszubeuten? Warum sollten wir enorme Unternehmen aufbauen und leiten, um dann nur noch mehr Profite zu scheffeln? Natürlich brauchen Unternehmen Profite, um weiterhin bestehen, Aktionäre befriedigen und in die Zukunft investieren zu können. Aber ist reines Profitstreben genug, um Arbeitnehmern und Kunden gegenüber Bedeutung zu erlangen?..."Oh, ich arbeite für diese Firma, da wir versuchen werden, bis zum Jahre 2010 XX Millionen Dollar zu verdienen!" Die Menschen schöpfen am meisten Befriedigung daraus, anderen zu helfen, und sich dadurch aus der Gleichförmigkeit der Masse abzuheben. Unter solchen Menschen werden Sie viel mehr Freudigkeit und Selbsterfüllung finden als unter den Dagobert Ducks dieser Welt.

In dieser neuen Ära des Wohlstandes, während eine wachsende Zahl von Menschen den zur Deckung aller Bedürfnisse nötigen finanziellen Status erreicht, können wir die Freiheit finden, uns auf die menschlichen Tätigkeiten zu konzentrieren, die wirklich wichtig sind, und eine höhere Stufe der Befriedigung darstellen, besonders jetzt, da Computer uns in immer größerem Ausmaß die bürokratischen und technischen Aufgaben abnehmen. Ich könnte mir vorstellen, dass die Ethik des Beisteuerns unter den Baby-Boomern und erfolgreicheren Geschäftsmännern ständig wachsen wird, wie auch in der Gesellschaft allgemein. Dieses Bedürfnis offenbart sich zunehmend, während die Menschen auf die Midlife-Crisis zusteuern. Diese kann einsetzen kurz nachdem die Kinder das Elternhaus verlassen haben, oder kurz nachdem Sie den Gipfelpunkt Ihrer Karriere erreicht oder das perfekte Traumhaus gekauft haben und merken, dass das nicht alles war. Dieses Prinzip der Selbstverwirklichung wurde vielleicht am besten von J. F. Kennedy ausgedrückt, als er sagte: "Fragen Sie nicht, was Ihr Land für Sie tun kann. Fragen Sie lieber, was Sie für Ihr Land tun können!" Wenn wir anstelle des Wortes "Land" Welt oder Gesellschaft einsetzen, erhalten wir eine wirkliche Vision davon, wie wir unseren Beitrag für eine bessere Zukunft leisten können.

Eine philanthropische Zukunft

Die Generation der Baby-Boomer wird innerhalb der ersten Dekade des 21. Jahrhunderts in beispielloser Zahlenstärke das Alter von Mitte 40 bis Mitte 50 erreichen. Eine wahre Menschenmasse erreicht gleichzeitig ihre Midlife-Crisis. Dazu kommt, dass der unglaubliche Boom unserer Zeit mehr Millionäre und Multimillionäre kreiert als in allen geschichtlichen Epochen zuvor. Für mich kann das nur eines bedeuten: Das Bedürfnis nach Selbstverwirklichung und die Ethik des Beitrags werden mit vereinten Kräften das größte Zeitalter der Philanthropie in der Geschichte der Menschheit einleiten. Es besteht also kein Grund für Sie, sich komisch vorzukommen, wenn Sie beginnen, ähnliche Gefühle zu hegen.

1995 gab es 500.000 Haushalte, deren Vermögen mehr als $ 5 Millionen betrug, das durchschnittliche Vermögen in dieser Gruppe wurde dabei mit $ 11,3 Millionen veranschlagt. Das bedeutet, die Anzahl solcher Haushalte hat sich zwischen 1992 und 1996 vervierfacht. Ein solches Vermögen ist mehr als ausreichend für einen guten Lebensstandard und einen beträchtlichen Beitrag finanzieller oder persönlicher Natur zu einer Vielzahl von Institutionen oder wohltätigen Gesellschaften. In derselben Statistik des Federal Reserve Bureau für 1995 wird die Zahl der Haushalte, die über ein Vermögen von $ 2,5 bis 5 Millionen verfügen, mit ebenfalls 500.000 angegeben, und die Anzahl der Haushalte mit über $ 1 Million mit 3,5 Millionen. Ich schätze, diese Zahl hat sich bis heute (1999) auf ungefähr 6 Millionen erhöht. Der kombinierte Nettowert seit 1995 wäre dann ungefähr 10 Trillionen Dollar, und im Jahre 2000 wahrscheinlich eher 20 Trillionen. Soviel Privatvermögen kann die Welt verändern!

Noch keine Erwähnung fand bisher der unglaubliche Reichtum der Unternehmer, die diese Informationsrevolution geschaffen haben, und nebenbei eine ganze Industrie neuer Produkte und Dienstleistungen. Unsere Epoche hat mit Sicherheit mehr Milliardäre hervorgebracht, inflations- und bevölkerungszuwachsbereinigt als jede andere der Geschichte. Was wird wohl passieren, wenn Bill Gates und Michael Dell in die Midlife-Crisis kommen, und nach einem tieferen Lebenssinn suchen und möglicherweise über hunderte Milliarden Dollar verfügen, die Sie nie alleine ausgeben könnten, selbst wenn sie es versuchen sollten? Viele Menschen fragen sich schon jetzt, warum diese Magnate nicht schon viel mehr gespendet haben. Der Grund hierfür liegt vielleicht in der Tatsache, dass diese Firmen sich immer noch im Aufbau befinden, und ihren größten Einfluss auf die Gesellschaft erst in der Zukunft ausüben werden - denn die derzeitige Aufgabe verschlingt alle Energien. Trotzdem wollen wir hoffen, dass die Leiter dieser Medienrevolution sich auch weiterhin ganz dieser Herausforderung widmen, bis ihr Werk eine Ebene höchsten Nutzens für die Allgemeinheit erreicht hat. Die jetzige Phase ähnelt immer noch der Stufe der Selbstachtung und des Prestige. Wenn sie die Früchte dieser Anstrengung ernten werden, und endlich die Zeit, die Mittel und den Freiraum gefunden haben, sich auf höhere Ziele zu konzentrieren, werden diese Unternehmer das Stadium der Selbstverwirklichung erreichen, und der Gesellschaft ihren größten Beitrag liefern.

Das entspräche dann genau den Ereignissen am Ende der letzten wirtschaftlichen Umwälzung. Die Rockefellers, Carnegies, Mellons und viele andere der neuen Superreichen widmeten ihr letztes Lebensdrittel dem Aufbau privater und öffentlicher Stiftungen, die noch heute existieren, und gaben somit ihren beispiellosen Reichtum wieder zurück an die Gesellschaft. Während diese Magnaten noch damit beschäftigt waren, ihren Monopolen größte Durchschlagskraft zu verleihen, und, wie im Falle Rockefellers, nicht einmal davor zurückschreckten, Rivalen in die Luft zu jagen, hätte das keiner erwartet. Wer hätte gedacht, dass diese Geschäftsmänner, die allgemein als Pfennigfuchser galten, die größten Philanthropen der Menschheitsgeschichte werden sollten?

Die meisten karitativen Einrichtungen, die mir einen Einblick gewährten, haben einen viel größeren Mangel an geeignetem Führungspersonal, mit ausreichenden organisatorischen, professionellen und unternehmerischen Fähigkeiten, als dass sie mehr Geld benötigten. Sie haben zwar hohe Ideale, aber oftmals weniger praktische Fähigkeiten als ein durchschnittlicher Geschäftsmann, um diese Ideale auch in die Tat umzusetzen. Layne Longfellow hat sich mehr als einmal öffentlich "gewundert", warum viele Menschen mit dem größten Veränderungsbedürfnis für die Gesellschaft (Ursache) sich anscheinend nie erfolgreich mit jenen zusammentun konnten, die den größten praktischen Nutzen (Wirkung) erreicht hätten, oder warum es sein sollte, dass sich diese Eigenschaften so gut wie nie in einer Person vereinigen. Ist es wirklich unmöglich, diese Fähigkeiten in einer Person vereint zu finden? Könnten diese zwei Menschentypen nicht wenigstens endlich merken, dass sie einander brauchen, oder dass die Welt ihre Zusammenarbeit braucht? Es ist meine Erfahrung, dass Ursache und Wirkung sich im Stadium der Selbstverwirklichung zusammentun. Das ist der innere Kern dieser Stufe. Man erreicht ein höheres Maß an Erfüllung, indem man seinen Horizont über die persönlichen Bedürfnisse oder die der Familie hinaus erweitert, und sich mit den Bedürfnissen der gesamten Gesellschaft identifiziert. Die Aufmerksamkeit richtet sich ganz automatisch auf diese größeren Bedürfnisse und erweitert so den Rahmen des Erfahrbaren. Durch diese Identifikation mit größeren Dingen erfährt man Wachstum. Schon jetzt rufen Menschen wie Ted Turner die finanziellen Eliten dazu auf, einen größeren Beitrag an das Allgemeinwohl zu leisten.

Ich glaube fest, dass die nicht gewerblichen und wohltätigen Einrichtungen in den nächsten Jahrzehnten das größte Wachstum innerhalb unserer Wirtschaft haben werden, insbesondere nach dem Ende des Booms 2009. Und ich glaube auch, dass diese Einrichtungen Ursache und Wirkung vereinigen werden, da unsere besten Unternehmer und Geschäftsmänner eine neue Ethik des Beisteuerns entwickeln. Der Hauptgrund dafür ist vielleicht in der Tatsache begründet, dass immer mehr Menschen in dieser zahlenstärksten Generation der Geschichte den unglaublichen Vermögenszuwachs während dieses Booms nutzen können, das Stadium der Selbstachtung und des Prestigedenkens hinter sich zu lassen. Denn nicht nur Milliardäre oder Multimillionäre können funktionstüchtige Stiftungen und wohltätige Einrichtungen ins Leben rufen, die schon immer einen weit größeren Anteil ihrer Effektivität aus dem finanziellen oder persönlichen Engagement durchschnittlicher Bürger gezogen haben. Und viele dieser Durchschnittsbürger werden sich ganz diesen wohltätigen Zwecken widmen, sobald sie die Stufe der Karriere und des Familienlebens hinter sich gelassen haben.

Sie sollten also nicht Ihren ganzen Ehrgeiz auf den Aufbau Ihres eigenen Unternehmens oder eines paradiesischen Lebens verwenden. Überlegen Sie lieber, wie Sie Ihre höheren Visionen, Fähigkeiten und Ressourcen einsetzen können, die Welt wirklich zu verändern. Das neue Zeitalter der Philanthropie wird aus vielen kleinen, fokussierten Bewegungen bestehen, die aus den Visionen von Individuen und kleinen Gruppen hervorgegangen sind, zumeist in örtlich begrenzten Einflussbereichen, die sich in einem komplexen Netzwerk gegenseitig ergänzen und unterstützen. Das ist der Grundgedanke der Vernetzung. Mehr und mehr Firmen und Unternehmen werden sich bewusst werden, dass es in Ihrem eigenen Interesse liegt, nicht nur das Vermögen Ihrer Aktionäre zu mehren, sondern auch einen wirklichen Beitrag an die Gesellschaft und Verbraucher zu leisten. Das wird auf indirekte Art wiederum den Aktionären zugute kommen, da die Verbraucher diesen Unternehmen die Treue halten werden, und somit auch in Zukunft Gewinne bringen.

Großartige Ideen und Neue Gewerbe beruhen auf persönlicher Erfahrung

Wir haben es wahrscheinlich alle schon einmal erlebt: Ein Beitrag einer anderen Person zur rechten Zeit kann den Unterschied zwischen Erfolg und Untergang ausmachen, genau so wie eine Ungerechtigkeit unser Leben, oder das eines anderen Menschen, sehr negativ beeinflussen kann. Darin liegt der Ursprung vieler großer und kleiner philanthropischer Ideen.

Welche Ereignisse hatten wohl den größten Einfluss auf Ihr Leben, oder das Leben der Personen in Ihrem engsten Kreise? Ist schon jemand aus Ihrem Bekanntenkreis wegen eines betrunkenen Autofahrers gestorben oder verletzt worden? Gibt es vielleicht ein Schlupfloch im Gesetzbuch, durch das Sie selbst, Ihre Familie, oder Ihr Unternehmen zu Schaden gekommen sind? Ist schon einmal eine Ihnen nahestehende Person an einer Krankheit gestorben, die man hätte verhindern können? Hat der Mangel eines kleinen Betrags im Grundkapital Ihres neuen Unternehmens Sie schon einmal jahrelang aufgehalten? Gibt es Produkte oder Dienstleistungen, die Sie gerne in Anspruch nehmen würden, aber nirgends finden können?

Hat es in Ihrem Leben schon einmal einen Menschen oder eine Organisation gegeben, die Ihnen zu einem kritischen Zeitpunkt eine Information, einen Ratschlag, oder eine Herausforderung zugespielt haben, die dann zu einer deutlichen Verbesserung in Ihrem Leben führte? Waren Sie früher arm, und haben es dennoch zu Reichtum und Erfolg gebracht, und haben Sie dabei vielleicht eine Wahrheit entdeckt, die anderen helfen könnte, es Ihnen gleich zu tun? Haben Sie eine geheime Quelle der Inspiration, die Ihnen oder Ihnen nahestehenden Personen geholfen hat, Ihre Lebensqualität zu verbessern? Verfügen Sie über Fähigkeiten, die einer von Ihnen bewunderten Einrichtung großen Nutzen bringen könnte? Oder haben Sie vielleicht eine Einrichtung entdeckt, die zwar funktioniert, aber dringend Geld und Expertise benötigt? Könnten Ihre speziellen Talente beim Aufbau eines neuen Produktes oder einer neuen Dienstleistung behilflich sein, die Sie selbst, oder Menschen in Ihrem Bekanntenkreis, gerne kaufen würden?

Die Liste individueller Erfahrungen ist natürlich unendlich. Die wichtigste Frage, die Sie sich stellen sollten, ist folgende: Was haben Sie in Ihrem Leben als Hinweis auf Dinge oder Tatsachen erlebt, die nicht oder noch nicht funktionieren, und natürlich auch solche, die sehr gut funktionieren? Sie können ein Gewerbe oder eine gemeinnützige Einrichtung schaffen, oder für solche arbeiten oder einen andern Beitrag leisten, und dabei Ihre eigenen Erfahrungen der Missstände in dieser Welt umsetzen. Sie sollten damit nicht länger warten als unbedingt nötig. Wenn Sie ein gewisses Niveau an Selbstachtung und Effektivität erreicht haben, sollten Sie sich höhere Ziele setzen, die Ihre eigenen Bedürfnisse überschreiten, denn immerhin haben Sie diese jetzt befriedigt und befinden sich somit in einer idealen Position, einen größeren Beitrag zu leisten. Dann werden Sie sich wahrscheinlich auch bedeutend besser fühlen.

In sozialen Fragen bin ich weder konservativ noch liberal. Liberale scheinen oft zu denken, man müsse nur genügend öffentliche Gelder im Namen zentralisierter Regierungsprogramme ausgeben, ohne dann Resultate zu erbringen oder unter dem Druck zu stehen, solche vorlegen zu müssen. Konservative wollen sich immer auf die Programme und Moral der guten alten Zeiten zurückziehen, oder einfach auf das Gesetz "des Überlebens der Stärksten" zurückgreifen. Wenn dann Menschen es nicht schaffen, sollen sie verhungern und Fähigeren Platz machen. Ich glaube, die Entwicklung des Menschen kann eine neue Moral und neue Regeln schaffen, die sich auf einer höheren Ebene befinden als die Regeln der Tier- und Pflanzenwelt. Und genau so glaube ich, dass die Vermögenderen und fähigeren Mitglieder unserer Gesellschaft die Ausbildung und den Lebensstandard der benachteiligten Mitglieder anheben können, ohne sie ständig nur auszubeuten, auf dieselbe Art, wie es Eltern mit ihren Kindern tun. Oder versuchen Sie etwa, Ihre Kinder auszubeuten, nur weil Sie über mehr Macht und Fähigkeiten verfügen? Versuchen Sie nicht vielmehr, Ihren Kindern zu helfen, damit sie Ihre Lebensqualität und Fähigkeiten noch übertreffen können?

Ich habe einmal von einer sehr praktischen philanthropischen Idee gehört, in der ein Vorstandsmitglied eines Großunternehmens sich aus dem Arbeitsleben zurückzog und eine Stiftung ins Leben rief, die Menschen in unterentwickelten Ländern Geld verfügbar machte, um sich zum Beispiel einen Kühlschrank kaufen zu können, der es dann diesen Menschen wiederum möglich machte, den

Verkauf von Getränken am Straßenrand zu optimieren. Die so geförderten Individuen waren dazu angehalten, aus dem vermehrten Gewinn ihrer Unternehmen diese kleine Geldsumme zurück zu zahlen, soweit ihnen das überhaupt möglich sein sollte, und diese Gelder wurden dann wieder anderen Individuen in Not zur Verfügung gestellt. Diese Stiftung hatte sich offensichtlich den Grundsatz guter Entwicklungshilfe zu Herzen genommen: "Anstatt den Armen einfach einen Fisch zu schenken, sollte man ihnen besser beibringen, wie sie selbst fischen können." Diese erfolgreiche und wachsende Stiftung gab den Menschen, was sie brauchten aber vermittelte ihnen auch einen Ansporn, ihr Gewerbe aufzubauen und ihre Kreditwürdigkeit zu untermauern, und das alles in einem einfachen Rahmen, der auf die jeweilige Situation abgestimmt war.

Natürlich konnte jeder, der seinen Kredit zurückgezahlt und eine Idee zur weiteren Expansion hatte, einen erneuten Kredit bekommen. Gelegentlich entstanden auf diese Art kleinere Unternehmen, die auf dem normalen Wege von Banken Kredite bekommen und oft sogar Arbeitnehmer beschäftigen konnten, vielleicht unter den Mitgliedern der eigenen Familie. Die Stiftung war sehr erfolgreich, und nutzte ihre Ressourcen sehr intensiv, was wiederum die Effektivität verstärkte. Die Rückzahlungsquote dieser kleinen Kredite (die eine Bank nie in Erwägung gezogen hätte) betrug über 95%!

Diese wohltätige Organisation hätte also auch als gewinnbringendes Unternehmen angelegt werden können. Jenseits des Wirkungskreises der Großunternehmen gibt es viele Marktlücken, die auf passende Unternehmen warten, sie zu füllen. Mit Ihrer persönlichen Vision und Ihren individuellen Fähigkeiten könnten Sie Dienstleistungen und Produkte schaffen, die diese Rolle übernehmen, und in dieser Form noch nicht existieren. In unserer neuen Wirtschaft wird es zunehmend schwieriger, zwischen profitorientierten und nichtgewerblichen Unternehmen zu unterscheiden, oder solche abzugrenzen, die von einer ganz persönlichen Vision geleitet werden. Das kommt von der Tendenz der Selbstverwirklichungsethik, beide Motive, also Ursache und Wirkung, Sinn und Profitstreben, miteinander zu verschmelzen.

Die neuen Generationen, sei es die der Baby-Boomer, Generation X oder die Generation der Jahrtausendwende (die oft auch Echo-Boom oder Generation Y genannt wird), haben das Potenzial, den größten Umsturz in der Entwicklung des Menschen herbei zu führen. Seit Menschengedenken - und ich lade Sie dazu ein, dies zu überprüfen – haben die Menschen, die über die nötige Macht und die notwendigen Ressourcen verfügten, jene mit weniger Macht und Ressourcen unterjocht und ausgebeutet; dieser Prozess fängt mit der Ausbeutung der Tiere an. Dieses skrupellose Machtstreben hat letztendlich über Jahrzehnte oder Jahrhunderte hinweg zu technischen Neuerungen und einer breiteren Verfügbarkeit von Ausbildungsmöglichkeiten geführt, und so mit der Zeit den allgemeinen Lebensstandard angehoben. Die Vorgehensweise selbst reflektiert aber einen Überlebenskampf primitivster Art, und eine vulgäre Einstellung zur Stufe der Selbstachtung.

Die erfolgreichsten und fähigsten Menschen in dieser ungaublichen Epoche des Wohlstandes sollten die Anführer einer neuen Ethik des sozialen Engagements und einer neuen Phase der Selbstverwirklichung sein. Und das kann nur passieren, während die neuen Generationen sich auf die "Power-Jahre" ihres höchsten Einflusses und Einkommens zubewegen. Zum ersten Male muss eine solche Bewegung, die allen Schichten der Gesellschaft zugute kommen wird, nicht mehr von einem aufgeblähten, bevormundenden und bürokratischen Staatswesen ausgehen. Das New Deal und der Aufstieg der Gewerkschaften in den 30er Jahren hatten zum Ziel, Einkommen gerechter zu verteilen und ein soziales Sicherheitsnetz für Benachteiligte zu schaffen, und waren eine direkte Reaktion der durchschnittlichen Arbeiter und Wähler auf die Ausschweifungen der Reichen in den Wilden 20ern.

Dieses Mal sollte eine ähnliche Bewegung von den Visionen und guten Absichten jener Individuen ausgehen, die aufgrund ihrer hervorragenden Fähigkeiten am meisten von dem Boom profitieren. Dann kann die Regierung folgen, dezentralisierter und vernetzter als bisher, und Vorbilder setzen, Unterstützung bieten, gute Projekte belohnen und die Öffentlichkeit allgemein bilden, um private Anstrengungen zu unterstreichen. Wir müssen nicht als eine neue Generation in die Geschichte eingehen, die ihr Vermögen nur dazu genutzt hat, ihre eigenen Arbeiter oder die Menschen in weniger weit entwickelten Ländern auszubeuten. Oder möchten Sie von Ihrer letzten Ruhestätte auf ein solches Bild zurückschauen? Onkel Dagobert oder nicht Onkel Dagobert...das ist die Frage. Denken Sie einmal darüber nach.

Mit 40 erledigt?

Es gibt noch einen anderen Trend, der uns in dem Moment, in dem unsere Kinder das Elternhaus verlassen, dazu bringen sollte, unsere Lebensplanung hinsichtlich unserer Arbeit und unseres Beitrages zur Gesellschaft neu zu überdenken. Dank der rasanten Fortschritte in der Technologie, den berufsbezogenen Fähigkeiten und kommerziellen Modellen liegt eine einzigartige Entwicklung vor: Auf dem Arbeitsmarkt sind jüngere Arbeitnehmer zunehmend im Vorteil. Sie hatten schon immer die Innovation auf ihrer Seite, aber der wachsende Erfahrungsschatz im Alter hat auch immer schon dazu geführt, dass Arbeitnehmer über 40 am besten bezahlt wurden und am produktivsten waren. Und in antiken Kulturen wurde älteren Menschen und ihrer überlegenen Weisheit und Erfahrung ein noch größerer Respekt gezollt.

Das ist immer weniger der Fall. Veränderungen ereignen sich in einem derart rasanten Tempo, dass der Innovationsfaktor immer mehr Gewicht erhält, und unsere Erfahrungen uns am Arbeitsplatz eher im Wege stehen. Das führt zu einer Situation, in der die jüngeren Arbeitnehmer schneller befördert, und selbst in Schlüsselpositionen bevorzugt werden. Warum sollte man ihnen aber nicht die "schwere Arbeit der Produktion und technischen Innovation" überlassen, und die älteren Arbeiter üben dann Funktionen aus, die eine tiefere Einsicht erfordern darüber, wie man die Gesellschaft verändern könnte, auf eine menschliche und sinnerfüllte Weise? Das wird die neue Definition der Weisheit sein: eine Ethik des Engagement, die durch Wachstum und Erfahrung in die Stufe der Selbstverwirklichung hinein reicht, nicht nur die technischen und professionellen Fähigkeiten, die auf der Stufe der Selbstachtung die Karriere fördern.

Der Leitartikel der Januar-Ausgabe von Forbes 1995 hatte den Titel: "Erledigt mit 40?". Viele hochqualifizierte professionelle Arbeitnehmer werden anscheinend als "veraltet" angesehn, und finden es schwer, noch eine Anstellung zu finden. Wieder müssen wir dies nicht unbedingt als Bedrohung oder ein schlechtes Zeichen bewerten, sondern eher als Hinweis auf die Notwendigkeit, unsere Karriere und unser Leben früher als unsere Eltern zu verändern. 40 ist ein gutes Alter, ein eigenes Unternehmen zu starten, oder eine nicht gewerbliche Einrichtung, oder in Teilzeit als Berater für eine Firma zu arbeiten, den jüngeren Arbeitnehmern ein erfahrener Lehrer zu sein, und jüngeren und innovativeren Menschen den Platz zu räumen. Oder vielleicht könnte sich eine Rolle in Ihrer Firma finden lassen, in der Ihre Vorstellungen gefragt sind, während Sie den Jüngeren die Administration und Produktion überlassen. Dadurch würde Ihnen die Freiheit gegeben, schon bedeutend früher in Ihrem Leben in die Stufe der Selbsterfüllung überzugehen. Und das ist definitiv ein Luxus, und kein Notstand.

Leben und Arbeit verändern sich und machen die schnellsten Fortschritte seit Anfang der Geschichte. Diesen Veränderungen widerstreben zu wollen, kann nur zu größeren Unannehmlichkeiten und Schwierigkeiten führen. Nehmen Sie den Stier lieber bei den Hörnern. Noch heute sollten Sie sich entscheiden, wie Sie den Lebensstandard erreichen werden, den Sie schon immer wollten, aber für unerreichbar hielten. Das soll nicht heißen, Sie müssten verantwortungslos handeln und Ihr Leben verpfuschen, sondern soll Sie eher dazu anhalten, Ihre persönlichen Vorstellungen in den Fahrersitz zu setzen, Veränderungen gegenüber offen zu bleiben, kalkulierte Risiken einzugehen, und die Fehler zu tolerieren, die unweigerlich eintreten werden, sobald Sie die Dinge fließen lassen, und aus ihnen zu lernen. Nur so können wir lernen und uns entwickeln, und nur so hat sich unser aller Lebensqualität historisch verbessert.

Innerhalb einer klaren aber offenen Vorstellung, kalkulierte Risiken einzugehen, anstatt alles bis ins kleinste Detail zu planen, ist meinen Erfahrungen nach der Schlüssel zum Erfolg der besten Unternehmer und Geschäftsleute. Wie ich schon in den vorangegangenen Kapiteln erläutert habe, gibt es viele vorhersehbare Trends, die uns bei der Verwirklichung und Steuerung unserer Vorstellungen helfen können. Aber es gibt auch viele unerwartete Herausforderungen, die sich in Zeiten der beschleunigten Veränderungen wie von selbst ergeben. Deshalb müssen unsere Vorstellungen klarer werden als in der Vergangenheit, und unser Geist offener.

Es gibt noch einen wichtigen vorhersehbaren Trend, der nicht nur unsere Gewerbe und Projekte beeinflussen, sondern auch unsere Lebensqualität und zukünftigen Lebenshaltungskosten verändern wird. Die Inflationsrate wird in der nächsten Dekade flach und niedrig bleiben. Dadurch werden die Lebenshaltungskosten und Geschäftskosten zum ersten Male seit den 30er Jahren merklich sinken, in Übereinstimmung mit dem 80er-Jahre- (oder 2-Generationen-) Zyklus, wie in Kapitel 1 erklärt wurde. Unser ganzes Leben lang wurde uns eingeschärft, man müsse sich gegen Inflation wappnen. Nach 2009 müssen wir uns auf eine neue Epoche der Deflation einrichten. Werden niedrigere Lebenshaltungskosten eine gute Veränderung bedeuten? Im nächsten Kapitel möchte ich Ihnen zeigen, wie Sie diesen Trend ausnutzen können, obwohl es in der Wirtschaft insgesamt zu einer Rezession kommen wird.

Kapitel 6

Den Inflationsmythos dekonstruieren

Von den späten 60er Jahren bis 1980 haben wir die größte inflationäre Epoche der Geschichte durchlebt. Sie resultierte aus dem größten globalen Bevölkerungszuwachs der Geschichte, die sich besonders nach dem II. Weltkrieg ereignete. Phasen der Inflation folgen immer einem Bevölkerungswachstum, da junge Menschen sehr kostenintensiv unterstützt werden müssen, während sie heranwachsen und lernen. Diese Unterstützung erfolgt nicht nur von den eigenen Eltern, sondern auch von der Gesellschaft und der Regierung, die Schulen und Ausbildungsplätze bereitstellen müssen. Wenn die jungen Menschen dann endlich ihr Arbeitsleben antreten, werden sie produktiv und bringen der Gesellschaft ihren Beitrag als Arbeitnehmer und Verbraucher. Zu diesem Zeitpunkt beginnt die Inflationsrate abzuflachen. Doch noch während sie ihre ersten Arbeitsplätze füllen, muss die Industrie enorme Summen in Fabriken, Bürogebäude, Ausrüstung, Maschinen und Jobtraining investieren. Dann bringen die jungen Innovatoren neue Technologien mit sich, also Produkte, die über lange Zeiträume hinweg der Investition seitens der Gesellschaft und Industrie bedürfen, bis es zu einem Gewinn kommen kann. Ich habe diese Konzepte schon in Kapitel 1 angeschnitten.

Aber 1980 erreichte diese Inflationskurve ihren Höhepunkt, während die größte Anzahl der Baby-Boomer gleichzeitig Arbeitnehmer wurden. Und seitdem fällt sie trotz der geläufigen aber veralteten Theorien, wirtschaftliches Wachstum erhöhe den Inflationsdruck. Ökonomen behaupten auch, ein wachsendes Regierungsdefizit verursache höhere Inflation – trotzdem fällt die Inflationsrate seit 1980, obwohl sich das Regierungsdefizit bis 1992 auf ein historisches Hoch bewegte. Die gegenwärtigen Theorien über Inflationszeiten sind also offensichtlich falsch. Tatsächlich scheinen sie völlig an den Realitäten vorbei zu gehen.

Bis zu diesem Punkt habe ich versucht, Wirtschaft und Geldanlagen grob vereinfacht darzustellen. Und jetzt werde ich Sie bitten, mit mir einen genauso einfachen und kurzen Blick auf unsere Geschichte von mehreren tausend Jahren zu werfen. Warum? Um noch besser zu verstehen, warum wir uns im größten Boom der Geschichte befinden, warum die Inflationsrate in den 70er Jahren so hoch war, warum sie heute so niedrig ist, und warum wir nach den nächsten zehn Jahren fallende Preise, also eine Deflation, sehen werden. Denken Sie es sich einfach als die einfachste Geschichtsstunde, die Sie je abgesessen haben, eine Geschichtsstunde, die Ihnen obendrein noch eine viel bessere Perspektive darüber vermittelt, wie wir langfristig ein Vermögen aufbauen und unseren Lebensstandard verbessern können.

Mein intensives Studium der Geschichte hat es mir erlaubt, einige sehr einfache Theorien zu entwickeln, die mir eine neue Sichtweise und ein neues Verständnis der wirtschaftlichen Prozesse vermittelt haben. Als ich mich in die Details der Geschichte von Tausenden von Jahren vertiefte, fiel mir auf, dass Perioden hoher Inflation sich fast immer zur selben Zeit ereigneten wie wichtige technologische Neuerungen – von Sattel, Zaumzeug und Hufeisen im 10. Jahrhundert, über die Druckerpresse, ozeantaugliche Segelschiffe und Schwarzpulver im 15. Jahrhundert, bis zur Dampfmaschine im späten 18. Jahrhundert und die Medienrevolution der jüngsten Vergangenheit. Der Hauptzyklus dieser grundlegenden Veränderungen beträgt 500 Jahre. Ein kleiner Nebenzyklus unterteilt diesen noch einmal in Perioden von ungefähr 80 Jahren .

In der jüngeren Vergangenheit gab es eine Welle der Inflation zur Zeit der industriellen Revolution mit zunehmender Verbreitung der Dampfmaschinen, ausgehend von Großbritannien im späten 18. Jahrhundert. Eine andere Inflationswelle ereignete sich um die letzte Jahrhundertwende mit dem Auftauchen von Elektrizität, Telefon und Automobil. Und die Inflationsrate schoss wieder in die Höhe, als die ersten PCs die gegenwärtige Informationsrevolution einleiteten.

Wenn die Bevölkerung rasch zunimmt, ist es anfangs unvermeidlich, dass die wachsende Anzahl innovativer und rebellischer junger Menschen sowohl die öffentlichen Ausgaben als auch soziale und technologische Veränderungen vermehren. Diese neuen Erfindungen sind teuer und verschlingen zuerst Unsummen als Investitionskapital in diese neuen Infrastrukturen. Darum ist es nur zu erwarten, dass auf einen Bevölkerungszuwachs eine Inflationswelle folgt, sobald die jungen Menschen mit ihren Erfindungen in die Arbeitswelt eintreten, und dass es dann zu einem Boom kommt, während die Heranwachsenden ihre Produktivität steigern, und durch erhöhte Ausgaben als Konsumenten Expansion und Wachstum fördern. Genau diese Steigerung der Produktivität bereitet der Inflation ein Ende, obwohl Wachstum und Nachfrage steigen. Deshalb sind historische Boomperioden selten durch gleichzeitige Inflationen gekennzeichnet.

Am Anfang des 19. Jahrhunderts, kurz nach Beginn der industriellen Revolution, kam es zu einer hohen Wachstumsrate bei fallender Inflationrate, welche dann lange niedrig lieb. Die Boomperiode von 1865 bis 1885 folgte der Inflation während des Amerikanischen Bürgerkrieges, und zeigte ähnliche Trends: zuerst eine fallende und dann stabile niedrige Inflationsrate. Die wilden 20er, die der Inflationswelle des I. Weltkrieges folgten, waren bis 1922 von einer niedrigen Inflationsrate begleitet, dann, bis 1929, pendelte sich die Inflationsrate bei nahe 0 ein, obwohl die Wirtschaft unglaubliches Wachstum verzeichnete. Im Boom der 50er und 60er Jahre stand die Inflationsrate bei 0% bis 2%, nachdem es während und nach dem II Weltkrieg kurz zu einer Inflationswelle gekommen war. Jetzt, zwischen 1980 und 1998, haben wir eine stetig fallende Inflationsrate gesehen, trotz eines gewaltigen Booms in der Wirtschaft. Ich erwarte darum auch im kommenden Jahrzehnt relativ niedrige, flache Inflationsraten.

In The Great Wave benutzt David Hackett Fischer die besten akademischen Forschungsergebnisse, um zu zeigen, dass historische Inflationswellen immer mit einer leichten zeitlichen Verzögerung auf ein Bevölkerungswachstum folgen. Er zitiert viele Beispiele von Bevölkerungswachstum aus verschiedenen Perioden der Geschichte und aus verschiedenen Regionen, die seine These untermauern, da die genannten Perioden immer von Inflationswellen begleitet und/oder gefolgt werden. Aber er hat seine Ergebnisse nie so bündig zusammengefasst wie ich es in der nächsten Abbildung tun werde.

Abbildung 6-1 zeigt eine wissenschaftliche Projektion der Bevölkerungstrends basierend auf logarhythmischen Verhältnissen, ähnlich wie ich sie in Kapitel 1 für den Dow-Kanal (Abb. 1-2) verwendet habe. Diese Darstellung hilft uns, einen besseren Einblick in die Langzeittrends zu gewinnen. Sie zeigt uns ebenfalls die normalen nummerischen Bevölkerungstrends, die sich seit 1700 exponentiell vermehren (also fast senkrecht steigen). Der Sinn einer auf Verhältnissen basierenden Kurve ist es, langfristige Wachstumskanäle zwecks besserer Verständlichkeit als lineare Trends darstellen zu können. Ich ziehe es deshalb vor, mich auf die stabilere logarhythmische (oder Verhältnis-) Kurve in dieser Abbildung zu beziehen.

Am Anfang der Kurve können wir klar erkennen, wie das Bevölkerungswachstum mit der Entwicklung der Landwirtschaft vor vielen tausend Jahren einen rapiden Zuwachs erfährt, sobald wir uns dem unglaublichen Reichtum der griechischen und römischen Epoche nähern, von ungefähr 600 vor bis 400 nach Christi

Geburt. Dann kam eine Periode abnehmenden Bevölkerungswachstums, während des frühen Mittelalters von 500 bis 900. Vom Jahre 1000 bis ungefähr 1300 gibt es dann wieder mehr Bevölkerungszuwachs, dann verlangsamt sich das Wachstum ein Jahrhundert lang bis in die Mitte des 15. Jahrhunderts. Jetzt steigt die Kurve wieder rapide bis Anfang des 17. Jahrhunderts, und legt dann eine erneute Pause ein. Dann steigt das Bevölkerungswachstum seit Mitte des 18. Jahrhunderts steiler als je zuvor, bis in unsere moderne Epoche mit ihrem beispiellosen Wachstum. Das Bevölkerungswachstum hat sich seit dem II. Weltkrieg auf eine noch nie erreichte Zuwachsrate angehoben – die massive Generation der Baby-Boomer weltweit.

6-1. Globale Geschichte des Bevölkerungswachstums

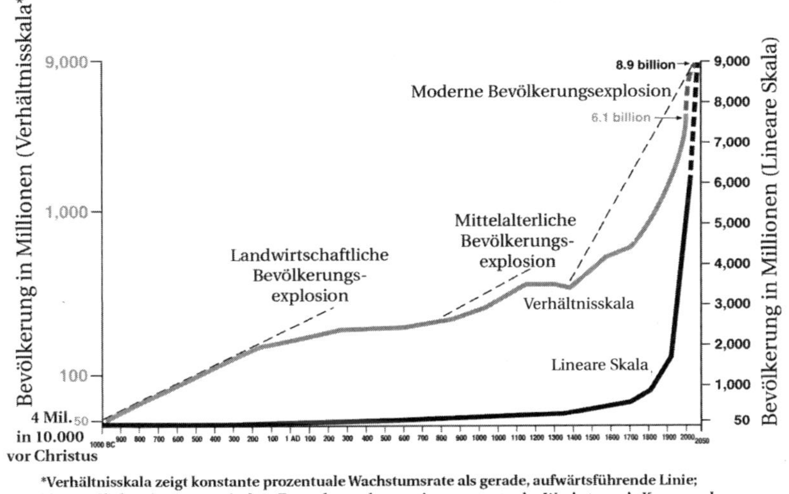

*Verhältnisskala zeigt konstante prozentuale Wachstumsrate als gerade, aufwärtsführende Linie; Lineare Skala zeigt summarischen Zuwachs, so dass stetiges prozentuales Wachstum als Kurve nach oben erscheint
Quelle: Forbes, 25. Januar 1999, Seite 58-59
Nachforschung: Edwin S. Rubenstein, research director, Hudson Institute, Indianapolis
Daten: Colin McEvedy und Richard Jones, Atlas of World Population History, U.N. Secretariat, World Population prospects: The 1998 Revision, the Census Bureau

Die Schlussfolgerung ist einfach und offensichtlich. Wenn die Bevölkerung wächst, erhöht sich auch die Zahl der technologischen Innovationen, und es kommt zu wirtschaftlichen Fortschritten. Die größten wirtschaftlichen und kulturellen Perioden der Weltgeschichte waren auch immer von Wellen des Bevölkerungswachstums begleitet. Wenn das Bevölkerungswachstum sich verlangsamt, verringern sich auch die technologischen und wirtschaftlichen Wachstumsraten, sowie der allgemeine Lebensstandard. Die meisten "dunklen" oder schrecklichen Epochen ereigneten sich zu Zeiten verringerten Bevölkerungswachstums.

Wenn Inflationsperioden auf erhöhtes Bevölkerungswachstum folgen, und somit einen Hauptindikator wirtschaftlichen Wachstums darstellen, dann müsste es auch einen Zusammenhang geben zwischen steigenden Inflationsraten und der allgemeinen Lebensqualität. Abbildung 6-2 verdeutlicht diesen Zusammenhang anhand sehr grober Messungen historischer Inflationsraten, die ich eigenhändig erstellt habe, indem ich Informationen auf tausenden von Seiten geschichtlicher Abhandlungen durchgegangen bin, die Daten über ungefähre Inflationsraten der letzten 3000 Jahre enthielten, vom Anfang der griechischen Epoche bis zur Gegenwart.

Bis Ende des 5. Jahrhunderts (Untergang des Römischen Imperiums) stieg das Wirtschaftswachstum. Dann sinken sowohl das Wirtschaftswachstum wie auch die Inflationsrate bis ungefähr zum Jahr 1000 unserer Zeitrechnung. Ich möchte Sie noch einmal daran erinnern, dass es sich hier um eine grob vereinfachte Darstellung von Daten handelt, die für vergangene geschichtliche Epochen nur sehr schwer zu schätzen sind. Ich gehe dabei von Schätzungen aus, die ich anhand überlieferter Preisveränderungen anstellte, wie sie von Historikern überliefert worden sind. Als ich diese Daten Mitte der 80er Jahre erstmalig zusammenstellte, hatte ich keine Vorstellung davon, welche Schlussfolgerung daraus zu ziehen wäre, oder wie die Trendlinien verlaufen würden. Aber die resultierenden

Kurven bestätigten die selben 4-stufigen wirtschaftlichen Zyklen, die ich auch schon in vorherigen Nachforschungen über Zyklen der Produktion und Technologie entdeckt hatte, und decken sich ebenfalls mit dem 80-Jahre-Zyklus, den ich schon in Kapitel 1 dieses Buches beschrieben habe.

Es gab eine Periode der Innovation vom Anfang der griechischen Epoche (1000 v. C.) bis Ende des 4. Jahrhunderts v. C., dann folgte ein Wachstumsboom vom ungefähr 200 v. C. bis 400 n. C. Als nächstes kam eine Zeit der Krise und Deflation, von ungefähr 500 bis 900 n.C. Die Kreuzzüge und die Renaissance des 14. und 15. Jahrhunderts begannen den kraftvollen Reifeboom der westlichen Zivilisationen, der bis in die Gegenwart reicht. Jetzt ist dieser 3000-jährige Zivilisationszyklus im Begriff, sich nach Osten zu verlagern, zuerst nach Japan und dann nach Südostasien.

In *The Roaring 2000s* habe ich gezeigt, wie der Höhepunkt der Zivilisation sich in der Geschichte von Osten nach Westen bewegt hat. Von den großen Zivilisationen des mittleren Osten und dem Persischen Imperium über die griechische und römische Epoche bis zum Aufstieg der westlichen Zivilisation und nach Nord-

6-2. Geschätzte Preisveränderungen seit der griechischen Epoche

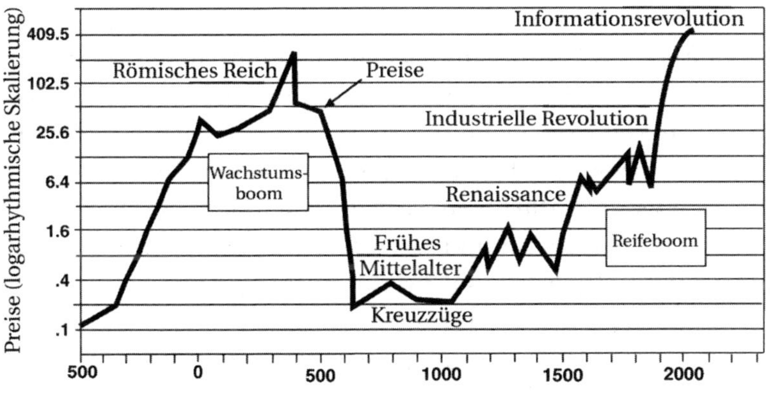

amerika, wo wiederum eine Bewegung von Osten nach Westen stattgefunden hat. Es hat fast 3000 Jahre gedauert, bis sich die Entwicklung der westlichen Zivilisation als dominanter Wachstumsfaktor erschöpft hat.

Es ist sehr wahrscheinlich, dass wir uns jetzt einer langen Periode östlichen Wachstums nähern, die in Südostasien ihren Anfang nehmen und sich dann über Indien langfristig In Richtung Mittlerer Osten bewegen wird. Wird es auch 3000 Jahre dauern, bis diese Welle den Mittleren Osten wieder zur dominanten Zivilisation werden lässt? Für verlässliche Spekulationen scheint das zu weit in der Zukunft zu liegen, aber die generelle Richtung ist offensichtlich.

Diese Tatsachen bergen eine radikale Schlussfolgerung. Bevölkerungswachstum und Inflationsrate sind in der gesamten Geschichte, soweit ich sie zurückverfolgen konnte, führende Indikatoren für Wachstum und Wohlstand gewesen. Es gibt ebenfalls eine Verbindung zwischen steigender Inflationsrate und einer größeren Spezialisierung der Fähigkeiten und Arbeitsteilung. Während wir immer mehr Aufgaben an Spezialisten delegieren, steigen die Preise der Produkte, aber der Mehrwert der neuen Dienstleistungen steigt noch mehr. Wir alle spezialisieren uns zunehmend und delegieren immer mehr, letztendlich führt das zu einer Erhöhung unseres Lebensstandards.

Die Wirtschaftswissenschaftler haben uns eingeredet, Inflationsperioden zerstörten unseren Lebensstandard und unsere Wirtschaft. Dabei sind sie nur ein Symptom der finanziellen Anstrengungen unserer Wirtschaft zur Steigerung der Produktivität, also eine direkte Investition in eine verbesserte allgemeine Lebensqualität. Deflationsperioden und Zeiten sinkenden Bevölkerungszuwachses sind dagegen führende Indikatoren für die schlimmsten Epochen der Geschichte, vom Frühen Mittelalter 400-900 n.C., über die von Pestilenz und Hunger geprägte Epoche Mitte des 14. Jahrhunderts, bis zur Großen Depression in den 30er Jahren. Sollten wir steigendes Bevölkerungswachstum und Inflationswellen dann wirklich als Bedrohungen ansehen?

6-3. Inflationsraten in Großbritannien in den letzten 1000 Jahren

Verbraucherpreise in England 950-1985

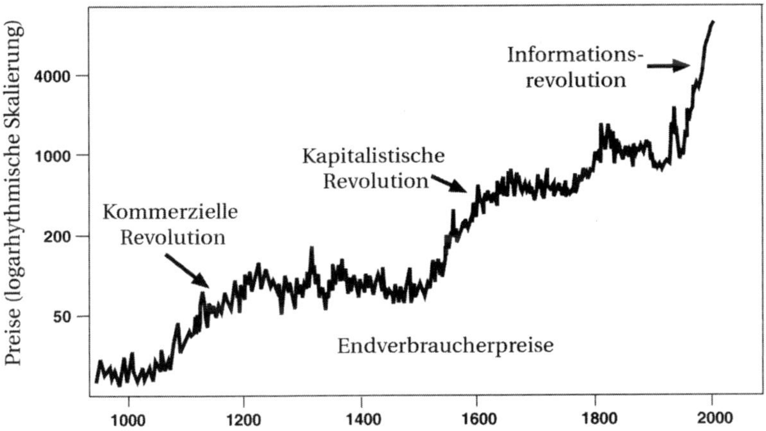

Quelle: E.H. Phelps Brown & Sheila V. Hopkins

Wenn wir uns Abbildung 6-3 zuwenden, einer Darstellung geschätzter Inflationsraten der letzten 1000 Jahre in Großbritannien, erkennen wir deutlich, dass im ausgehenden Mittelalter, ungefähr vom Jahr 1000 bis Anfang des 14. Jahrhunderts, die Inflationsrate zusammen mit dem allgemeinen Wohlstand stieg. Dann kam es zu drastischen Preisstürzen von Mitte bis Ende des 14. Jahrhunderts, in einer schrecklichen historischen Periode. Perioden niedriger Inflation und leichter Deflation sind anscheinend am besten für stabiles Wachstum und allgemeinen Wohlstand, wie in der Renaissance zu sehen ist, von ungefähr 1400 bis gegen Ende des 15. Jahrhunderts.

Dann kam es zu einem erneuten Anstieg von Inflation und Wohlstand, vom späten 15. bis zum Anfang des 17. Jahrhundert. Während dieser Epoche wurden Amerika und andere entlegene Regionen entdeckt, wissenschaftliche Konzepte verbreiteten sich explosiv, und die Kulturen um das Mittelmeer wurden zum Weltmarkt. Diese Periode ist der heutigen Epoche von Informationsrevolution und globaler Vernetzung am ähnlichsten. Aber die darauf folgende Periode, von der Mitte des 18. Jahrhunderts an, war eine schwierige Zeit, mit langsamem Wachstum aufgrund einer Abnahme in Bevölkerungswachstum und Inflationsrate.

Um 1800 begann dann die wirkliche Moderne, nach einer Bevölkerungsexplosion, die in der damaligen Geschichte ohne Beispiel war. Es überrascht dann auch nicht, dass sich der technologische und wirtschaftliche Fortschritt seit dieser Zeit immer weiter beschleunigt hat. Den Anfang machten die Druckerpresse und die industrielle Revolution. Der Fortschritt setzte sich dann mit der Eisenbahn und der Telegrafie fort, und beschleunigte sich mit Telefon, Elektrizität und Automobil. Diese Beschleunigung hat jetzt mit den PCs und der Informationsrevolution ein explosives Ausmaß erreicht, während diese technischen Neuerungen sich eine immer breiter werdende Basis schaffen.

Ungeachtet dieser positiven Bedeutung von wissenschaftlich gesteuertem Wirtschaftswachstum kann es auch vorkommen, dass rapides Bevölkerungswachstum und wirtschaftlicher Fortschritt zu Umweltkatastrophen führen, wie zum Beispiel die großen Seuchen des 14. Jahrhunderts, die auf das Bevölkerungswachstum vom 11. bis zu Anfang des 13. Jahrhundert folgte(siehe Abb. 6-3). Während dieser Epoche kam es zu einer massiven Volksbewegung von den ländlichen Gegenden in die Städte und Kleinstädte. Die mangelnde Planung der daraus entstehenden Müll- und Abwasserentsorgung bereitete der Pest einen fruchtbaren Nährboden. Dadurch schrumpfte die Bevölkerung wieder bis zum Anfang des 14. Jahrhunderts, eine schlimme wirtschaftliche Krise und Deflation waren die Resultate. Die Schlussfolgerung ist offensichtlich.

Wenn wir nicht rechtzeitig investieren, um in einer Zeit rapiden Bevölkerungs- und Wirtschaftswachstums der Umweltverschmutzung und Umweltgefährdung entgegenzuwirken, dann werden wir den Preis für dieses Versäumnis gegen Ende des Booms zahlen müssen, oder danach. Tatsächlich führen diese Umweltkatastro-

fen oft zu einer Umkehr des Wachstums in Wirtschaft und Bevölkerung.

In diesen Fragen bin ich weder liberal noch konservativ eingestellt. Liberale denken, die einzige Lösung zu den derzeitigen Umweltproblemen sei ein Rückzug auf einen der Vergangenheit angehörigen einfacheren Lebensstil gekoppelt mit klaren Programmen zur Eindämmung des Bevölkerungswachstums. Konservative tendieren dazu, ohne Rücksicht auf eventuell auftretende Umweltprobleme wirtschaftliches Wachstum und technologischen Fortschritt zu propagieren. In Wahrheit liegt der Schlüssel zur Lösung der Umweltprobleme in den neuen Technologien und neuen Lebensweisen selbst.

Neue Technologien können die durch veraltete Technologien entstandenen Umweltschäden rückgängig machen. Die meisten Menschen sind sich dessen nicht bewusst, aber die größten Ursachen der Umweltverschmutzung am Anfang dieses Jahrhunderts, vor der Massenkultur des Automobils, waren Pferdemist und Kohleöfen. Verglichen mit den Pferdekutschen wurden Autos damals als Transportmittel mit verhältnismäßig geringer Umweltbelastung angesehen. Öl produziert bei der Verbrennung weniger Rückstände als Kohle. Erst die massenhafte Verbreitung von Automobilen, modernen Maschinen und Geräten in den letzten Jahrzehnten produzierte tiefgreifendere Umweltschäden.

Die neuen Informationstechnologien erlauben es uns jetzt wieder, unseren Lebensstandard zu verbessern, mit geringerem Energieverbrauch und weniger Umweltbelastung, wenn man es mit dem wirtschaftlichen Wachstum und gesteigerten Bruttosozialprodukt vergleicht. Derselbe Liter Benzin reicht heutzutage für bedeutend mehr Kilometer. Und der Wasserstoffantrieb könnte das Auto der Zukunft fast umweltfreundlich werden lassen. Neue Einzelhandelsmethoden könnten bedeuten, dass alle Produkte zur Deckung unserer Grundbedürfnisse von verhältnismäßig wenigen Lastwagen vor die Haustür geliefert werden, anstatt dass einzelne Verbraucher viele Kilometer im Auto fahren müssen, um sie selbst abzuholen. Geschäfte könnten dann viel effizienter arbeiten, mit kleineren Lagern und geringerem Energieverbrauch. Verschwendung und unnötige arbeitsintensive Bürokratie werden schon jetzt auf ein Minimum reduziert. Recyceln wird attraktiver, populärer und von der Regierung gefördert. Zum ersten Mal seit Jahrzehnten verbessert sich die Qualität der Luft in den Städten und Großstädten, z.B. in Los Angeles.

Die durch die Verbreitung der Informations- und Kommunikationstechnologien begünstigte Stadtflucht der Bevölkerung wird die Menschen wieder über größere Gebiete verteilen, genau wie es nach den wilden 20ern der Massenumzug in die Vorstädte getan hat. Viele von uns werden weniger häufig mit Verkehrsstaus konfrontiert werden, seltener mit Umweltgiften in Berührung kommen und ein weniger anonymes Leben führen. In den Schreckensvisionen der späten 70er Jahre, mit hoher Inflationsrate und starker Umweltverschmutzung, hätte das niemand für möglich gehalten. Tatsächlich führen die technologischen Neuerungen und ein wachsendes Bewusstsein der aus den Sünden des vergangenen Industriezeitalters resultierenden Umweltschäden in allen hochtechnisierten Ländern wie den USA zu einer Verbesserung der umweltbezogenen Lebensqualität sowie des allgemeinen Lebensstandards.

Aber wenn wir diesem Prozess nicht mit finanziellen Mitteln entgegenwirken, werden selbst diese umweltbewussteren Technologien und wirtschaftlichen Modelle zu einer größeren Belastung unseres Lebensraumes führen. In Nordamerika, Europa, Japan, Australien und Neuseeland wird das im nächsten Jahrzehnt vielleicht nicht in dem Maße ein Problem darstellen, wie manche Menschen zu glauben scheinen. Die größte Bedrohung der Umwelt ballt sich momentan in den Entwicklungsländern der Dritten Welt zusammen, die ihre Industrialisierung im Eiltempo vorantreiben, mit größeren Bevölkerungsdichten als die Erste Welt in den letzten hundert Jahren. Auf dieses Problem sollten wir unsere Aufmerksamkeit richten.

Diesen Ländern ist der wirtschaftliche Fortschritt bedeutend wichtiger als die schädlichen Einflüsse, die dieses Wachstum auf die Umwelt haben könnte, genau wie es in den Industrienationen während der selben Entwicklungsstufe im letzten Jahrhundert der Fall war. Ich glaube, eines der größten Probleme globaler Politik im kommenden Jahrzehnt wird die Forderung der Industrienationen sein, dass die Entwicklungsländer sich entweder zu strengeren Umweltschutzmaßnahmen verpflichten, oder auf eine Expansion ihres Außenhandels mit den Industrienationen verzichten müssen. Meiner Ansicht nach ist das durchaus positiv zu bewerten. Genauso wichtig wird es aber sein, dass wir selbst einen größeren Anteil unseres wachsenden nationalen und internationalen Bruttosozialproduktes darauf verwenden, den schädlichen Wirkungen wachsender Abfallberge und industrieller Prozesse entgegenzuwirken, wenn wir unser eigenes Wirtschaftswachstum nicht zu Ungunsten unserer Lebensqualität fortsetzen wollen. Das würde auch ein besseres System zur Verteilung und gegenseitigen Abgrenzung von gewerblichen und Wohngegenden beinhalten, zum Zwecke größerer ästhetischer Wirkung und verminderter Umweltbelastung. Während die Bevölkerungsdichte abnimmt wird das Wachstum der persönlichen, öffentlichen und kommerziellen Sphären uns immer mehr beeinflussen. Das erfordert vorsichtige Planung auf allen Ebenen. In einer Welt zunehmend dezentralisierter Entscheidungsprozesse und freier Märkte wird die Rolle lokaler, nationaler und globaler Regierungsstellen immer wichtiger werden. Und in einem vernetzten Zeitalter der Dezentralisierung wird der Erlass verbindlicher Richtlinien die wichtigste Funktion zentralisierter Regierungen sein.

Warum verbringe ich so viel Zeit damit, Ihnen die Geschichte der Menschheit zu erklären, die Sie wahrscheinlich noch nie mit unserer gegenwärtigen Zeit oder Ihren Belangen im Geschäftsleben in Verbindung gebracht haben? Bevölkerungswachstum und Inflationsrate haben sich seit dem II. Weltkrieg auf eine nie zuvor erreichte Zuwachsrate beschleunigt. Das bedeutet wachsendes Wohlhaben und wirtschaftliche Expansion für mehrere Jahrzehnte. Die globale Bevölkerung wird noch lange ins 21. Jahrhundert hinein weiter zunehmen, wenn auch wahrscheinlich in einem langsameren Tempo, da die Länder der Dritten Welt sich industrialisieren und eine Senkung der Geburtenrate verzeichnen werden, genau wie es in den Industrienationen im selben Stadium auch der Fall war. Und die entwickelten Länder, angeführt von Europa und Nordamerika, werden immer niedrigere Geburtenraten haben, während sie ihren Wohlstand mehren und das Zeitalter der Information einläuten.

Wenn wir uns aus längst vergangenen Zeiten der Gegenwart nähern, können wir sehen, dass die Verlangsamung im Wachstum der Geburtenrate vom Baby-Boom der 60er Jahre in den meisten Industrienationen (in manchen seit Anfang der 70er Jahre) seit Anfang der 80er Jahre zu fallenden Inflationsraten geführt hat. In den USA erreichte die Inflation ihren Höhepunkt 1980, und seitdem haben wir, wie erwartet, eine Ära wachsenden Wohlstandes und wirtschaftlicher Expansion gesehen, während die Inflationsrate im Sinken begriffen ist.

Obwohl sich im nächsten Jahrhundert der Anstieg der Inflationsrate wieder einstellen wird, kommt es von 2009 an wahrscheinlich zu einer kurzen deflationären Periode, bis 2020, also in dem 80-Jahre-Zyklus (oder 2-Generationen-Zyklus), den ich schon in Kapitel 1 dieses Buches beschrieben habe, genau wie es in den 30er Jahren der Fall war. Dann wird sich alles verändern, von den Anlagestrategien bis zu den Lebenshaltungskosten, in einer Epoche, die unser zukünftiges Leben bestimmen wird - nach dem großen Boom. Und es wird einen erneuten großen Boom geben, aber diesmal vorwiegend in Asien, und nicht in Nordamerika. Europa wird in dieser zukünftigen Zeit wahrscheinlich sogar noch schneller zurückfallen.

In Abbildung 6-4 zeige ich den "Inflations-Indikator" mit Daten bis 1999. Den besten Hinweis auf die Inflation der Moderne habe ich in den um zwei Jahre verlagerten Statistiken über die Anzahl der Arbeitnehmer gefunden, denn es dauert zwei Jahre bis die Unternehmen genügend Investitionen getätigt haben, um den neuen Arbeitnehmern größere Büros und Fabriken bereitstellen zu können. Dieser Indikator, den ich erstmalig in den späten 80er Jahren entwickelt habe, sieht den Grund der fallenden Inflation seit 1980 darin, dass die "Baby-Bust-Generation", also eine zahlenschwächere Generation, auf den Arbeitsmarkt kommt. Er deutet auf eine Erwartung flacher Inflationsraten – um die 1% bis 3% innerhalb der nächsten Dekade, da die Anzahl der Arbeitnehmer trotz wirtschaftlichen Booms nur langsam zunehmen wird. Das bedeutet natürlich auch, dass die einzelnen Arbeitnehmer mehr Lohn erhalten werden.

Die langsame Bewegung der Baby-Boom-Generation aus dem Arbeitsleben heraus, die meistens mit einem Durchschnittsalter in den späten 40ern beginnt, wird von der Mitte der 90er Jahre bis ungefähr 2009/10 den Zuwachs, den die Echo-Baby-Boomer mit ihrem Eintritt in die Arbeitswelt verursachen, ausgleichen. Aber die Einwanderung, die in 1991 ihren Höhepunkt erreichte und seitdem weiterhin fällt, ist nicht so leicht im Voraus zu quantifizieren. Wenn die Einwanderungszahlen in den nächsten Jahren steigen, und in einem wirtschaftlichen Boom ist das sehr wahrscheinlich, könnte die Inflationsrate ebenfalls geringfügig steigen. Aber wachsende Einwanderungszahlen würden auch das Wirtschaftswachstum beschleunigen, was der Gesamtwirtschaft natürlich zugute kommt.

6-4. Der Inflations-Indikator

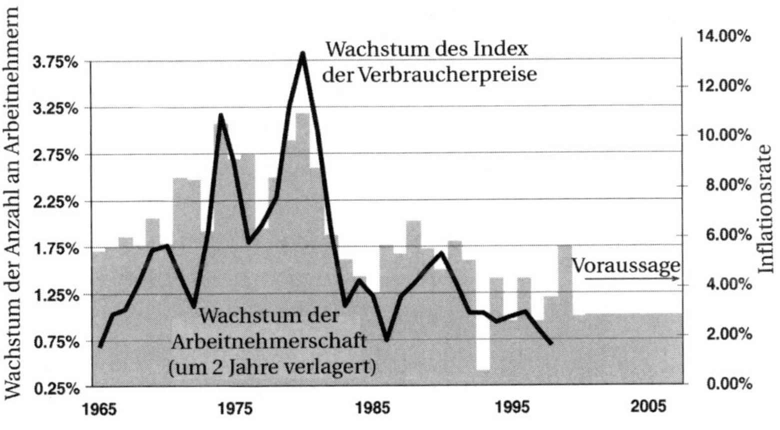

Nach 2009 ist die Deflation unvermeidbar

Wenn dieser Boom Ende 2008 oder Anfang 2009 ein Ende nimmt, wird es mit größter Wahrscheinlichkeit zu einer jahrelangen Deflation der Preise kommen, vielleicht bis in das Jahrzehnt nach 2020. Warum? Da das Wirtschaftswachstum in den 30er Jahren schrumpfen wird, werden die ausufernden Produktionsmittel abgestoßen werden, die sich die Unternehmen in ihrem Wettbewerb um Dominanz in dem Boom bis 2009 zugelegt haben. Dies ereignet sich genau 80 Jahren ach einer sehr ähnlichen Periode, die 1929 ihren Anfang nahm. Die Produktivität der neuen Technologien wird zwar weiterhin wachsen, im Gegensatz zu den 70er Jahren, als die letzte wirtschaftliche Umwälzung an ihr Ende kam. Aber die Nachfrage wird abnehmen, und das wird zu einer Deflation der Preise führen. Ich habe schon an anderer Stelle erklärt, wie Sie Ihre Anlagen von Aktien auf langfristigere Möglichkeiten verlagern können, wie zum Beispiel erstklassige Bonds oder die Aktien ausgewählter asiatischer oder anderer internationaler Firmen, deren Bevölkerungsstatistiken weiterhin starke Kaufkraft versprechen. Nach dem schweren Crash im Aktienmarkt der USA, zwischen 2014 und 2016, werden dann die Aktien kleinerer Firmen auch hier wieder interessanter.

Aber der Haupttrend sollte klar sein. Die Lebenshaltungskosten, Zinssätze und Immobilienpreise werden drastisch fallen, wie in der großen Depression, wenn auch nicht ganz im selben Ausmaß. Unsere Wirtschaft wird nicht ganz so tief in die Knie gehen wie in den 30er Jahren, da die Bevölkerungsstatistiken weniger sinken als damals. Und die langsame, aber anhaltende Expansion in Europa, Australien und Neuseeland, sowie das stärkere Wachstum in Asien (Japan, China, Südkorea, Thailand) und vielen Teilen Lateinamerikas wird unseren wirtschaftlichen Einbruch durch bessere Außenhandelsbilanzen dämpfen. Ich erwarte, dass die Arbeitslosenquote an ihrem tiefsten Punkt ungefähr 15% erreichen wird, vielleicht etwas darüber, aber nicht die 25%, die es am Tiefstpunkt der großen Depression waren. Trotzdem ist das bedeutend mehr, als die

10%ige Arbeitslosigkeit am Ende der letzten abwärtsgerichteten Inflationsspirale, die 1982/83 ihren tiefsten Punkt erreichte.

Wie wird Ihr Leben in der nächsten Depression aussehen?

Der Wirtschaft wird es schlecht ergehen. Es wird schwierig sein, einen Arbeitsplatz zu finden. Viele der Unternehmen, die im großen 2000er Boom am erfolgreichsten waren, werden Bankrott gehen. Die Unternehmen, die zu Zeiten des Booms den Markt dominiert haben, werden nach der großen Wende am besten überleben. Sie werden ihren Marktanteil vergrößern, wie es General Motors in den 30er Jahren getan hat, während viele rivalisierende Unternehmen untergingen. Wenn Sie sich in einer solchen Firma an einem sicheren Arbeitsplatz befinden, sind Sie bestens abgesichert. Denn selbst bei 15% Arbeitslosigkeit sind 85% der Arbeitnehmer beschäftigt. Und Unternehmen neigen nicht dazu, den Lohn ihrer besten Angestellten zu kürzen, sofern sie diese behalten wollen. Sie rationalisieren, indem sie den überflüssig gewordenen Arbeiternehmern kündigen. Trotzdem wird es wohl selten zu einer Lohnerhöhung kommen.

Neulinge im Arbeitsmarkt, die Nachzügler der abnehmenden Flut des Echo-Baby-Booms, werden große Schwierigkeiten haben, einen Job zu finden, es sei denn, sie sind bestens qualifiziert. Sie sollten Ihren Kindern also raten, sich vor 2008/9 einen Arbeitsplatz zu suchen, damit sie rechtzeitig ihre Arbeitserfahrung mehren oder einen sicheren Job haben. Ein eventuelles Studium kann man sich für die Zeit des Crash aufheben, da es dann sowieso weniger Arbeitsplätze geben wird, und die Kosten der Ausbildung sinken.

Die Vorzüge des Crash

Auch in der nächsten Deflation wird es glänzende Gelegenheiten geben. Eine neue Generation, die schon jetzt neue Trends in der Jugendkultur und Mode prägt, und dabei die großen Namen der Baby-Boomer wie Levis oder Nike unter Druck setzt, werden mit zunehmendem Alter auch andere Industrien verändern und neue Markennamen kreieren. Es wird viele neue Möglichkeiten für gute Geschäfte geben, besonders unter den kleineren Firmen, die es traditionell leichter haben als Großunternehmen, eine Marktnische zu identifizieren und auszufüllen. Auch Sie könnten einer dieser neuen Unternehmer sein, entweder jünger und wilder oder älter und erfahrener.

Ein gewisser Wohlstand und ein offenes Auge für die Veränderungen innerhalb der Industrie wären dabei die besten Vorzüge. Denken Sie über die neuen Bedürfnisse nach, die in der massiven Baby-Boom-Genration auf dem Weg in die zweite Lebenshälfte entstehen werden. Informieren Sie sich über neue technologische Fortschritte, die in Wirtschaftsflauten in den 30ern und 70ern schon dem Trend entgegenwirkten. Dann könnten Sie große Gelegenheiten am Schopfe packen. Zusätzlich sollten Sie immer bereit sein, Ihre Lebensplanung und Karriere neuen Bedingungen anzupassen. Wenn Sie sich richtig auf den unvermeidbaren wirtschaftlichen Wandel vorbereiten, werden Sie Ihr Vermögen vielleicht noch mehr zum Wachsen bringen als in dem Boom zuvor. Ich habe bei meinen Nachforschungen oft gelesen, dass in der großen Depression prozentual mehr Menschen zu Millionären wurden als in jeder anderen historischen Periode.

Wenn Sie in der Immobilienindustrie arbeiten und der Markt abschwächt, warum verlagern Sie Ihre Angebote nicht auf die wachsende Nachfrage nach außerstädtischen Gegenden und Kurorten, die den Baby-Boomern im Alter als Wohnsitz dienen sollen? Oder Sie könnten Häuser in Wohngegenden kaufen, die während des Crash vernachlässigt wurden und herunter gekommen sind, diese auf den neuesten Stand bringen und während der wirtschaftlichen Erholung verkaufen. In jedem Gewerbe und jeder Industrie wird es zu neuen Gelegenheiten kommen, während die alten Industrien untergehen, genau wie in den unternehmerischen Umwälzungen der 30er und 70er Jahre.

Die Lebenshaltungskosten werden zum ersten Male seit den 30er Jahren sinken. Viele Baby-Boomer werden kurz vor oder während ihres Ruhestandes viel weniger Geld aufbringen müssen, als von vielen Ökonomen und Finanzberatern vorgesehen wurde. Die Kosten der Ausbildung Ihrer Kinder werden fallen, und nicht steigen wie bisher. Die Kosten für Dienstleistungen im Gesundheitswesen werden ebenfalls sinken, zur selben Zeit werden viele neue Entdeckungen auf den Markt kommen, die ein längeres Leben und eine höhere Lebensqualität bewirken. Vielleicht werden die Kosten aufgrund der vermehrten Nachfrage der Baby-Boomer nach kostenintensiven Behandlungen für Krebs- und Herzkrankheiten auch nicht fallen, aber zumindest werden sie nicht mehr so stark steigen wie bisher.

Immobilienpreise werden in den Keller gehen, und fast alle Produkte und Dienstleistungen werden billiger für Sie werden, solange Sie über die nötigen Mittel oder eine gute Kreditwürdigkeit verfügen. Und die Menschen unter uns, die den Boom zum Aufbau eines Vermögens genutzt oder einen guten Arbeitsplatz haben, werden über die nötigen Mittel verfügen. Es sollte Ihnen möglich sein, Ihre Hypotheken zu viel niedrigeren Zinssätzen zu refinanzieren, vielleicht nur 3% oder 4% bei 30jähriger Laufzeit. Und selbst wenn Sie sich entscheiden, Ihr Haus zu behalten und nicht vor 2008 zu verkaufen, müssten Ihre monatlichen Zahlungen drastisch sinken. Wenn Sie Ihr Haus vor dem Ende des Booms verkaufen, können Sie nach der Wende viel billiger ein neues kaufen, und zu viel niedrigeren Zinssätzen finanzieren. Sie sehen selbst, warum es so wichtig ist, Ihre finanziellen Rücklagen in diesem großen Boom aufzubauen, Ihre Anlagestrategien vor dem Crash zu verändern, und schon rechtzeitig Ihre Karriere zu sichern oder ein eigenes Unternehmen zu starten.

Wir alle bekommen seit Jahren zu hören, die Kosten der

Gesundheitsvorsorge in unserem Alter würden viel höher steigen, da das Gesundheitswesen in unserer Wirtschaft in den letzten Jahren einen der größten inflationären Faktoren darstellt. Aber wie Sie in Abbildung 6-5 sehen können, hat sich die Inflation in diesen Kosten seit 1990 ständig verlangsamt, bis sie sich an die generelle Inflationsrate angeglichen hat. HMOs haben diesen Trend begonnen, aber oft auf Kosten der Auswahlmöglichkeiten. Die nächste Stufe der Netzwerkrevolution wird jedoch den Service weiterhin verbessern und die Kosten weiter senken, da viel unnötige Bürokratie und Bearbeitungsebenen wegfallen. Ein neues Modell, das sich von unten nach oben orientiert, wird entstehen, in dem spezialisierte Ärzte Gruppen von Patienten vertreten, deren Versicherungen koordinieren und deren Daten an Behandlungsverteilungsstellen weiterleiten, das wird den Service den individuellen Bedürfnissen anpassen und die Kosten weiter reduzieren. Dabei werden die HMOs , Regierungsstellen oder Versicherungen immer weniger Einfluss auf die Auswahl unserer Therapien haben, wir selbst und die Ärzte unseres Vertrauens dagegen mehr!

Die Kosten unseres Gesundheitswesens sind in der Vergangenheit eskaliert, da es eng mit der Regierung verbunden ist, und es so viele Regeln, Vorschriften und Zuschüsse für Benachteiligte gibt, die wir alle finanziell unterstützen müssen. In der Regel sind alle von der Regierung gesteuerten Vorgänge weniger wettbewerbsfähig und langsamer in ihrer Reaktion auf den kostenreduzierenden Einfluss der Informationsrevolution. Es gibt aber noch einen anderen Grund, warum die Kosten des Gesundheitswesens schneller gestiegen sind als die Inflationsrate.

Die Gesundheitsindustrie hat großartige Erneuerungen eingeführt, die unsere Möglichkeiten der Vorsorge erweitert und unsere Lebenserwartung verlängert haben. Das sollte man als Vorteil ansehen, und nicht als unnötige Belastung. Es ist nur natürlich, dass wir einen etwas höheren Anteil unseres Einkommens für diese Produkte und Dienstleistungen ausgeben sollten, wenn unsere Lebensqualität dadurch derart verbessert wird.

Ist Inflation real?

Wenn Sie die höhere Lebensqualität berücksichtigen, ist Inflation dann wirklich so schlecht? Unsere Autos haben heute bedeutend mehr Extras, mehr Komfort, mehr PS, mehr Sicherheitsmechanismen, bessere Bremsen und kürzere Bremswege als früher. Wir haben mehr Auswahl als früher, sei es bei den Zeitschriften, die wir lesen, oder Fernsehkanälen über Kabel, es gibt mehr Investmentfonds, mehr exotische Delikatessen und mehr Designermode. Der durchschnittliche Desktop hat heutzutage mehr Kapazität als ein ganzes Zimmer voller Transistoren in der Vergangenheit. Ist uns das gar nichts wert? Der Autor des Buches Unlimited Wealth, P. Z. Pilzer, sagt, die Inflation der letzten Jahrzehnte sei einfach das Resultat höherer Erwartungen seitens der Baby-Boomer, sowie höherer Qualität und vermehrter Auswahlmöglichkeiten bei Produkten und Dienstleistungen. Wirtschaftsexperten messen das nicht sehr genau, obwohl sie es manchmal versuchen. Sie messen Quantität, nicht Qualität, und passen damit besser in die standardisierte Wirtschaft der Vergangenheit.

Das bringt uns wieder zurück zu meiner Darstellung der

6-5. Fallende Kosten im Gesundheitswesen

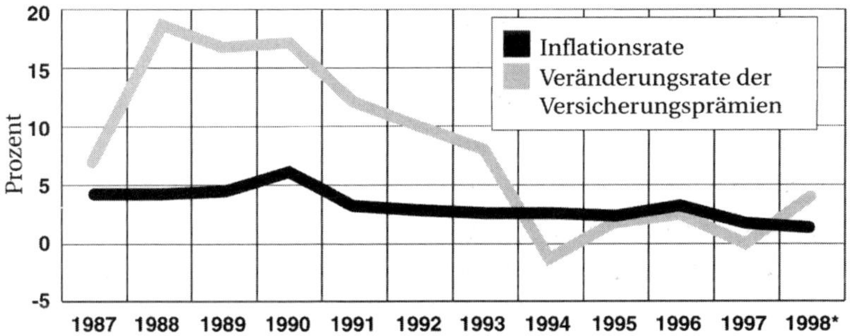

*geschätzt

Quelle: National Business, Juli 1998
Daten: Mercer/Foster Higgins; US Bureau of Labour Statistics

Inflation in Abbildung 6-3. Sie illustriert das selbe Argument: die Inflation repräsentiert tatsächlich eine größere Spezialisierung der Menschen und damit höheren Mehrwert in der Wirtschaft, das wiederum bedeutet größeres Wohlhaben und einen besseren Lebensstandard allgemein. Sie können Ihre eigene Nahrung entweder selbst produzieren und kochen, oder Spezialisten nehmen Ihnen diese Arbeit ab und verursachen höhere Kosten. Durch den technologischen Fortschritt und die Veränderungen am Arbeitsplatz sind wir alle gezwungen, uns mehr und mehr zu spezialisieren; wir verdienen aber auch mehr und können es uns deshalb leisten, immer mehr Arbeiten zu delegieren und unsere Lebensqualität zu verbessern.

Inflation bedeutet also nichts anderes als größere Spezialisierung und bessere Lebensqualität. Oder, wie ich an früherer Stelle in diesem Kapitel schon sagte: Inflation ist ein Hauptindikator des Fortschritts und steigender Lebensqualität – kein Zeichen wirtschaftlichen Verfalls oder gar Untergangs. Allerdings kann sie manchmal den falschen Eindruck erwecken, da wir im Anfangsstadium einer wirtschaftlichen Umwälzung mehr investieren müssen und weniger zurück erhalten. Letzendlich profitieren wir aber, oft direkt proportional zu der Inflationsrate, die der Boomperiode voranging. Wir hätten den gegenwärtigen Boom ohne einen einzigen der spezifischen Indikatoren in diesem Buch vorhersehen können, einfach durch die Tatsache, dass wir 1980 die höchste Inflationsrate unserer Geschichte hatten!

Die Inflationsrate im Bildungswesen fällt als nächstes

Der einzige Sektor unserer Wirtschaft, in dem die Kosten schneller steigen als die Inflationsrate, ist das Bildungswesen. Auch hier ist die Regierung involviert, vielleicht noch mehr als im Gesundheitswesen, und darin ist ein Großteil der Verantwortung zu suchen. Zur gleichen Zeit wächst die Nachfrage ständig, genau wie im Gesundheitswesen. Der prozentuale Anteil beider Sektoren am Bruttosozialprodukt wächst, während die Preise vieler traditioneller Güter und Dienstleistungen fallen. Das ist nur zu erwarten und vielleicht wünschenswert. In unserer schnell wachsenden Informationswirtschaft besteht ein zunehmender Bedarf nach Wissen und technologischen Fähigkeiten. Und weil es immer länger dauert, die jungen Menschen und die zu ihrer Schulung benötigten Lehrer auszubilden, wachsen auch die Kosten des gesamten Bildungswesens. Dazu kommt noch der wachsende Bedarf Erwachsener nach Ausbildungskursen und Fortbildungsmaßnahmen, denn viele Berufstätige müssen heutzutage auf dem Laufenden bleiben, oder eine neue Karriere beginnen.

Viele Familien legen auf die Ausbildung ihrer Kinder sehr großen Wert und sind bereit, dafür auch einen angemessenen Preis zu bezahlen. Stipendienprogramme aus privater und öffentlicher Hand sind in einem ständigen Wachstum begriffen. Im letzten Jahrhundert ist der Prozentsatz an Menschen mit höherer Bildung stark angewachsen. Ist das kein Zeichen größeren Wohlstandes und besserer Lebensqualität. Warum nennen wir es dann Inflation? Warum schicken viele Länder, arme und reiche, ihre besten Schüler an unsere Universitäten und Hochschulen?

Die Informationsrevolution wird die Kosten im Bildungswesen auf die selbe Weise senken, wie sie es im Gesundheitswesen in den 90er Jahren schon getan hat. Die Fließbandrevolution der 20er Jahre hat sich in den 30er und 40er Jahren auch von den fortschrittlichsten produzierenden Industrien bis in alle Dienstleistungsbereiche ausgebreitet, inklusive Gesundheitswesen und Bildung. Im II. Weltkrieg gab das unserer Armee den entscheidenden Vorsprung. Von 1930 bis 1970/80 gab es im Bildungwesen ein explosionsartiges Wachstum. Die nächste Stufe dieser Entwicklung wird uns eine viel mehr den persönlichen Bedürfnissen angepasste und spezialisierte Ausbildung bringen, zu weitaus geringeren Kosten.

Die Ausbildung wird sich bedeutend mehr um unsere individuellen Bedürfnisse als Kinder oder Erwachsenen konzentrieren und weniger arbeitsintensiv über das Internet vermittelt werden. Das gibt uns Zugang zu den besten Experten und Lehrern über PC oder Fernseher, genau wie wir im Moment Hunderte von Kanälen über Kabel oder Satellit empfangen können. Wenn wir direkte Unterweisung benötigen, greifen wir auf eine der Vielzahl von interaktiven Möglichkeiten zurück, die sich derzeit in der Entwicklungsphase befinden. Die Qualität der Ausbildung wird steigen, und die Kosten fallen. Trotzdem werden die Gesamtausgaben für Bildung und Unterhaltung in den nächsten Jahren steigen. Und das ist gut so! Es wird uns als Verbrauchern mehr Wissen und als Arbeitnehmern oder Selbständigen mehr Qualifikationen vermitteln.

Zurück zur Zukunftsplanung. Sie sollten Projektionen keinen Glauben schenken, die besagen, die Ausbildung Ihrer Kinder in zehn oder 20 Jahren werde doppelt so teuer sein wie heute. In den nächsten zehn Jahren müsste sich die Inflation in den Kosten der Ausbildung in Schulen und Gymnasien verlangsamen, und nach 2009 sogar sinken - ein weiterer Grund für Ihre Kinder, schon nach dem Abitur oder Fachabitur eine Karierre zu beginnen und wertvolle Erfahrung zu sammeln, mit dieser guten Basis können sie später immer noch studieren oder sich weiterbilden. Die Kosten werden nach 2009 niedriger sein, und der Arbeitsmarkt weniger gute Möglichkeiten bieten.

Der Echo-Baby-Boom erreichte den Höhepunkt seiner Geburtenrate 1990, seitdem sinkt die Anzahl der Geburten pro Jahr ab. Das bedeutet einen Höhepunkt in der Nachfrage nach Studienplätzen um 2009. Danach wird die Zahl der Einschreibungen sinken, die Studenten werden dann mehr Auswahlmöglichkeiten zu geringeren Kosten haben. Gekoppelt mit einer generellen Wirtschaftsflaute ist das ein guter Grund, erst an diesem Zeitpunkt in ein Studium für Ihre Kinder zu investieren, oder vielleicht ein eigenes Studium, unabhängig von Ihrem Alter.

Junge Menschen brauchen heutzutage länger für ihre Ausbildung und Berufswahl, wie es auch in allen historischen Epochen steigender Lebenserwartung und Verbreiterung der Bildungsinhalte geschehen ist. Viele junge Menschen werden erst um die 30 wissen, was sie mit ihrem Leben eigentlich anfangen wollen. Drängen Sie sie also nicht in eine festgelegte Richtung. Damit will ich nicht sagen, Ihre Kinder sollten vor diesem Alter endlos weiter studieren oder nicht arbeiten. Ich will sagen, es sollte ihnen möglich sein, länger zu experimentieren und zwischen Ausbildung und Arbeit zu wechseln, bis sie ihren Weg im Leben gefunden haben.

Eine höhere Fortbildung befruchtet die Arbeitserfahrung, aber die Arbeitserfahrung kann auch die Ausbildung befruchten und ein Gefühl dafür vermitteln, für welche Tätigkeit man sich in seinem eigenen Leben am besten eignet. Schließlich kauft man auch keine Schuhe ohne vorherige Anprobe. Da wir in unserer verlängerten Lebensspanne immer mehr Karrierezyklen und schnellere Lernzyklen durchlaufen, müssen wir uns von Zeit zu Zeit zwischen verschiedenen Tätigkeiten weiterbilden. Arbeit und Fortbildung sollten sich zu einem normalen alternierenden Zyklus eines jeden Lebens entwickeln. Mit unseren Kindern könnte diese Entwicklung ihren Anfang nehmen.

Dieser große Boom wird immer mehr Menschen noch nie dagewesene Möglichkeiten in der Ausbildung und am Aktienmarkt eröffnen, und ihre Fähigkeit erweitern, die in diesen Gebieten getätigten Investitionen zu nutzen. Sie sollten sich jetzt schon darauf vorbereiten, Ihre Ausbildung und Ihr Vermögen bis 2008, also vor der nächsten Rezession, zu optimieren. Wenn Sie beides innerhalb der nächsten zehn Jahre systematisch aufbauen, wird das Ihre Möglichkeiten erweitern, sich an die neuen Geschäftsbedingungen, Anlagestrategien und Lebensweisen nach 2008 anzupassen. Wenn Sie dann die nötigen Fähigkeiten und finanziellen Mittel, sowie genügend Offenheit gegenüber Veränderungen in Lebensart und Lebensplanung mitbringen, wird diese Periode Ihnen die größten Gelegenheiten bieten.

In Kapitel 7 werde ich Ihnen zeigen, wie Sie einen Anlageberater finden können, der Ihnen einen bedeutend besseren Mehrwert in dieser hektischen Zeit zunehmend verwirrender Auswahlmöglichkeiten bieten kann als ein Discountbroker. Oder wie Sie am besten anlegen können, sollten Sie sich dazu entschließen, Ihre eigenen Entscheidungen zu treffen. Es ist wichtig, schon jetzt mit einem systematischen Plan diesen Boom zu nutzen, und sich auf die nächste Rezession vorzubereiten. Generell der Steuer- und Immobilienplanung in diesem Aufbau Ihres Vermögens erklären. Für viele Menschen ist eine effektive Steuerverwaltung von größtem Nutzen, zu diesem Zwecke gibt es eine Vielzahl von Möglichkeiten der Steuerstundung und Steuerersparnis. Und viele dieser Möglichkeiten erlauben es Ihnen, auf sinnvolle Art dem Allgemeinwohl beizusteuern. Das könnte die neue Definition eines glücklichen Lebens werden: die Fähigkeit und Freiheit, Ihre Talente und Ressourcen sinnvoll in das Allgemeinwohl einzubringen.

Teil 4

Weitere Faktoren guter Finanzplanung

Kapitel 7

Warum Sie einen Anlageberater brauchen und wie Sie den besten finden können

In allen meinen Büchern über Geldanlagen habe ich betont, wie wichtig es ist, sich einen kompetenten und objektiven Anlageberater zu nehmen. Damit meine ich einen Berater, der Sie auch wirklich repräsentiert und nicht nur als Vertreter für Investment-Produkte fungiert. Um Ihre Ziele zu verwirklichen, brauchen Sie einen Berater, der den gesamten Prozess Ihrer Finanzplanung effektiv und effizient integriert. Bevor Sie sich also dafür entscheiden, Ihre Anlagen durch einen Discount-Broker oder eine der vielen Formen der Finanzberatung zu tätigen (von Versicherungsvertretern, Börsenmaklern, Finanzberatern oder Steuerberatern), sollten Sie sich die später in diesem Kapitel formulierten Fragen stellen. Das ist vielleicht etwas unangenehm, aber wenn Sie mir trotzdem durch die nächsten Seiten folgen, könnte Ihnen das großen Nutzen bringen.

Oder vielleicht verfügen Sie über die nötige Disziplin und die nötigen Erfahrungswerte, Ihre finanziellen und allgemeinen Ziele zu analysieren und dann den resultierenden Plan buchstabengetreu durchzuhalten? Kennen Sie sich mit Versicherungen und risikobegrenzenden Maßnahmen aus, oder mit Auto-, Kranken-, Lebens- oder Pflegeversicherungen? Verstehen und buchhalten Sie Ihre monatlichen und jährlichen Festkosten wirklich, sowie variable wöchentliche oder monatliche Kosten, damit Sie Ihre gesamten Finanzen mit einiger Sicherheit verwalten, überschauen und in die Zukunft projizieren können? Denn das beinhaltet auch die Einplanung unvorhersehbarer Zwischenfälle, von Krankheiten und Autoreparaturen bis zu Ausbesserungsarbeiten an Ihrem Garagendach oder Haus.

Sind Sie sich sicher, dass Sie die ständig neuen und veränderten Steuergesetze wirklich verstehen, oder wie Sie Steuerstundung oder -ersparnisse bewirken und in Ihre Planung im Voraus einbeziehen können. Wissen Sie, wie Sie eine Stiftung ins Leben rufen können, die Ihnen bis zu Ihrem Tode ein Einkommen mit großen Steuervorteilen garantiert, während Sie trotzdem etwas für die wohltätigen Zwecke tun, die Ihnen am Herzen liegen.

Wissen Sie, wie man die Steuereffizienz eines Index- oder Investmentfonds misst? Kennen Sie die Bedeutung von Umsatz, und wie er durch den Fonds Ihrer Wahl Ihre Steuerzahlungen beeinflussen kann? Kennen Sie die derzeitigen Kapitalertragssteuergesetze, und welche Vorteile diese Ihnen vielleicht gegenüber der normalen Einkommensteuer bieten können? Oder wie lange Sie investiert bleiben müssen, um diese Steuervorteile zu nutzen? Gelten hier dieselben Gesetze für Aktien wie für Immobilien? Wie stark können Sie Ihre Hypothek belasten, um die Zinsen maximal absetzen zu können? Gilt das auch für Ihren Zweitwohnsitz? Und wenn Sie einer höheren Einkommensgruppe angehören, gelten dann immer noch dieselben Gesetze diesbezüglich? Was wäre die steuerlich vorteilhafteste Alternative? Können Sie diese auch nutzen, wenn Ihr Einkommen nicht ganz so hoch sein sollte?

Wissen Sie, worum es sich bei variablen Rentenzahlungen handelt, und was daran so variabel ist? Oder wie variable Rentenzahlung gestaltet sein müsste, dass Sie für Ihr investiertes Kapital keine Steuern mehr zahlen müssen? Kennen Sie den Unterschied zu einer festen Rentenzahlung, und was daran so fest ist? Wissen Sie, wie Ihre Lebensversicherung Ihnen durch Steuerstundung helfen kann – oder bei der Vermeidung der Erbschaftssteuer? Verstehen Sie, wie man bewerten kann, ob ein Investmentprogramm mit variabler Rentenzahlung Ihnen mehr Steuervorteile bringt als langfristige Geldanlagen in Aktien oder Fonds? Oder wie die Höhe Ihres Einkommens aus diesen Anlagemöglichkeiten Ihre Entscheidung beeinflussen könnte? Sind Staatsanleihen der beste Weg zur Steuerersparnis, weil das Zinseinkommen steuerfrei ist? Und betrifft das dann alle Arten von Steuern, oder nur manche?

Wissen Sie, wie Sie verschiedene Anlagemöglichkeiten wissenschaftlich miteinander kombinieren können, um das optimale Risiko/Gewinn-Verhältnis zu erlangen? Verstehen Sie den Unterschied zwischen kurz- und langfristigen Bonds, oder zwischen solchen mit hohen oder niedrigen Erträgen? Sind Junk-Bonds so gefährlich, wie ihr Name vermuten lässt? Laufen Sie mit Aktien immer ein größeres Risiko als mit Bonds? Kennen Sie den Unterschied zwischen Wert- und Wachstumsaktien? Wissen Sie, wie hoch eine hochkapitalisierte Aktie ist, und wie niedrig eine niedrig kapitalisierte? Und ist eine mittel kapitalisierte Aktie dann genau dazwischen? Verstehen Sie, zu welchen Zeiten große und kleine Unternehmen besser abschneiden, und aus welchen Gründen? Ist der Russell 2000 oder der Russell 3000 besser, um die Leistungen niedrig kapitalisierter Firmen zu messen? Und ist der S&P 500 ein besserer Indikator zur Erfassung der Leistungen hochkapitalisierter Aktien als der Dow?

Können Sie die über 9000 Fonds da draußen bewerten? Wissen Sie, was eine Investmentfondsgesellschaft ist? Kennen Sie die Unterschiede zwischen Investmentfonds und Indexfonds? Wir haben alle gehört, die Indexfonds des S&P 500 seien besser als die meisten Investmentfondsmanager. War das schon immer so? Wird es jetzt immer so bleiben? Jeder will aus seinen Geldanlagen die größtmöglichen Gewinne erzielen, aber verstehen Sie auch, dass die wachstumsstärksten Investmentfonds und Aktien im Falle eines Einbruchs auch am meisten verlieren?

Wussten Sie, dass viele Investoren zwar behaupten, sie würden in einer Korrektur von 10 oder 20% ihre Aktien und Fonds halten, dann aber von der Panik ergriffen werden und aussteigen? Haben Sie es selbst zwischen Ende August und Mitte Oktober 1998 mit der Angst zu tun bekommen, und dann die unglaubliche Rally verpasst? Oder hatten Sie Ende 1997 auch eine Panikattacke, sofern Sie asiatische Aktien hielten? Oder in den Korrekturen der Jahre 1994 oder 1990? Oder vielleicht in der extremen Korrektur von 1987? Wenn Sie damals noch kein Anleger waren, stellen Sie sich einmal vor, wie es sich anfühlt, wenn der Markt plötzlich 40% verloren hat und die besten Experten einen Crash wie den von 1929 erwarten? Hätten Sie dann in der Nähe des Tiefs verkauft? Oder hätten Sie den Mut aufgebracht, genau zu diesem Zeitpunkt zu kaufen?

Können Sie die Risiken und Volatilität von Aktien und Investmentfonds einschätzen? Wissen Sie, was das Sharpe-Verhältnis ist und wie man damit Risiko und Volatilität misst? Haben Sie je von den anderen Risikomaßstäben gehört, wie zum Beispiel M≈ oder beta oder Standardabweichung? Wie kann eine Abweichung einen Standard verkörpern? Fallen Aktien oder Fonds mit hohem Risiko immer tiefer als der Markt? Oder kann man Sie immer noch als hohes Risiko betrachten, wenn sie mehr steigen als fallen? Warum würde es Ihnen eventuell etwas ausmachen, wenn Ihr Fonds meistens steigt und im Falle einer Korrektur nicht tiefer fiel als der Markt? Wie können Sie das überhaupt messen?

Wenn Sie in einen hochkapitalisierten Werte-Fonds investieren oder in einen unterkapitalisierten Wachstumsfonds, verstehen Sie dann Konzepte wie stilistische Gleichmäßigkeit? Soll es vielleicht messen, ob der Fondsmanager wirklich in den Arten von Aktien anlegt, die er oder sie immer schon versprochen hat? Wie können Sie wissen, worin Sie investieren, wenn Sie einen Fonds kaufen? Würden Sie bereitwillig in einen Fonds investieren, der zwar eine gute Vorgeschichte, aber einen neuen Manager hat? Wie würden Sie die Vorgeschichte dieses Fondsmanagers herausfinden, – oder ob er oder sie überhaupt eine Vorgeschichte in der Verwaltung von

Fonds hat? Wie alt ist der Fondsmanager? Sind junge Fondsmanager besser als alte? Sind zwei Manager besser als einer?

Ist ein Fünf-Sterne-Fonds immer die beste Geldanlage? Sollten Sie der 1-jährigen, 3-, 5-, oder 10-jährigen Vorgeschichte eines Fonds mehr Gewicht geben? Um Fonds zu bewerten, sollten Sie sich an die Bewertungen von Morningstar, Lipper oder CD Weisenberger halten? Haben Sie überhaupt schon einmal von CD Weisenberger gehört? Haben Sie den Fond Ihrer Wahl in Bezug auf Risiko und Gewinn schon mit anderen Fonds derselben Kategorie verglichen, oder nur mit dem S&P 500?

Verstehen Sie die demografischen, technologischen oder politischen Faktoren, die hinter den Booms und Flauten aller Länder der Welt stecken? Können Sie überhaupt die meisten Länder der Welt aufzählen, und wer die dortigen politischen Würdenträger sind? Ist Mark Mobius ein Filmstar, der so ähnlich aussieht wie Yul Brynner, oder ein internationaler Fondsmanager? Wie sehen seine vergangenen Leistungen aus, oder mögen Sie ihn nur, weil Sie ihn oft im Fernsehen oder in Zeitschriftenanzeigen gesehen haben? Wäre das ein guter Grund, ihm als Investmentmanager zu vertrauen? Warum verlangsamt sich das Wirtschaftswachstum in Japan immer noch, obwohl die Zinssätze so niedrig sind? Könnte Hong Kong einen Boom erleben, selbst wenn Japan immer noch Flaute hat? Wird es zwischen Nord- und Südkorea zum Krieg kommen?

Was sind Derivate? Verstehen Sie, wie Hedgefonds operieren, und warum sie Ende 1998 in eine Krise kamen? Haben Sie den Nachrichten geglaubt, die Ende 1998 sagten, das Versagen dieser Hedgefonds führe zu einer internationalen Krise? Und wenn Sie es damals mit der Angst zu tun bekamen, haben Sie dann die unglaubliche Rally im Aktienmarkt verpasst, die diesen Nachrichten folgte und bis Anfang 1998 anhielt?

Wissen Sie, warum Aktienbewertungen steigen, wenn Zinssätze und Inflationsrate fallen? Warum könnte das sein? Sind Aktien nicht dazu da, das zukünftige Gewinnpotenzial einer Firma zu messen? Verstehen Sie den "Zeitwert" des Geldes, und wie zukünftige Gewinne auf das gegenwärtige Niveau umgerechnet werden?

Haben niedrige Inflationsraten und Zinssätze einen größeren Einfluss auf die Aktien kleinerer oder größerer Unternehmen? Warum sollte da überhaupt ein Unterschied bestehen?

Verstehen Sie, was die relative Stärke einer Aktie, eines Fonds oder eines Sektors ist? Verstehen Sie den Ausdruck: "kumulierte Bewertungen"? Was wird da kumuliert und warum? Macht es für Sie einen Unterschied, wer eine Aktie oder einen Fonds kauft, und warum ist das so wichtig? Wenn große Investmentfonds eine Aktie kaufen, ist das ein gutes Zeichen von Auftrieb, oder ein Zeichen der Überbewertung? Verstehen Sie, wie flüssig eine Aktie ist, oder was "Float" bedeutet? Es könnte einen großen Unterschied machen, wie leicht Sie diese Aktien kaufen oder abstoßen können, sofern Sie das in Zukunft einmal tun müssen. Verstehen Sie, was mit "Insider-Trading" gemeint ist, und ob das ein gutes oder schlechtes Zeichen ist? Verstehen Sie den Unterschied zwischen Bullenmärkten, sich vergrößernder oder sich verringernder Breite, und was das bedeutet?

Wissen Sie, was Puts (Verkaufsoptionen) und Calls (Kaufoptionen) sind, und das Verhältnis beider zueinander? Ist ein hohes Put/Call-Verhältnis ein gutes oder schlechtes Zeichen für Aktien oder den Aktienmarkt? Was ist ein Oszillator, und auf welche Weise könnte er Ihnen ein Signal dafür geben, ob der Markt seinen Höhe- oder Tiefpunkt erreicht? Wann ist es besser, eine Aktie zu kaufen, wenn sie gefallen ist oder wenn sie steigt? Ist wertorientierte oder schwungorientierte Investition besser, und in welchen Arten von Aktien und Investmentfonds? Wie können Sie eine Aktienbewertung messen? Durch das Verhältnis von Kurs zu Gewinn, von Kurs zu Umsatz oder von Kurs zu Buchwert? Sind Internet-Aktien überbewertet? Sollten die Bewertungen heutzutage höher sein als in der Vergangenheit, oder wäre das ein Zeichen des nächsten großen Bärenmarktes?

Was hat das Volumen mit den Zukunftsaussichten einer Aktie zu tun? Wenn sie ein altes Hoch durchbricht, würden Sie eine Aktie lieber bei niedrigerem oder höherem Volumen kaufen? Was bedeutet hohes oder niedriges Volumen eigentlich? Ist ein steigendes

Volumen wichtiger für steigende oder fallende Kurse? Wo hat Volumen mehr Bedeutung: auf dem Nasdaq oder am New York Stock Exchange? Was ist die Elliott-Wellen-Theorie? Ist es besser, wenn eine Aktie in zwei Aufwärtswellen oder in drei Aufwärtswellen steigt, bevor sie wieder fällt? Was drückt das Fibonacci-Verhältnis darüber aus, wie weit eine Aktie oder ein Aktienindex vor dem nächsten Kursanstieg korrigieren wird? Wie können Sie feststellen, ob eine fallende Aktie Ihnen eine gute Gelegenheit bietet oder ein Verlustgeschäft?

Falls Sie Ihre eigenen Anlagestrategien entwerfen, gibt es eine sehr wichtige Frage: Haben Sie in den vergangenen fünf oder zehn Jahren besser verdient als der S&P 500?

Schauen Sie sich Ihre gesamte Vorgeschichte in der Geldanlage einmal objektiv an. Es ist sehr wahrscheinlich, dass Sie es nicht geschafft haben, den S&P zu schlagen, besonders wenn man bedenkt, dass die meisten professionellen Investmentmanager es auch nicht geschafft haben. Und Sie entwickeln Ihre Strategien wahrscheinlich in Teilzeit, ohne die neuesten Hilfsmittel oder eine auf diesen Bereich spezialisierte Ausbildung und Erfahrung. Wenn Sie glauben, die Unkosten Ihrer Trades minimiert zu haben, wie viel billiger können dann diese umsatzstarken Profis traden?

Wissen Sie die Antworten auf die meisten dieser Fragen? Wahrscheinlich nicht! Deshalb stelle ich sie hier! Tatsächlich ist das Argument, welches ich an dieser Stelle aufgrund meiner langjährigen Erfahrung in der Kapitalanlagenindustrie entwickeln möchte, sehr einfach. Investition und Vermögensbildung folgen zwar einfachen Grundprinzipien, sind aber genauso kompliziert wie die Krankenpflege und medizinische Diagnose. Sie verstehen vielleicht die einfachen Prinzipien richtiger Ernährungsweise und körperlicher Aktivität, und engagieren sich so für Ihre eigene Gesundheit. Letzendlich brauchen Sie aber die Diagnose eines medizinischen Experten und einer Unzahl anderer Fachkräfte und Spezialisten, die hinter Ihrem Arzt stehen. Ihr Doktor ist Ihr Browser, und die ganzen Experten und Labors und Lieferanten sind die Server. Wenn Sie einen schwerwiegenden Herzfehler hätten, würden Sie dann zu einem Discount-Arzt oder Discount-Chirurgen gehen wollen? Wüssten Sie überhaupt etwas von Ihrem Herzfehler, wenn Sie nie einen Spezialisten aufgesucht hätten?

Finanzdienstleistung ist eine komplexe und wissensintensive Industrie mit potenziell hohem Einfluss auf unser Wohlergehen, ähnlich wie das Gesundheitswesen. Darum sollten wir unsere Vermögensbildung ernst nehmen und nicht versuchen, sie alleine und in unserer Freizeit zu betreiben - als ob wir heutzutage noch so viel Freizeit hätten! Wenn Sie alleine anlegen und diesbezügliche Entscheidungen treffen wollen, sollten Sie sich zuerst fragen, ob das auch sinnvoll ist. Wenn Sie langfristig den S&P 500 schlagen können und kompetent genug sind und es Ihnen Spaß macht und Sie die Zeit dafür aufbringen können – dann können Sie den Prinzipien dieses Buches folgen und sich an die Arbeit machen. Wenn nicht, dann sollten Sie sich einen exzellenten Anlageberater suchen, eine kompetente und hilfsbereite Fachkraft.

Sie merken vielleicht, dass ich der Meinung bin, Sie bräuchten einen menschlichen Browser, der alle Faktoren Ihrer Finanzplanung integriert. Wenn Sie nämlich für jeden Bereich, also Geldanlage, Versicherungen, Steuern, Vermögens- und Schuldenverwaltung einen eigenen Berater haben, erhalten Sie keinen kohärenten und integrierten Plan. Statt dessen bekommen Sie viele verschiedene und widersprüchliche Meinungen zu hören, und müssen dann um so mehr kostbare Zeit und Geld dafür aufbringen, diese zu verstehen.

Das bringt uns zur Schlüsselfrage! Wenn Sie bereits mit einem Anlageberater zusammen arbeiten, sollten Sie sich fragen, ob er alle oben genannten Bereiche bewältigen kann. Tatsächlich ist das oft nicht der Fall. Erhalten Sie von irgendeinem der von Ihnen beschäftigten Experten einen integrierten Finanzplan, der alle diese Bereiche enthält, sei es ein Versicherungsbroker, Aktienmakler oder Steuerberater? Gibt er Ihnen die zu einem wirklichen

Verständnis der Geldanlage nötigen Informationen und den richtigen Service wenn Sie ihn brauchen, damit Sie ein gutes Gefühl haben und nachts gut schlafen können? Sind Sie für Ihren Finanzberater ein wichtiger Kunde, oder nur ein Kunde unter vielen?

Die Anlageindustrie ist wie alle anderen Industrien: es gibt gute Berater, weniger gute Berater, und richtige Schurken. Einerseits gibt es kompetente Fachkräfte, denen Ihre Interessen am Herzen liegen, und andererseits Verkäufer, die nur so viele Produkte wie möglich zum höchstmöglichen Preis an den Mann bringen wollen. Manche Berater spezialisieren sich und kennen Ihre Kunden sehr genau, und andere versuchen, alles für jeden zu tun. Manche Menschen sind leider nur daran interessiert, mehr und mehr Kunden zu "akquirieren", sie zum "Abschluss" zu bringen, und sich dann aus dem Staub zu machen.

Dann gibt es Menschen, die so tun, als wollten Sie ein Portfolio zu extrem günstiger Kommission verkaufen und Ihnen dann ein "Timing-Modell" andrehen, das Sie, für weitere 1% oder 2%, vor eventuellen Kursverlusten schützen soll. Das hört sich an wie ein Gebrauchtwagenhändler, der Ihnen das Gefühl gibt, ein Auto zum Selbstkostenpreis zu erstehen und Ihnen dann für 1000$ ein "Lackschutzprogramm" aufdrängt, das ihn nur 100$ gekostet hat. "Timing-Modelle" funktionieren langfristig nicht. Also sollten Sie sie auch nicht kaufen. Vielleicht werden manche Berater auch versuchen, Ihnen zwecks Steuerersparnis ein Programm mit variabler Rentenzahlung zu verkaufen, obwohl Sie in einer niedrigen Steuerklasse sind oder innerhalb der nächsten fünf Jahre über Ihr Geld verfügen müssen. Das sind die wahren Schurken!

Wenn Ihr Makler oder Berater nicht genügend Zeit aufbringt, Sie zufriedenzustellen und Ihnen ein gutes Gefühl über Ihre Anlagen zu vermitteln, dann ist er wahrscheinlich nur ein Verkäufer. Wenn er sich anhört wie einer der oben beschriebenen Schurken, sollten Sie sich auf die Suche nach einem neuen Finanzberater machen. Wenn Sie keinen Anlageberater haben und nicht wissen, wo Sie einen finden können, sollten Sie Ihre Freunde oder Geschäftspartner fragen, welchen Berater sie beschäftigen, und was sie an ihm mögen oder nicht mögen. Am besten fragen Sie dabei Menschen, wie Sie selbst einer sind, in einem ähnlichen Beruf, mit ähnlichem Einkommen oder Vermögensverhältnissen, und ähnlichen Zielsetzungen und Lebensstil. Das sind natürlich genau die Menschen, mit denen Sie wahrscheinlich jetzt schon den meisten Umgang haben. Gleich und gleich gesellt sich gern.

Fragen Sie Ihre Freunde, welche Resultate ihre Kapitalanlagen bringen, wie kompetent und objektiv ihr Anlageberater ist, wie sie den geleisteten Service beurteilen, wie spezialisiert der Berater ist, und so weiter... Spezialisiert sich der Berater auf Versicherungen, auf Investmentfonds oder auf Steuerfragen? Verfügt er über ein Netzwerk von Experten, die sich um Ihre anderen Bedürfnisse kümmern können? Wie lange ist er schon im Geschäft? Wie verlief seine Ausbildung oder sein vorheriger beruflicher Werdegang?

Sie können auch einen Berater nehmen, der Sie zuerst durch Seminare, Zeitungsartikel, Fernseh- und Radiosendungen, oder diesbezügliche Seiten im Internet auf sich aufmerksam gemacht hat. Auf diese Weise können Sie seine Erfahrung und Vorgehensweise bewerten, ohne sich einem Verkaufsgespräch aussetzen zu müssen. Versuchen Sie, den Berater dazu zu bringen, sich zu beweisen oder vorzustellen, bevor Sie ihn in Erwägung ziehen oder Zeit mit Ihm verbringen. Auf gar keinen Fall sollten Sie sich von unvermittelten Telefonanrufen während Ihrer Freizeit aus der Reserve locken lassen, in denen Ihnen unglaublich profitable Geldanlagen angeboten werden. Legen Sie einfach den Hörer auf! Dasselbe gilt für Anzeigen, die voller marktschreierischer Versprechen risikofreier Profite sind. Ignorieren Sie das einfach! Sie sollten sich einen Berater suchen, der in objektiven Medien wie Zeitungen oder Zeitschriften gute Kritiken bekommt.

Fragen Sie Ihren Rechtsanwalt oder Steuerberater, oder vielleicht den Finanzmanager Ihrer Firma, wen sie als Anlageberater beschäftigen oder empfehlen würden. Bitten Sie einen Berufsverband der Finanzberater telefonisch um eine Liste von Empfehlungen, dann bitten Sie um professionelle Zeugnisse der empfohlenen

Berater und fragen, wie lange diese schon als Anlageberater tätig sind. Anschließend können Sie immer noch um ein Vorstellungsgespräch bitten. Sie könnten auch eine Niederlassung einer respektablen Maklerfirma in Ihrer Gegend aufsuchen oder anrufen, und gezielt nach einem Anlageberater fragen, der Anleger wie Sie repräsentiert. Dabei sollten Sie Ihre Zielsetzung genau erklären, wie hoch Ihr Anlagekapital ist, und dass Sie nicht den neusten und unerfahrensten Anlageberater in der Firma beschäftigen wollen. Nehmen Sie nicht sofort den ersten Berater, der Ihnen empfohlen wird, sondern verlangen Sie nach Vorstellungsterminen mit verschiedenen Beratern.

Wenn Sie dann endlich ein Treffen mit einem Anlageberater haben, sollten Sie folgende Fragen stellen:

1. **Der erste wichtige Punkt: Sind Sie darauf spezialisiert, mit Kunden zusammenzuarbeiten, die mir vom Einkommen und Kapital her ähnlich sind?**
   a. Wieviel Prozent Ihrer Kunden sind mit mir vergleichbar?
   b. Welche besonderen und speziell angepassten Vorschläge haben Sie für Anleger wie mich?
   c. Wer sind die hauptsächlichen Experten (oder Fonds oder Fondsgesellschaften), mit denen Sie zusammenarbeiten, und welche speziell auf Anleger wie mich zugeschnittenen, Angebote haben sie? Nach welchen Kriterien haben Sie diese Experten oder Finanzprodukte ausgewählt? Wie lange arbeiten Sie schon zusammen, und mit welchen Resultaten? Wie gut kennen Sie diese Firmen, und wie eng ist diese Zusammenarbeit?

2. **Der zweite wichtige Punkt: Repräsentieren Sie mich, oder die Investmentprodukte, die Sie verkaufen?**
   a. Verkaufen Sie nur firmeneigene Investmentprodukte, oder eine begrenzte Auswahl von Anlagemöglichkeiten? Wenn ja, warum? Ist es, weil Sie sich auf die besten Produkte für Kunden wie mich beschränken wollen, oder weil Sie dafür die besten Kommissionen von Ihrer oder anderen Firmen bekommen?

b. Verdienen Sie Kommissionen oder Gebühren für die Produkte, die Sie verkaufen, oder berechnen Sie mir Ihre Dienstleistungen direkt, oder beides? Wie teuer sind diese Kommissionen oder Gebühren, sofern Sie welche erheben? Wenn Sie wirklich Gebühren und Kommissionen verlangen, gibt Ihnen das nicht einen guten Grund, mich von der Notwendigkeit häufiger Umschichtungen zu überzeugen? Oder haben Sie klar formulierte Regeln, die besagen, dass es nur zu Umschichtungen kommt, wenn diese im besten Interesse des Kunden sind, und dass Sie mich über eventuell anfallende Kommissionen und Gebühren im Voraus informieren müssen? Wäre es nicht besser, wenn Sie mir ein angemessenes Honorar für Ihre Dienstleistungen berechnen, und sich oder mich nicht in Verführung bringen, häufig umzuschichten?
c. Wenn Sie keine Kommissionen oder Gebühren erheben, wie werden Sie dann für Ihre Dienstleistungen bezahlt? Handelt es sich um einen Prozentsatz des von Ihnen verwalteten Kapitals? Oder ist es ein Stundenlohn, oder vielleicht beides?
d. Wenn Ihr Honorar für die Verwaltung meiner Kapitalanlagen mehr als 1% ist, warum ist es so teuer? Bieten Sie einen besonderen Service, oder ist meine Situation so komplex, dass ein so hohes Honorar gerechtfertigt wäre? Wie vergleicht sich das mit den Honoraren, die andere Anbieter derselben Dienstleistungen erheben? Können Sie mir Ihre Antwort darauf bitte belegen?
e. Verlangen Sie weniger prozentuale Gebühren, je höher das von Ihnen verwaltete Kapital ist? In anderen Worten: bekomme ich einen Discount, wenn ich ein größerer oder besserer Kunde bin oder mein Konto langfristig aufbaue? Wenn nicht, warum nicht? Möchten Sie das Risiko laufen, dass ich mir einen anderen Berater suche, sobald mein Konto eine gewisse Größe erreicht hat?

3. **Der dritte wichtige Punkt:**
   Wie lange sind Sie schon im Geschäft?
   a. Was sind die Qualifikationen, die Sie zur Ausübung dieser Tätigkeit mitbringen?
   b. Wie viele Kunden haben Sie? Was ist die durchschnittliche Größe der von Ihnen verwalteten Konten?
   c. Was würden Sie als den geschätzten Gesamtbetrag aller von Ihnen verwalteten Konten angeben? Und wie hoch ist derselbe Betrag in Bezug auf Ihr gesamtes Unternehmen?
   d. Können Sie mir Zeugnisse früherer Kunden zeigen?

4. **Der vierte wichtige Punkt:**
   Wie vermarkten Sie Ihre Dienstleistungen?
   Durch Zeitungsannoncen, Telefon, Seminare, Empfehlungen zufriedener Kunden, Zeitungsartikel, Radio- oder Fernseh programme, eine eigene Seite im Internet, etc.? Kann ich Beispiele dieser Annoncen, Broschüren, Seminar-programme oder anderer Instrumente der Vermarktung sehen?
   a. Was waren Ihre größten Erfolge mit Kunden wie mir?
   b. Was waren Ihre größten Fehler, und was haben Sie daraus gelernt?

5. **Der fünfte wichtige Punkt: Werde ich eine meinen Bedürfnissen angepasste Dienstleistung bekommen?**
   a. Wird mein Konto genügend Priorität erfahren?
   b. Wann sind Sie für meine Fragen zugänglich, und wer ist in Ihrem Büro für Fragen außerhalb Ihres Fachgebietes zuständig?
   c. Wie bewerten Sie die Anlage- und Steuerstrategien, die Sie für meine Zielsetzung und Risikotoleranz für angemessen halten?
   d. Wie informieren Sie mich über aktuelle Vorgänge an den Märkten oder eine Veränderung in Ihrem Vorgehen? Geschieht das durch ein regelmäßig erscheinendes Bulletin, Telefonate, Updates auf Ihrer Webseite?
   e. Wie oft müssen wir uns persönlich treffen, oder über Telefon oder Internet kommunizieren?

f. Wie oft bekomme ich meine Kontoauszüge?
g. Werde ich diese Kontoauszüge auch verstehen, und vergleichen sie mein Einkommen und die Leistungen meiner Geldanlagen mit einem Standard, der für meine Anlagestrategie und Risikotoleranz angemessen ist?
h. Wenn sich die Gegebenheiten an den Märkten verändern, oder die gewünschten Leistungen ausbleiben, nach welchen Kriterien werden Sie dann mein Portfolio umschichten?

6. **Der sechste wichtige Punkt:**
Wie sehen Sie die Zukunft der Kapitalanlage, und warum?
a. Auf welche Experten berufen Sie sich zur Vorhersage wirtschaftlicher Trends, und aufgrund welcher vorherigen Leistungen oder Qualifikationen seitens dieser Experten? Können Sie mir einen vollen Einblick in meine Geldanlagen verschaffen, und die Gründe für deren Auswahl?
b. Im Falle einer erwarteten Veränderung der Langzeittrends: Wie planen Sie, meine Anlagen zu beurteilen und gegebenenfalls neu zu bewerten? Welche Positionen werden Sie in diesem kommenden Jahrzehnt in meinem Namen einnehmen, und welche werden das im darauf folgenden Jahrzehnt sein, oder im Falle einer Rezession?
c. Können Sie mir erklären, wann und warum ich eventuell größere Veränderungen in meinem Portfolio oder meiner Steuerplanung vornehmen muss?

7. **Der siebte wichtige Punkt:**
Können Sie alle meine Bedürfnisse in finanzieller Hinsicht in einen integrierten Plan zusammenfassen?
a. Können Sie selbst, oder einer Ihrer Experten, alle Bereiche meiner Finanzen handhaben: Kapitalanlagen, Steuern, Versicherungen, Kapitalverwaltung und Kreditbedarf (inklusive Hypotheken, Bilanzen und Sparkonten)?
b. Kann ich alle Bilanzen und Kontoauszüge in einem leicht verständlichen Schriftstück erhalten?

c. Gibt es ein Dokument, das Ihren Anlageplan zusammenfasst?
d. Ist dies ein langes, kompliziertes und undurchdringliches Dokument, oder bedient es sich einer klaren, einfachen und leicht verständlichen Sprache?
e. Wie oft planen Sie, meinen Finanzplan zu revidieren, und welche Ereignisse und Situationen müssten Sie dazu veranlassen?

Sie müssen nicht alle diese Fragen stellen, sondern nur die Ihren Bedürfnissen und Belangen entsprechenden. Auch sollten Sie von keinem Finanzberater erwarten, jede einzelne dieser Fragen mit Bravour zu bestehen. Es genügt, wenn Sie das Gefühl bekommen, Ihr Finanzberater werde Sie gut repräsentieren, und dass er genügend Kompetenz und Fachwissen dazu besitzt. Es gibt zum Beispiel immer noch eine große Anzahl von guten Finanzberatern, deren Honorar auf den Kommissionen der von ihnen verkauften Produkte basiert. Das kann in der guten Beziehung, derer sich diese Berater mit ihren besten Händlern erfreuen, begründet sein, oder weil eine Mehrzahl der etablierten Klienten es so vorzieht. Solange diese Einnahmen genau deklariert werden und der Berater sich ausdrücklich verpflichtet, langfristige Geldanlagen und Ihre besten Interessen in den Vordergrund zu stellen, muss das kein schlechtes Zeichen sein. Sie können allerdings auch fragen, ob Ihr Berater bereit wäre, für entweder ein festes Honorar oder eine prozentuale Beteiligung Ihr Kapital zu verwalten.

Bevor Sie einen Finanzberater aufsuchen, sollten Sie sich Ihrer Lebenszielsetzung, Ihrer Prioritäten und Ihrer finanziellen Situation sehr bewusst sein. Das könnte bedeuten, Sie müssen sich zuerst mit einem Psychologen, Mentor, Freund oder einer Selbsterfahrungsgruppe treffen. Das wird Ihre Ziele klarer und des Finanzberaters Job einfacher machen. Wie könnten Sie auch erwarten, an Ihr Ziel zu kommen, wenn Sie noch nicht einmal sicher sind, was Ihr Ziel eigentlich ist?

Und da wir schon bei diesem Thema sind: Sie brauchen mindestens einen vertrauenswürdigen Berater in Sachen Gesundheit, sowie einen Psychologen und einen Finanzberater, um den von

Ihnen gewünschten Lebensstil zu erreichen. Diese Helfer sollten Fachleute ihrer Bereiche sein, wie Browser, die den Umgang mit Menschen in Ihrer Situation gewohnt und im Zweifelsfalle dazu fähig sind, auf die Erfahrung noch spezialisierterer Sachverständiger (die Server) zurückzugreifen. Wenn es sich um einen versierten Fachmann handelt, der Sie auch wirklich repräsentiert, wird er sein Honorar wert sein. Erinnern Sie sich, wie unser Gang durch die Geschichte uns zeigte, dass der Mensch seine Lebensweise und Lebensqualität durch zunehmende Spezialisierung auf individuelle Talente verbessert hat, und durch vermehrtes Weiterleiten von Aufgaben an Fachleute, die diese optimal bewältigen können.

Alles selbst zu erledigen und sich die Honorare zu sparen, ist weder ein Weg zum Erfolg, noch zu einem größeren Vermögen. Eine solche Strategie lohnt sich nur in Fällen, in denen Ihnen eine Aufgabe leichter fällt, als sie einem Experten fallen würde, und wenn der Störfaktor gering ist, wie zum Beispiel bei der Selbstbedienung an einer Tankstelle, wenn Sie sowieso an der Pumpe warten müssen. Oder wenn Sie Ihren Computer eine Statistik Ihrer Einkaufsvorlieben erstellen lassen, und dann die am häufigsten gekauften Produkte direkt in Ihr Büro oder Heim geliefert werden. In manchen Bereichen benötigen wir aber der Führung eines realen und menschlichen Wissens, um uns durch das Labyrinth der Möglichkeiten einen Weg zu bahnen. Meiner Meinung nach sind Kapitalanlagen und Finanzdienstleistungen ein solcher Bereich. Objektive Statistiken über die Erfolgsquote verschiedener Anleger bestätigen das.

In meinen früheren Büchern habe ich schon die Dalbar-Studie erwähnt, die für die Zeit von 1984 bis 1996 klar beweist, dass der durchschnittliche Anleger ohne Beratung bedeutend schlechter abgeschnitten hat als der S&P 500. Allerdings ging es dem typischen Anleger mit Brokern auch nicht viel besser. Eine neuere Studie von Brad Barber und Terrance Odean von der University of California in Davis zeigt, dass die Einkommen der Anleger fallen, je mehr sie traden. Die Daten stammen aus den Jahren 1991 bis 1996, und zeigen einen kleineren Unterschied zwischen S&P 500 und

Durchschnittsanlegern als die Dalbar-Studie. Aber die 20% der Anleger mit der höchsten Transaktionsfrequenz verdienten in diesem Zeitraum nur 11,4%, verglichen mit 17,99% Zuwachs am S&P 500 allgemein.

Die überzeugendsten Daten stammen aus einer Studie von Hewitt&Associates, einem führenden Verwalter von 401K-Programmen. Abbildung 7-1 zeigt für den 31. August, 1998, kurz vor dem tiefsten Punkt im Dow, eine wahre Flut von 401K-Programmen, die von Aktien auf Bonds umsteigen. Das war eine sehr schlechte Idee. Und die blitzartige Wende im Aktienmarkt erschwerte dann den Wiedereinstieg. Obwohl die meisten Anleger in Umfragen sagen, sie würden während einer Korrektur nicht aussteigen, tun sie es doch, sobald der Markt Ihnen Angst zu machen beginnt. Eine 10%ige Korrektur sieht im Moment ihres Geschehens wie eine 20%ige Korrektur aus, und schlechte Neuigkeiten machen die Stimmung. Eine 20%ige Korrektur sieht dann wie eine 40%ige Korrektur aus, oder wie der nächste Bärenmarkt. Während die Kurse fallen, werden die Nachrichten immer schlechter, auch das macht es schwer, eine Umkehr zu erkennen.

Die überzeugendste Statistik kommt aber von Brooks Hamilton & Associates, in deren Analyse der Leistungen von 401K-Programmen 1997. Abbildung 7-2 zeigt den Vermögenszuwachs der Mitglieder eines großen 401K-Plans für das Jahr 1997, in dem der S&P 500 31% brachte. Die Mitglieder mit höherem Einkommen schnitten deutlich besser ab als die Mitglieder mit niedrigerem Einkommen. Teilnehmer mit Einkommen über $50.000 hatten Profite von 26,5 %, dass sind 5% weniger als der S&P 500. Aber Teilnehmern mit geringeren Einkommen erging es bedeutend schlechter: Mit einem Einkommen unter $30.000 waren die Profite auf 6% geschrumpft, volle 25% unter dem Niveau des S&P 500!

Warum macht der typische Anleger ein derart schlechtes Geschäft? Ich glaube, dafür gibt es zwei Gründe. Sie traden entweder zu viel aufgrund kurzfristiger Nachrichten oder Trends, oder sie glauben, große Risiken eingehen zu müssen, um mit verhältnismäßig wenig Kapital voran zu kommen, wie in einer "Psychologie des

7-1. Der Hewitt-Index (401K)

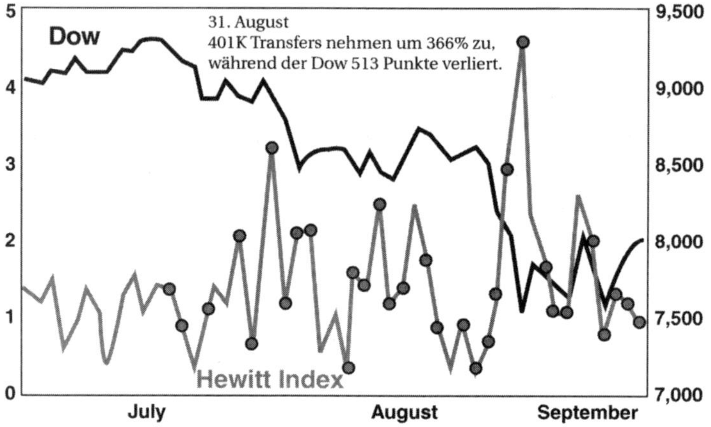

Quelle: San Jose Mercury News, 20. September, 1998
Daten: Hewitt Associates (www.hewitt.com/401kindex)

7-2. Leistungen der 401K-Programme 1997 (nach Höhe des Einkommens)

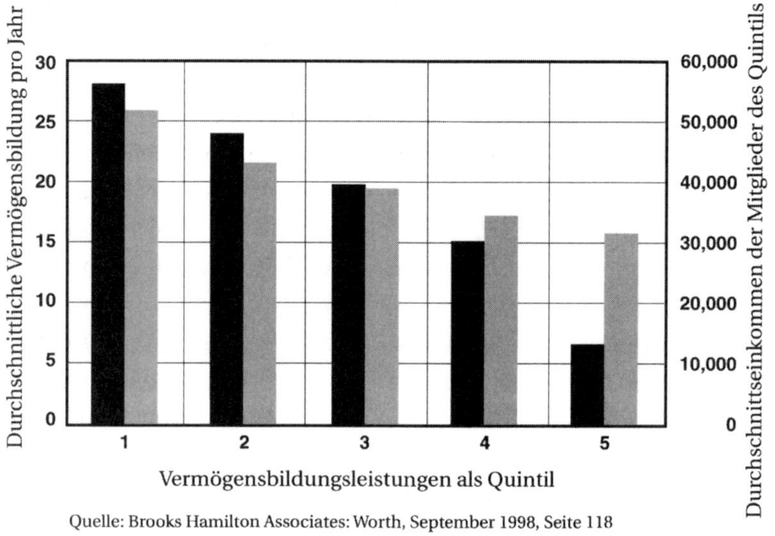

Quelle: Brooks Hamilton Associates: Worth, September 1998, Seite 118

Lotteriegewinns". Vielleicht haben sie auch zuviel Angst vor den Märkten, halten Aktien für zu riskant, und investieren dann in den sicheren Bonds- oder Währungsmärkten. Aber eines ist sicher: Anleger, die dazu ermutigt wurden, alleine mit einem Discount-Konto zu traden oder ihre eigenen Entscheidungen innerhalb ihres 401K-Programms zu fällen, sind genau die Personen, die einen systematischen Plan oder kompetenten Berater am meisten brauchen. Firmen, die sich vor der Verantwortung bei der Auswahl von Anlagemöglichkeiten drücken wollen, und diese an die Teilnehmer delegieren, könnten Gefahr laufen, irgendwann in der Zukunft von den Anlegern verklagt zu werden, die nicht genügend Rücklagen für ihren Ruhestand erwirtschaftet haben.

Wie kann man dieses Problem lösen? Wir brauchen mehr Berater, die sich auf die Anlagebedürfnisse der breiten Bevölkerung spezialisieren, also auf Rentenpläne, 401K-Pläne, und individuelle Depots. Die 401K-Unternehmen sollten mehr Zeit opfern, um ihren Teilnehmern mehr und besseres Wissen über Anlagemöglichkeiten zu vermitteln, und sollten vielleicht sogar verlangen, dass die Teilnehmer einen systematischen Plan aussuchen, der ihrem Volumen und ihrer Risikotoleranz entspricht. Genau das würde nämlich ein kompetenter Finanzberater auch verlangen. Wie könnte man das in die Praxis umsetzen? Durch informative und benutzerfreundliche Seiten im Internet, oder Video/CD-Rom- Systeme, die den unerfahrenen Anlegern und Arbeitnehmern dabei helfen, sich einen systematischen Plan zusammen zu stellen. Solch ein Plan müsste nicht unbedingt auf einen oder wenige Investmentfonds oder Anlagekategorien beschränkt sein. Lieber sollte er den Anlegern helfen, die besten Fonds und Anlagestrategien für ihre individuellen Bedürfnisse zu finden.

Ich könnte mir vorstellen, dass es eines Tages nicht nur Online-Trading über Discount-Broker geben wird, sondern auch Online-Berater wie 1-800-MUTUALS, die durchschnittlichen Anlegern bei der Zielsetzung und Risikobegrenzung helfen, und mit ihnen einen systematischen, fundierten Plan festlegen, der von Zeit zu Zeit neu ausgearbeitet werden kann. Möglich wäre das mittels automatischer Web-Seiten, die Ihnen eine systematische Analyse Ihrer Risikotoleranz und Bedürfnisse liefern, oder durch Video-Konferenzen mit Beratern online. Das würde Kosten sparen und trotzdem eine systematische Vorgehensweise ermutigen. Auch der menschliche Aspekt käme nicht zu kurz, und Sie könnten bei Bedarf innerhalb eines Gesprächsformats Ihre Fragen stellen. Das hat sich nämlich als die beste Form der Beratung erwiesen, nicht nur für vermögende Menschen, sondern auch für durchschnittliche Anleger, die an den Märkten immer noch die schlechtesten Geschäfte machen. In der Auswahl Ihres Zugangs zur Welt der Kapitalanlagen sollten Sie auf jeden Fall größte Vorsicht walten lassen.

Möglichkeiten systematischer Kapitalanlage

Selbständige Geldanlage- aber mit Plan und System

Wenn Sie der Meinung sind, die Marktbewegungen antizipieren zu können, und dann fortlaufend Aktien, Sektoren oder Fonds wechseln möchten, kann man Ihnen nur viel Glück wünschen. Ich hoffe, dass Sie dann auch sich selbst gegenüber ehrlich genug sind, Ihre Leistungen langfristig zu beurteilen, und wenn Sie kein Warren Buffett waren, die richtigen Schlüsse ziehen werden. Aber wenn Sie sich die Zeit genommen haben, Ihre Bedürfnisse und Risikotoleranz zu ermitteln, und über genügend Disziplin verfügen, sich langfristig bei Ihren Geldanlagen in einem Investmentfonds an einen fundierten Plan zu halten, und wenn Sie dann auch noch langfristig vielversprechende Fonds ausgesucht haben; spricht nichts dagegen, dass Sie sich einen Discount-Broker suchen, und sich an die Prinzipien halten, die ich schon in Kapitel 2 erklärt habe: Gute Fonds oder Indexfonds der wichtigen Bereichen in Schlüsselsektoren, die sich gegenseitig ausbalancieren. Dann müssten Sie auch ein System der regelmäßigen Umschichtung entwickeln, nicht nur für den Fall einer Korrektur.

Ein Discount-Broker und die niedrigen Gebühren der Indexfonds können Ihre Unkosten minimieren, und so ein klein wenig zur Vergrößerung Ihres langfristigen Einkommens beitragen. Kleine Beträge sammeln sich an und fallen schließlich ins Gewicht. Wenn Sie aber schwerwiegende Fehler machen, werden diese kleinen Beträge Sie auch nicht retten können: Wenn Sie zum Beispiel aus Panik in einer Korrektur verkaufen, oder einen Fonds aufgrund seiner hervorragenden vergangenen Leistungen kaufen, und dieser dann wider alle Erwartungen versagt.

Wenn Sie ein "Do-it-Yourself"-Anleger sind, werden Sie mehr Zugang zu Indexfonds haben, die sich nur auf die größten Unternehmen des betreffenden Sektors spezialisieren, dadurch können Sie den Trend in Richtung großer Unternehmen nutzen, den ich schon in Kapitel 1 und 2 beschrieben habe. Solange Sie die Disziplin und Zeit aufbringen können, werden Sie mehr Möglichkeiten für effektive Geldanlagen finden. Zu vermeiden ist eine komplizierte Situation, die nach der Hilfe eines Experten verlangt, zum Beispiel Steuerprobleme und Vermächtnisse, oder der gesamte Bereich der Versicherungen.

Verwenden Sie einen Online-Service mit Führung

Viele Disount-Broker und traditionellere Makler mit einem breiten Angebot an Dienstleistungen werden in naher Zukunft damit beginnen, im Internet einen Service mit einer Software anzubieten, die Sie durch eine systematische Erfassung Ihrer Bedürfnisse und Wünsche, Ihre Risikotoleranz, und Ihrer finanziellen Zielsetzung führt. Diese Software wird Ihnen die selben Fragen wie ein Berater stellen, Ihnen dann eine Auswahl von Möglichkeiten für Ihr Portfolio anbieten, die Sie selbst befolgen können, inklusive hochangesehener Fonds für jede der Kategorien oder Sektoren in diesem Portfolio. Dennoch wird es Ihre alleinige Verantwortung bleiben, Geldanlagen auszusuchen und sich an Ihren Plan zu halten.

Wie die Depots bei einem Discount-Broker werden diese automatisierten Anlagestrategien nicht fähig sein, mit komplexeren Situationen umzugehen, zum Beispiel wenn Steuerfragen oder Risikoverwaltung das Aufsetzen eines Vermächtnisses oder Versicherungsprobleme die Agenda bestimmen. Aber mit der Zeit werden diese neuartigen Software-Systeme ihre Fähigkeit verbessern, auch diese Fragen zu beantworten. Bis dahin könnten Sie leider zum "Versuchstier" gemacht werden, bis anfängliche Schwierigkeiten in der Verwendung der Software behoben sind.

Am wichtigsten ist es jedoch, dass Sie die Zeit, Disziplin und Erfahrung mitbringen, Ihre eigenen Entscheidungen zu fällen. Selbst wenn Sie über die nötige Disziplin und Erfahrung verfügen, kann Ihnen Ihre Freizeit viel zu wertvoll sein, als dass sie mit neuen Verantwortungen oder Risiken verschwendet werden sollte. Dann ist es Ihnen wahrscheinlich doch die ungefähr 1%ige Kommission wert, die ein Fachmann kosten würde, der sich mit diesen Fragen befasst, und Ihr Portfolio oder ihren Finanzplan regelmäßig überholt.

Verwenden Sie einen persönlichen Berater

Eine Dalbar-Studie hat gezeigt, dass 89% der Anleger mit einem verfügbaren Kapital von über $100.000 es vorziehen, einen Finanzberater zu beschäftigen. Warum ist das der Fall? Mit einem höheren Vermögen steht einfach mehr auf dem Spiel! Die Kosten einer Fehlinvestition steigen mit der Höhe dieser Investition, und selbst wenn Sie eine Gelegenheit zur Steuerersparnis aus simpler Unkenntnis nicht nutzen, haben Sie trotzdem einen größeren Betrag "verloren". In den höheren Einkommensgruppen ist die Freizeit wichtiger, und man scheut die zusätzlichen monatlichen oder wöchentlichen Stunden, die eine eigene Verwaltung des Depots verschlingen würde, und die man lieber im Kreise der Familie oder mit der Ausübung eines Hobbys verbringen möchte. Die komplexe Natur der Steuer- und Risikoverwaltungsfragen potenziert sich direkt proportional zu der Höhe des Einkommens oder Vermögens. 1% Ihres Vermögens ist bei einem jährlichen Wachstum von 17% kein großer Betrag. Und wie ich in den vorherigen Kapiteln dieses Buches gezeigt habe, sollten 17% oder mehr an jährlichem Wachstum in diesem unglaublichen Boom möglich sein, ohne große Risiken eingehen zu müssen.

Mit einem Anlageberater wird Ihnen eine weit größere Anzahl an

Dienstleistungen offen stehen. Voll automatisierte Anlagestrategien für durchschnittliche Anleger mit einfachen Objektiven und geringerem Kapital werden in Zukunft immer beliebter sein. Sie werden trotzdem noch einen persönlichen Berater haben, der die nötigen Umschichtungen vornimmt und Sie über Veränderungen informiert. Und auch für Ihre Fragen wird es einen Ansprechpartner geben, obwohl Sie wahrscheinlich nicht jeden Tag anrufen können, da Sie sonst für das Investment-Unternehmen zu teuer werden und außerdem unter Beweis stellen, dass Sie sich nicht an einen systematischen Plan halten können, selbst mit Hilfe von Fachleuten.

Neuere Firmen wie 1-800-MUTUALS bieten Depotverwaltungen mit persönlichem Berater schon ab einem Kapital von $10.000 an. Sie übernehmen die Bewertung und Auswahl von Investmentfonds für ein strukturiertes Portfolio, und schichten von Zeit zu Zeit um. Sie berechnen dafür 1% des verwalteten Vermögens, bei einem Kapital von $10.000 wären das nur $100 pro Jahr. Die größeren Maklerfirmen bieten einen noch automatisierteren systematischen Anlageplan für Kleinanleger an, zwar auch mit einem Ansprechpartner, aber mit weniger Service. Tatsächlich ist das die beste Vorgehensweise bei kleinen Konten, die keine komplexeren Probleme, zum Beispiel im Steuerbereich, haben. Investieren Sie Ihr Geld einfach in gute Fonds, innerhalb eines gut strukturierten Portfolio, und halten Sie dieses, so lange es den Langzeittrends nicht widerspricht. Die Sorge um Kurzzeittrends und ständiges Traden bekommen den meisten Anlegern schlecht.

Ein immer größer werdender Prozentsatz der Anlageberater wird sich auf die Arten von Klienten spezialisieren, deren Einkommensgruppen sie den besten Service geben können. Für die Anleger, die es benötigen, wird es mehr Service und Auswahlmöglichkeiten geben, für die Anleger , die es nicht brauchen, weniger. Und so sollte das auch sein. Wenn Sie ein Konto über $50.000 verwalten lassen, werden Sie nicht in den Genuss desselben Service kommen, dessen sich der Inhaber eines Kontos von $ 5 Millionen erfreut. Sie werden es auch wahrscheinlich nicht nötig haben: Wenn Sie über ein großes Vermögen in einer hochkomplizierten steuerlichen Situation verfügen, dann werden Sie mehr Bedarf nach Kommunikation mit Ihrem Berater haben, und dieser Berater wird einen höheren Bedarf an weiteren Fachleuten haben, deren Dienstleistungen Ihre Bedürfnisse beanspruchen. Innerhalb der nächsten drei bis fünf Jahre wird sich die Technologie der Videokonferenz weiter verbreiten und verbilligen. Es wird also zunehmend Möglichkeiten geben, eine größere Anzahl selbst der komplexeren Konten über das Internet zu verwalten. Ihr Berater könnte Sie nicht nur über Schlüsseltrends, Veränderungen und Gelegenheiten auf dem Laufenden halten, sondern auch den besten Experten der eigenen Firma, oder der Finanzwelt allgemein, eine Gelegenheit geben, zu Ihrer Information beizutragen. Wenn der Markt innerhalb einer Woche 1.000 Punkte verliert, werden die besten Wirtschaftsfachleute zu sehen sein, und Sie darüber informieren, warum Sie kaufen sollten anstatt zu verkaufen, und wo die besten Gelegenheiten zu finden sind. Und wenn es zu einer Veränderung in den Steuergesetzen kommt, werden die besten Steuerexperten eingeladen.

Meine Schlussfolgerung ist ganz einfach: Sie werden die besten Resultate und den besten Service bekommen, wenn Sie einen Berater oder eine Firma finden, die sich auf Ihr Marktsegment spezialisiert, mit Ihren Bedürfnissen vertraut ist, und diese auf eine integrierte und effektive Weise befriedigt – das Ganze in einem Zeit- und Kostenrahmen, der Ihnen zusagt. Zuerst müssen Sie sich aber über Ihre Zielsetzungen und Bedürfnisse im eigenen Leben klar werden. Dann erst sollten Sie sich eine konsistente Vorgehensweise erarbeiten, die auf Realitäten basiert und nicht auf der Hoffnung, Sie seien vielleicht ein isoliertes Genie, das mit einem neuen System die Bank sprengt.

Ihre Lebensart geht vor, nicht das Geld oder die Kosten

Das Geheimnis einer guten Lebensweise ist es, nur noch die Dinge zu tun, die Sie am besten beherrschen, und mehr Zeit für Ihre Familie zu haben, oder für dasjenige Ihrer Hobbies, welches Sie am meisten erfüllt. Die Auswahl von Aktien oder Fonds durch Marktanalyse ist ein zeitintensiver Prozess, der obendrein beträchtliches Fachwissen erfordert. Wenn Sie diszipliniert genug sind, einen Anlageplan zu formulieren und diesem treu zu bleiben, dann können Sie vielleicht auf einen Berater verzichten. Sie können den Prinzipien dieses und anderer Bücher über Anlagestrategien folgen, um Ihre Ziele zu erreichen. Aber für die meisten Anleger kann ein Berater, sei es online und preiswert oder persönlich und kompliziert, einen großen Unterschied bedeuten, und Zeit und Unannehmlichkeiten sparen. Es ist natürlich äußerst wichtig, sowohl für Ihre Resultate wie auch für Ihren Seelenfrieden, den richtigen Berater für die eigenen Bedürfnisse zu finden.

Zusammenfassend möchte ich Ihnen empfehlen, Ihre Lebensplanung und die dazu nötigen finanziellen Ressourcen so wichtig wie möglich zu nehmen. Das nächste Jahrzehnt wird Ihnen an Vermögensbildung und Lebensweisen mehr Möglichkeiten eröffnen als jede vorangegangene Epoche. Zum ersten Male in der Geschichte hat ein so großer Bevölkerungsanteil einen anderen Zugang zur Teilnahme am Wirtschaftswachstum als das Lohnpaket. Wir können uns eines der vielen "Package"-Investmentprodukte aussuchen,die Diversifizierung, Fachwissen, Steuerstundung und niedrigere Unkosten verbinden.

Um uns durch dieses Dickicht neuer Möglichkeiten hindurch zu finden benötigen wir eine kompetente Fachkraft. Einen Ratgeber also, der unsere Bedürfnisse zu einem angemessenen und fairen Preis- und Serviceniveau befriedigt.

Zusammenfassung

Gegen Ende dieses Buches möchte ich Ihnen einen Gedanken mitgeben, den Bruce Wright, ein bekannter Autor und Kommentator der Finanzwelt, formuliert hat: Steigen Sie niemals in ein Geschäft oder eine langfristige Kapitalanlage ein, ohne sich vorher genaue Strategien für Ihren Ein- und Ausstieg überlegt zu haben. Warum tue ich das? Wieviel Vermögen ist genug? Wie und wann möchte ich aus dieser Kapitalanlage wieder aussteigen? Und wie muss ich diese Anlage oder dieses Geschäft von Anfang an strukturieren, um meine Ziele zu erreichen? Zu viele Anleger vergeuden Ihre Zeit mit unnötigen Details.

Sie brauchen einen umfassenden Plan und eine gute Strukturierung und Verwaltung Ihres Kapitals und Ihrer Geldanlagen, nur dann können Sie sich sicher sein, Ihre Ideale auch zu verwirklichen. Sie sollten sich ebenfalls genau überlegen, was Ihnen wirklich wichtig ist und womit Sie Ihre Zeit verbringen möchten – für jeden Tag in Ihrem Kalender. Treffen Sie keine leichtsinnigen Entscheidungen, nur weil Sie Ihnen mehr Gewinn versprechen, und Ihnen dann doch nur mehr Arbeit bereiten. Denken Sie darüber nach, was Sie tun würden, wenn Sie alle finanziellen Freiheiten hätten. Denn dazu ist das Geld eigentlich da, und hier können Ihnen die richtige Vorgehensweise und ein kompetenter Berater am meisten helfen. Geben Sie sich nicht mit zweiter Wahl zufrieden, und werden Sie nicht die reichste Person auf dem Friedhof.

Materieller Reichtum ist eine natürliche Stufe der höheren Evolution, jenseits von Überlebensängsten, sozialen Bedürfnissen und sogar Selbstachtung. In der Geschichte haben ihn bisher nur wenige erreicht; jetzt ist er für viele Menschen in einem Ausmaß möglich geworden, der in der Vergangenheit undenkbar schien. Alles dreht sich darum, wie Sie für sich selbst und Ihren engsten Kreis mehr Auswahlmöglichkeiten schaffen können. Wohlhaben ist ein Werkzeug, mit dem Sie die Welt verbessern können, in all den Bereichen, die Sie ändern können oder wollen. Denken Sie heute noch gut darüber nach, was Sie mit Ihrem zukünftigen Leben anfangen wollen, und was Ihnen die meiste innere Zufriedenheit vermittelt.

Innerhalb aller verschiedenen wirtschaftlichen Gegebenheiten besteht für Sie die Möglichkeit, innerhalb Ihrer Definition von Glück bis an Ihr Lebensende wohlhabend zu sein. Wenn Sie die in diesem Buch dargestellten Prinzipien anwenden und mit System anlegen, dann können Sie nicht nur Ihr Vermögen aufbauen, sondern auch Ihren Lebensstandard und Ihren Einfluss. Dazu brauchen Sie einen kompetenten Begleiter oder Mentor, der Ihnen bei der optimalen Analyse der verschiedenen, Ihnen offenstehenden Möglichkeiten hilft, und der mit Ihnen zusammen einen langfristigen Plan formuliert und dann buchstabengetreu ausführt. Um wirkliche Vermögensbildung zu betreiben, sollten Sie darauf achten, dass alle Aspekte der Finanzplanung gut integriert sind – von der Kapitalverwaltung und Fragen des Budget bis zu Krediten, von Risikomanagement und Versicherungen zu einem Anlage- und Steuerplan. Mit etwas Weisheit und Glück werden Sie Ihre höchsten Ziele verwirklichen.

Falscher Stolz sollte Sie nicht daran hindern, sich einen kompetenten Berater zu nehmen, der qualifizierter und objektiver ist als Sie. Bei Ihrer Auswahl sollten Sie sicherstellen, dass er genau über diese zwei Qualitäten verfügt. Am wichtigsten aber ist es, nicht durch einen Mangel an Fachwissen wertvolle Zeit und somit Lebensqualität verlieren zu müssen. In diesem unglaublichen Boom sollten Sie sich lieber auf Aktivitäten konzentrieren, die Sie besser beherrschen, und zur Vermögensbildung und dem Erhalt Ihrer Freizeit die Talente spezialisierter Fachleute nutzen. Machen Sie noch heute einen Anfang, indem Sie Ihre Zielsetzung neu formulieren, und sich dann mit jemandem zusammensetzen, der Ihnen bei der systematischen Verwirklichung Ihrer Pläne helfen kann. Sie sollten damit keinen Tag länger warten. Wenn Sie jetzt beginnen, wird jeder zukünftige Tag für Sie, und nicht gegen Sie arbeiten.

Ich wünsche Ihnen große Erfolge in den "Wilden 2000ern".

Länderregister